JN162179

佐藤龍三郎
金子隆一
編著

ポスト人口転換期の日本

人口学ライブラリー 17

原書房

はしがき

　日本の総人口はピーク時（2008年12月の1億2,809万9千人）より約110万人減っており，1970年代初頭には年間200万人を超えていた出生数も100万人を割り込む瀬戸際まで来ている。総人口に占める65歳以上人口の割合（高齢化率）は世界に先駆けて25％を超え，国民の4人に1人が高齢者という超高齢社会を迎えている。

　20世紀末から21世紀初頭にかけて，日本が長期的な人口変動の新たな位相に入ったことは誰の目にも明らかである。この新しい人口レジームは，従来「少子高齢化社会」とか「人口減少時代」といわれてきたが，このような表現は人口現象の一面をとらえているに過ぎない。深層でさらに根本的な変化が起こっており，この変化を的確に捉えるには，長期にわたる人口変動のグランドデザインをなす「人口転換」理論を再考し，人口研究において新しい理論や知見を生み出す努力が求められる。

　また，時を同じくして，日本の経済や社会，家族，地域社会のありかたにも大きな変化がみられている。戦後の高度経済成長を経た日本社会は「一億総中流」ともいわれる繁栄と安定を世界に誇った。しかし，1990年代以降，経済は「失われた20年」ともいわれる長期的な低迷に陥り，「子どもの貧困」，青年層の「ニート・フリーター」化，「ワーキングプア」，「老後破産」，「高齢者と同居する未婚成人の共倒れ」など，様々な新しい形の貧困問題が表出している。これらの問題は未婚化，少子化，人口高齢化，生産年齢人口の減少，家族の不安定化といった人口問題と密接に関連し，相互に原因であり結果であるという関係をなしているように見える。すなわち人口・経済・社会システムを一体的に捉える大きな視座が求められている。

　そこで，われわれは「人口転換」理論の再考により，日本の長期的な人口史において，「プレ人口転換期」，「人口転換期」に続く「ポスト人口転換期」の到

来という見方を提起する。その上で，この新しい人口レジームが経済・社会・政治など様々な分野で近年の日本で起こっている大きな変化とどのような関連をもつのか考察したい。それは現代を理解する上で必要であるとともに，今から20〜30年（およそ1世代）後の日本の将来像を見通す上で，また50年，100年という時間スケールで日本の人口・経済・社会システムの持続可能性を探る上で甚だ有益と考えられる。

本書は，2010年国勢調査人口に基づく国立社会保障・人口問題研究所の将来推計人口（2012年1月公表）を参考データとする。その点では，著者らが参加している人口学研究会の「人口学ライブラリー」シリーズの「人口減少時代」をテーマとする既刊4部作（『人口減少時代の日本社会』，『人口減少時代の日本経済』，『人口減少時代の社会保障』，『人口減少時代の地域政策』，いずれも原書房より刊行）の後継としての意味もある。しかし，シリーズの17巻目にあたる本書のねらいは，各分野の将来像を詳細に描くことよりも，人口システムと社会経済システムの相互の影響について，最先端の知見を参照し，新たな視点を導入して議論を深めることにある。また本書の特徴の一つは，対象とする時期を「ポスト人口転換期」の始まりとみられる1970年代までさかのぼり，いわゆる「ポストモダン」といわれる社会の新たな潮流と人口変動の関連に着目したことである。この点で，日本人口が減少に転じた21世紀初頭以降を対象として扱うことの多い「人口減少時代」に関する従来の刊行書といささか視点が異なっている。

本書は大きく3部構成になっており，第1章は総論にあたる。第2，3，4章は人口変動の三大要因（出生，死亡，移動）の転換について人口統計学的な分析に基づいて解説する。第5，6，7章は，ポスト人口転換期の到来と社会経済システムの相互関係について社会学，経済学などの観点から分析する。終章では「ポスト人口転換期のゆくえ」について論じる。各章の概要は次のとおりである。

第1章（ポスト人口転換期の到来）では，まず「ポスト人口転換期」という新しい概念に定義を付与するとともに指標化をおこなった。第二次世界大戦後

の日本では「人口転換期」が完了し,「ポスト人口転換期」が到来するとともに,新たな人口転換が始まった。本章では,この「第二の人口転換」の開始の指標として,総人口の増加から減少への転換（2000年代後半）,人口増加曲線の下に凸から上に凸への転換（1970年代半ば）,生産年齢人口の増加から減少への転換（1990年代半ば）などに着目し,この移行が1970年代半ばから2000年代後半にかけて起こったことを示した。また,この移行の原動力として,出生力（fertility）と死亡力（mortality）が従来想定された「出生力転換」と「死亡力転換」をおのおの完了した後,もう一段の変化を遂げたことを対応関係として示した。

　第1章の後半では,人口システムと社会経済システムが相互に密接に影響し合っているという観点から,日本における「人口転換期」から「ポスト人口転換期」への移行すなわち新たな人口転換に直結する人口再生産変数（出生,死亡,人口総数,年齢構造）の変化過程に対して,これ以外の人口現象や社会経済システムの変化がどのように関連しているのか検討した。すなわち,①人口移動と人口分布,②経済人口学的視点,③社会人口学的視点,④思想・文化・政治の視点から,「人口転換期」と「ポスト人口転換期」を対比し特徴づけた。このように1970年代半ばから2000年代後半にかけての人口システムの転換を社会経済システムの転換に対応させる見方は,両システムの長期的な変化を理解し将来を展望する上で有用と考えられる。

　第2章（ポスト人口転換期の出生動向）では,まず第二次世界大戦後の日本の出生力の動向を概観し,それが1970年代半ば以降において人口置換水準（合計特殊出生率が約2.1）を下回る「少子化」といわれる状態にあり,さらに1990年代半ば以降は（同,1.5をも下回る）「超少子化」状態にあることを見た。このような出生率低下の人口統計学的メカニズムとしては,結婚行動の変化（未婚化）がその大部分を説明し,夫婦の出生力の低下はさほど大きくないといえる。日本の著しい未婚化の背景には,経済学的要因,社会学的要因などが挙げられるが,本章ではとりわけ歴史的文化の要因に注目した。近代化の先発組にあたる北西欧諸国や米国などが比較的緩やかな少子化（緩少子化）にとどまっ

ているのに対し，近代化の後発組にあたる日本では急速な近代化によりある種の不調和が生じている可能性がある．また男女のパートナーシップ形成意欲の低さ（カップル文化の不在）や古い型式の結婚と新しい型式の結婚の混在という状況もあり，少子化からの脱却は容易ではないと考える．

　第3章（ポスト人口転換期の死亡動向）では，日本が人口転換期からポスト人口転換期に移行したことの特徴を死亡あるいは寿命の面から人口統計学的分析により明らかにした．まず他の代表的な先進国との比較から日本の寿命伸長が急速なものであり，1970年頃を境に生存数曲線の変化が矩形化から水平方向へのシフトに変化したことを示した．このことは疫学的転換の第3段階から第4段階への移行におおよそ対応している．本章ではさらに，この生存数曲線の転換を四分位偏差（IQR）など，死亡分布のばらつきに関する指標を用いて統計学的に裏付けた．また出生率と死亡率のいずれが人口高齢化に対してより強く寄与するかという問題について，安定人口モデルを用いた分析により，近年の日本では高齢期の死亡率低下の影響が一定の大きさを持っていることを示した．この点は，長期的な人口高齢化はもっぱら出生率低下によって引き起こされるという従来の常識に新たな視点を投げかけるものであり，長寿化への政策対応が急務であることを意味する．

　第4章（ポスト人口転換期の人口移動）は，戦後日本における国内人口移動のトレンドを，主流（農村から都市へ）と逆流（都市から農村へ）の関係の変遷というメカニズムによって捉えるとともに，ポスト人口転換期の人口移動の特徴を示した．この主流から逆流への変化は「人口移動転換」と呼ばれ，1975年頃と1980年頃に明らかに認められる．この動きの主因は戦後のベビーブーム後の急激な出生率低下であるが，近年の逆流の減少には都心回帰による「郊外化の終焉」や大都市圏からの帰還移動の退潮も寄与している．また移動効果指数と移動選択指数を用いて各道府県から東京都への移動の特徴を分析し，1970年頃より東京への一極集中が進んだことを示した．さらにコーホート累積社会増加比という新しい指標を用いて，非大都市圏出身者が大都市圏に他出する割合を分析し，戦後の経済成長期に示された高い移動性向が近年低下していること

を示した。このように人口転換（とりわけ出生力低下）と社会経済システムの長期的変化が人口移動の量的質的変化に影響を与えていることが明らかになった。

　ジェンダー・家族システムの観点から見れば，人口転換期に確立した「近代家族」ともいわれる男女の性別役割分業システムがポスト人口転換期においてどのように変容を遂げたのか（あるいは変わらなかったのか）という点は最大の関心事である。第5章（ジェンダー・家族関係の変容）は，一般に就業・結婚・出産・子育てを担う年齢層にあたる20歳代から40歳代の男女を対象に全国サンプル調査を用いて就業と家庭の関係を多面的に検証した。分析により，未婚・既婚を問わずわが国の男性の家事分担の度合いは極めて小さく，背景に長時間労働があること，女性が結婚すると重い家事負担を背負うことになり，就業する妻は「仕事と家事のダブルシフト」を余儀なくされていることなどが実証された。1990年代半ばから2000年代終わりにかけて，その変化はわずかであり，伝統的ジェンダー役割が根強いことが示唆された。このことが未婚化と超少子化の要因の一つとも考えられ，この状況を変えるためには，政策のみならず職場や家庭など社会全体でジェンダー・家族関係の変容を促す必要があると説く。

　第6章（経済システムの変容）は，ポスト人口転換期における日本経済の課題について労働政策を中心に論じる。その際，筆者は単に労働力不足への対応という狭い観点にとどまらず，人々の自発的な意思決定や多様性の尊重，満足感など人間と社会の本来あるべき姿を重視し，そのための環境づくりこそ政策の目的とみる。少子高齢化・人口減少時代の日本経済のゆくえについては悲観的な言説が多いが，本章は穏やかで安定的な成熟経済の発展の土台となるべく経済構造を再編成する好機と捉える。超長期的には出生力回復が欠かせないとしながらも，中長期的には高齢者の高付加価値消費による市場拡大，高齢労働力に体化した技術革新の追求などの新しい動きを促進する政策を通して経済の好循環を実現し，1人当たり国民総生産の維持をはかることが可能と説く。

　第7章（縮減する日本社会の課題）は，まず人口縮減のメカニズムとその意味するところを，安定人口モデルを用いて，扶養負荷（従属人口指数）の変動

として分析する。扶養負荷は，純再生産率が1の近傍（合計特殊出生率が2.1前後）にあるとき最小の値を示した。このことは人口置換水準が静止人口の条件であるのみならず，社会・経済にとっても最も負担が少なく，長期的には唯一持続可能な状態であることを意味する。本章は，人口縮減によってもたらされている日本社会の国政レベルの混迷の例と課題として，財政破綻の危機，社会保障制度改革などを挙げる。また地域社会の課題として，地域社会の持続可能性，地方自治制度改革，国土利用の再デザインなどを挙げる。いずれにせよ，出生力を人口置換水準に回復することが必要であり，そのためには現在高齢者の側に集中している社会的支援を若年者の側にシフトすべきであると説く。

「あとがき」に代わる終章では「ポスト人口転換期のゆくえ」について論じる。人口転換完了後の人口が長期的に見てどのような姿に帰着するのかという問いに対して，人口システムと社会経済システムの相互作用をより下位のシステムの動きに着目して捉える必要があると説く。また超高齢社会を乗り切る上で，平均余命等価年齢といった新しい指標を用いて高齢人口を再定義することの意義について述べる。

本書は「ポスト人口転換期」の到来と「新たな人口転換」の開始という新しい人口理論を世に問うことを意図したものであるが，同時に少子高齢化・人口減少という現代日本の人口問題に関する人口学研究者の手になる概説書として，大学・大学院で教科書あるいは参考書として広く利用いただくことを期待している。基本的な人口学の用語については，先に人口学研究会が編集・刊行した『現代人口辞典』（2010年，原書房）を参照するなどして理解をより確かなものにしていただきたい。

最後に，人口問題の重要性を深く理解され，「人口学ライブラリー」シリーズの刊行に尽力されている原書房の成瀬雅人社長と編集部の皆さまに心から感謝の意を表したい。

2016年6月

編者

目　次

はしがき……………………………………………………………………… i

第1章　ポスト人口転換期の到来……………佐藤龍三郎・金子隆一　1
はじめに……………………………………………………………………… 1
第1節　「ポスト人口転換期」の概念………………………………………… 2
第2節　「ポスト人口転換期」における新たな人口転換…………………… 6
第3節　日本における第二の人口転換の始まりの指標…………………… 8
第4節　人口システムと社会経済システムの相互作用…………………… 21
第5節　「人口転換期」と「ポスト人口転換期」の対比……………………… 25
第6節　長期的な歴史区分からみたポスト人口転換期の意味…………… 40
おわりに……………………………………………………………………… 43

第2章　ポスト人口転換期の出生動向
　　　　………………………………岩澤美帆・金子隆一・佐藤龍三郎　55
はじめに……………………………………………………………………… 55
第1節　第二次世界大戦後の出生動向……………………………………… 56
第2節　ポスト人口転換期における出生力低下のメカニズム…………… 63
第3節　少子化の背景要因…………………………………………………… 69
第4節　少子化・未婚化の見通し，影響と政策対応……………………… 76
おわりに……………………………………………………………………… 81

第3章　ポスト人口転換期の死亡動向……………………石井　太　91
　はじめに………………………………………………………………91
　第1節　先進諸国の寿命の長期的動向……………………………92
　第2節　ポスト人口転換期の死亡の分析…………………………95
　第3節　ポスト人口転換期の死亡の影響…………………………103
　おわりに………………………………………………………………106

第4章　ポスト人口転換期の人口移動……………………井上　孝　111
　はじめに………………………………………………………………111
　第1節　戦後日本における人口移動の特徴とその要因…………112
　第2節　移動効果指数と移動選択指数による分析………………120
　第3節　コーホート累積社会増加比による分析…………………124
　人口移動転換と人口転換の関連性──むすびに代えて──……128

第5章　ジェンダー・家族関係の変容……………………津谷典子　135
　はじめに………………………………………………………………135
　第1節　ジェンダー・家族関係の変容の背景……………………136
　第2節　分析のためのデータと変数………………………………138
　第3節　ジェンダーからみた就業…………………………………141
　第4節　ジェンダーからみた家事と就業…………………………146
　第5節　ジェンダーからみた結婚と家事…………………………151
　おわりに………………………………………………………………154

第6章　経済システムの変容………………………………和田光平　159
　はじめに………………………………………………………………159
　第1節　ポスト人口転換期と経済構造の変化……………………160

第 2 節　ポスト人口転換期における日本経済の供給面：長期的視点 …… 162
第 3 節　ポスト人口転換期における日本経済の需要面：
　　　　短期的・中期的視点 ……………………………………… 173
第 4 節　ポスト人口転換期の経済政策 …………………………… 177
おわりに ……………………………………………………………… 184

第 7 章　縮減する日本社会の課題 …………………… 原　俊彦　187
はじめに ……………………………………………………………… 187
第 1 節　縮減する社会をどう捉えるか？ ………………………… 188
第 2 節　国政レベルの混迷と課題 ………………………………… 198
第 3 節　地域社会のゆらぎと課題 ………………………………… 207
おわりに――持続可能な社会にむけて―― ……………………… 213

終章　ポスト人口転換期のゆくえ ………… 金子隆一・佐藤龍三郎　217

索引 ………………………………………………………………… 227

執筆者一覧(執筆順)

佐藤　龍三郎(さとう　りゅうざぶろう)(中央大学経済研究所客員研究員)

金子　隆一(かねこ　りゅういち)(国立社会保障・人口問題研究所副所長)

岩澤　美帆(いわさわ　みほ)(国立社会保障・人口問題研究所人口動向研究部第1室長)

石井　太(いしい　ふとし)(国立社会保障・人口問題研究所人口動向研究部長)

井上　孝(いのうえ　たかし)(青山学院大学経済学部教授)

津谷　典子(つや　のりこ)(慶應義塾大学経済学部教授)

和田　光平(わだ　こうへい)(中央大学経済学部教授)

原　俊彦(はら　としひこ)(札幌市立大学デザイン学部教授)

第1章　ポスト人口転換期の到来

はじめに

　20世紀末から21世紀初頭にかけて，日本が人口レジームの新たな位相に入ったことは明らかである。この新しい人口レジームは，従来「少子高齢化社会」とか「人口減少時代」などと呼ばれているが，このような表現は人口に生ずる現象の一面をとらえているに過ぎない。社会経済の変容を含めより本質的な一群の変化として，総合的に捉え直すことはできないだろうか。この問に答えるには，長期にわたる人口変動のグランドデザインを与える「人口転換」理論の再考が求められるであろう。その際，われわれは「プレ人口転換期」，「人口転換期」，「ポスト人口転換期」という人口史の時期区分に基づいた上で，新しい人口転換すなわち「第二の」人口転換が始まったという見方を提起する。

　本章では，まずこれらの定義について検討する（第1節，第2節）とともに指標化をおこなう（第3節）。次に人口システムと社会経済システムの関連に議論を移し（第4節），「人口転換期」と「ポスト人口転換期」の比較という形で示す（第5節）。最後に，長期の歴史的観点から改めて「ポスト人口転換期」の意味について考える（第6節）。本章を通して，この新しい人口レジームが近年の日本の社会・経済・政治など様々な分野における劇的な変化とどのような関連をもつのか考察する。

第1節 「ポスト人口転換期」の概念

(1) 日本の人口の長期的展望

　日本の近代から現代，そして今世紀末までの将来に至る人口の動きを展望すると，人口が増加からピークを経て減少へと向かうこと，著しい人口高齢化が起こることが2つの大きな特徴をなす（**図1-1**）。すなわち2010年国勢調査人口を現在時点とし，将来については2012年1月に公表された国立社会保障・人口問題研究所（2012a）の全国の将来推計人口を用い（出生，死亡ともに中位の仮定に基づく推計結果のみ示す），過去約130年間と将来の1世紀を合わせたおよそ200年間の日本の人口と人口増加率の推移を描くと，人口は今まさにピークを通過した時点にあり，今後持続的に減少してゆくことが示される。2060年には約8700万人にまで減る見込みであるが，これは1950年代初めの人口規

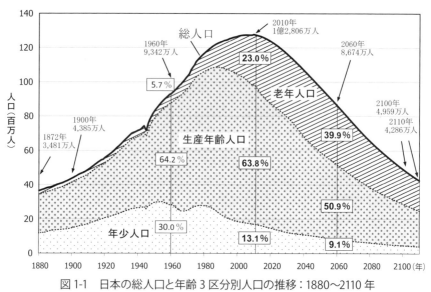

図1-1　日本の総人口と年齢3区分別人口の推移：1880〜2110年
（資料）旧内閣統計局推計，総務省統計局「国勢調査」「推計人口」，国立社会保障・人口問題研究所「日本の将来推計人口」（2012年1月推計〈出生中位・死亡中位推計〉）．

模に等しく、ちょうど左右対称な山の形をしている。人口増加率は現在ゼロを割り込んだところであるが、今後は持続的に低下し、今世紀半ばにはマイナス1％にまで落ち込む見通しとなっている。

わが国が現在直面している人口問題は、一言で「少子高齢化・人口減少」問題といわれることが多い。しかし、人口の変化は人口規模と年齢構造の変化だけでその本態を言い表すことはできない。人口は人口静態と人口動態が相互に影響し合いながらたえず変化を遂げていくものであり、この人口ダイナミクスを包括的に捉えることなくして、長期的な人口変動を説明したことにはならない。かつて長期的な人口変動は「人口転換」(demographic transition) と呼ばれる理論で説明できると考えられた。しかしながら、いま日本などの先進諸国は従来の「人口転換」理論の想定を超える事態に至っており、次項で述べるように人口転換論を再考する必要に迫られている。

(2) 人口転換の概念と実際

近代社会における人口と人口増加率の変化は多くの国に共通するものであり、それは多産多死から少産少死への「人口転換」という理論によって説明される[(2)]。人口転換理論は18世紀後半から20世紀前半までのヨーロッパの経験を基に、フランスのランドリー（Adolphe Landry）、アメリカのトンプソン（Warren S. Thompson）、ノートシュタイン（Frank W. Notestein）、デービス（Kingsley Davis）らによって構築されたものである（河野・佐藤 2012）。

図1-2は人口転換の模式図である。この図に実線で示されたように元来の人口転換の考え方では、人口転換前の多産多死の均衡状態から人口転換を経て少産少死の均衡状態へと移行するものと想定された。人口転換はどのような人口においても経済・社会の近代化に伴って起こる普遍的な現象と考えられるので、全人口史は、人口転換が始まる前の「プレ人口転換期」、人口転換の開始から終了までの「人口転換期」、人口転換が完了したのちの「ポスト人口転換期」に3区分されることになる[(3)]。

なお細かくいえば、人口転換は4つの段階からなると説明されることがある

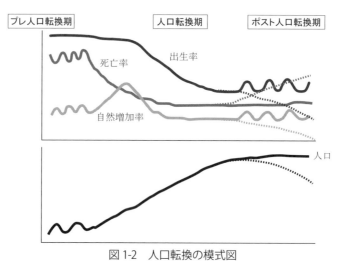

図 1-2 人口転換の模式図

(注) 実際のポスト人口転換期の人口動態（破線）は，古典的「人口転換」の想定（実線）を大きく外れたものとなった．

(阿藤 2000, p.34)。すなわち①高出生率・高死亡率（多産多死）の段階，②死亡率の先行低下の段階，③出生率の追随低下の段階，④低出生率・低死亡率（少産少死）の段階の4つである。この場合，「人口転換の第1段階」は「プレ人口転換期」に相当し，「人口転換の第4段階」は「ポスト人口転換期」における状態を描いたものである。

　人口転換以前の前近代社会，日本でいえばおよそ江戸時代までの社会では高い出生率と高い死亡率が均衡し，その差に相当する自然増加率はごく小さなものであったとみられる。この時期すなわち「プレ人口転換期」において，人口が長期にわたり停滞したのはそのためである。時には飢饉や疫病の流行あるいは戦乱により死亡率が一時的に上昇し，これを反映して自然増加率も上下し，人口も増減した。やがて産業革命すなわち工業化とともに経済や社会の近代化が始まると，出生率，死亡率はともに低下し，ついには低い出生率と低い死亡率による均衡に落ち着き，人口はふたたび静止に近づく。人口転換理論によれば，この段階では死亡率は安定し，ときおりベビーブームなどによって生ずる出生率の変動が自然増加率の変動の主な要因となる。ただし，この段階では人

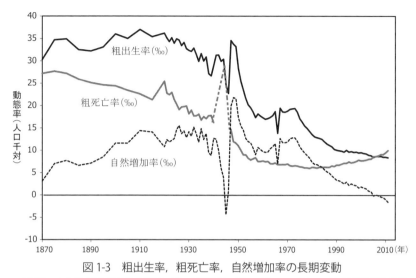

図 1-3　粗出生率，粗死亡率，自然増加率の長期変動

（資料）1915 年以前は推計値（岡崎陽一『人口問題研究』第 178 号，1986 年）．1920 年以降は厚生労働省『人口動態統計』．

口規模に比べて出生数の比重は小さく，また国際人口移動も活発化しているため，人口変動への影響はわずかであるとされる。

　この人口転換過程で特徴的なことは，死亡率低下が出生率低下に先行することである。もし死亡率低下と出生率低下が同時に起これば，人口は増えることはない。つまり死亡率低下と出生率低下のタイムラグ（時間差）によって人口増加が起こるわけである。なぜ死亡率低下が先行するのかといえば，たとえば栄養の向上，重労働の減少，医療・衛生水準の向上など，一般の人々の生活水準に何らかの改善が起こると，死亡率はこれに直接反応して，いわば反射的に低下が生ずる性質を持っている。これに対して，出生率が低下するには結婚や家族のあり方についての規範の変化，すなわち多産をよしとする考えから少産をよしとする考えへの価値観や社会制度の転換を要し，さらには出生抑制手段の開発・普及が前提条件として必要となることから，それだけ時間がかかると考えられる。

　実際の統計で日本の人口動態率（粗出生率，粗死亡率，自然増加率）の推移

を見ると（**図1-3**），第二次世界大戦前の日本では死亡率の水準に比べてまだ出生率水準がかなり高く，その差としてかなりの自然増加があったことが分かる。しかし戦争の時代を挟んで持続的な死亡率低下が続き，出生率も戦後まもなく急速に低下したため，1950年代後半に至ると出生率，死亡率ともに低い水準で均衡するという人口転換の終末期を迎えた。それでも引き続き人口増加が続いたのは，過去の人口年齢構造の影響が残っていたためである。しかし，1970年代半ばから始まったさらなる出生率低下（いわゆる少子化）はこの影響を打ち消し，ついに21世紀初頭に自然増加率はゼロとなり，その後はマイナスへと転じた。すなわち人口増加時代の終幕を迎えたのである。

ここで人口転換を俯瞰すると，まず人口動態の面では，多産から少産への変化（女性の年齢別出生率の低下，すなわち合計特殊出生率の低下）が見られるが，これは出生力転換（fertility transition）と呼ばれる。また多死から少死への変化（男女の年齢別死亡率の低下，すなわち平均寿命の伸び）が見られるが，これは死亡力転換（mortality transition）と呼ばれる。すなわち人口転換は出生力転換，死亡力転換という2つの側面からなり，上述のように後者が前者に先行することによって，人口増加が生ずることになる[4]。

したがって，人口増加という面に着目すると，従来の人口転換理論では，「プレ人口転換期」は人口停滞，「人口転換期」は人口増加，人口転換終了後は再び人口停滞という局面に対応することになる。しかし，冒頭に述べたとおり，日本の人口の推移はこの想定を覆し，人口減少という新たな局面を描いている。このことについて，次の節で考える。

第2節 「ポスト人口転換期」における新たな人口転換

ここまで，およそ1世紀以上の過去から1世紀後の将来まで，長期のスケールで日本人口の変動を展望し，その変化を「人口転換」理論に沿って解釈してきた。しかしそれらは，実は古典的な人口転換の考え方を示したものである。

かつて考案された「人口転換」という考え方が人口転換完了後の姿として想定していたものは，小児や青壮年の死亡率が限界まで改善し，一方で出生率は女性1人当たりおよそ2人の子どもという死亡率にちょうど見合った人口置換水準に落ち着く状態であったといえる。つまり，人口転換が終わることは出生率と死亡率が再び均衡をとりもどし，人口が静止状態に落ち着くことを意味していた。

ところが，現在の日本では，この「古典的」人口転換の想定外のこと起こりつつある。出生率は人口維持に必要な水準をはるかに下回っており，他方高齢者の余命は老化に起因する高齢者の死亡の劇的な改善などにより，さらに伸び続けている。日本人の平均寿命は現在既に男女ともに80年を超え世界最高水準にあるが，今後もさらに伸びるものと予想されている（金子 2010）。

したがって古典的「人口転換」理論の想定を超えた事態が現に起きており，ポスト人口転換期の日本においてまったく新しい人口レジームの存在を考える必要が生じたことになる。それはいまだ人類が経験したことのない超少子化[5]，超高齢化[6]，そして急速な人口減少が基調となる社会である。

ここで我々が直面している「ポスト人口転換期」の人口レジームの特徴についてまとめてみよう。そこでは，まず出生率（粗出生率）と死亡率（粗死亡率）が逆転する。つまり毎年生まれ来る人より死に行く人の方が多い。したがって，外国から大量の移民がない限り，際限のない人口減少が続き，65歳以上人口が30％を超えるほどの驚異的な超高齢社会が訪れる。これは終局的に人口が静止に至るという古典的「人口転換」理論の想定を超えるもので，まさに第二の人口転換の始まりといってよいものである。

「第二の人口転換」（Second Demographic Transition）の語は，第二次世界大戦後の西ヨーロッパ諸国で起こった出生力低下および関連する行動や価値観の変化を指す概念として，ヴァンデカー（Dirk J. van de Kaa）とレスタギ（Ron Lesthaeghe）が提唱したものである（van de Kaa 2003）。しかし，この西ヨーロッパの人口変動の状況がそのまま日本の状況にも当てはまるとは言い切れない面がある。また，「第二の人口転換」が古典的「人口転換」理論ほどの一般性

を持ちうるかどうかは，現時点ではまだ明確ではないとみられている（河野 2007, 阿藤 2010, Lesthaeghe 2010 参照）。

　本章では，日本の「ポスト人口転換期」において出現した新しい人口レジームへの移行に対して「第二の人口転換」という呼称を与えるが，これはヴァンデカーとレスタギの「第二の人口転換」論をそのまま日本に適用するということではない。筆者らはあくまでも日本の経験的な人口学的事実から出発するものである。日本は先進諸国の中で最も遅れて人口転換が始まった国であるが，人口転換後の人口レジームの新しい位相に入るや世界の先頭を走っており，そこで生ずる事態や挑戦のゆくえについて世界が強い関心を示すことになるであろう。

第3節　日本における第二の人口転換の始まりの指標

　次に，日本では，いつ「第二の人口転換」が始まったのかという問題が提起される。これには，人口の趨勢に関して①総人口，②人口増加曲線，③年齢構造（とりわけ生産年齢人口割合），④人口モメンタムという4つの視点があり得る。また人口趨勢を形成するメカニズムとして出生力と死亡力の動向が決定要因となっており，これらの変動過程を見てゆくことにする。

(1) 人口趨勢の転換
1) 総人口：人口増加から減少への転換

　2010年国勢調査に基づく国立社会保障・人口問題研究所の将来推計人口（2012年1月公表：出生中位・死亡中位推計）によると，日本の総人口は2010年の1億2,805万7千人から一貫して減少し，2048年には1億人を割り込み，2060年には8,673万7千人にまで減少する（国立社会保障・人口問題研究所 2012a）。総務省の国勢調査および各年10月1日現在人口推計によれば，日本の総人口は，1920年の第1回国勢調査人口（5,596万3千人）からほぼ一貫し

て増加しており，1967年に1億人を超え，1984年に1億2千万人を超えており，2008年には1億2,808万4千人と推計されている。よって，これまでの統計データによると，日本の総人口のピークは2000年代後半とみられる。[7]

2）人口増加曲線：下に凸から上に凸への転換

図1-4は明治初期から現在までの1年ごとの日本の総人口と人口増加数の推移を示すものである。日本の人口が最近まで一貫して増加してきたことがわかる。すなわち明治初期には約3,500万人であったのが，1936年に7,000万人を超え，1967年には1億人を超えた。しかし，総務省統計局の各月1日現在人口推計によれば，2008年12月の1億2,809万9千人をピークに日本の総人口は減少傾向へ転じている。

1年ごとの人口増加率には様々な出来事によって小刻みな振動が表れている。特に大きな振動は，第二次世界大戦の終わった1945年あたりであるが，これは終戦の際アジア各地から多くの人が帰還するなど大規模な人口移動が主な原

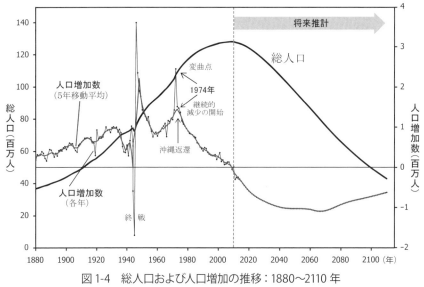

図1-4　総人口および人口増加の推移：1880〜2110年

（資料）旧内閣統計局推計，総務省統計局「国勢調査」「推計人口」，国立社会保障・人口問題研究所「日本の将来推計人口」（平成24年1月推計〈出生中位・死亡中位推計〉）．

因である．また1972年の上向きの振動は沖縄が日本に返還され，沖縄県の人口が日本人口に含まれるようになったことによる一時的な変化である．このような短期的な変化を例外として，ならしてみれば明治初期から1970年代前半までの約100年間にわたり，およそ年率1%の増加率を示していることがわかる．グラフ上では併せて5年移動平均を示している．

しかし1970年代半ばより増加は減速しゼロへ向かい，これに対応して総人口の曲線も1974年を変曲点として，下に凸の加速基調から上に凸の減速基調に転換したことが見てとれる．すなわち日本の人口増加の勢いは1970年代半ばを境にそれまでのアクセルを踏んだ状態からブレーキがかかった状態へと変化したといえる．そして21世紀に入るや，ついに日本は明治以来続いた「人口増加」時代の幕切れを迎えたのであった．

近代から現代にかけての日本の人口の趨勢をまとめると，総人口は明治時代より増加の一途をたどったが，2000年代後半にピークに達し，一転減少へと向かっている．人口増加率は1970年代前半までおよそ年率1%という水準が続いた．年率1%という増加率は70年で人口が2倍になる勢いであり，実際100年ほどの間に日本の人口は約3倍に増加した．しかし1970年代半ばを境に，人口増加率はゼロに向かって低下し，さらにはマイナスへと転じたわけである．すなわち日本の人口は21世紀初頭にピークに達し，以後際限のない人口減少が見通されている．

3) 年齢別人口の変化：生産年齢人口の減少開始

日本の総人口のピークは2000年代後半にあるが，図1-5に示したように，生産年齢人口（15～64歳人口）は10年以上早く1995年に最大値に達している．また14歳以下の人口は1955年頃から持続的に減少しており，2000年には65歳以上人口を下回っている．65歳以上人口はさらに増え続け，国立社会保障・人口問題研究所の将来推計（前述）によれば2017年には3,500万人を超えるほどに増大する見通しである．このように，20世紀から21世紀にかけて日本の人口の趨勢は年齢層ごとに見ても増加から減少へと逆回転するが，それらのタイミングは各々異なっている．

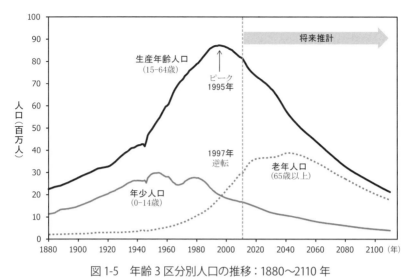

図 1-5　年齢 3 区分別人口の推移：1880〜2110 年

（資料）旧内閣統計局推計，総務省統計局「国勢調査」「推計人口」，国立社会保障・人口問題研究所「日本の将来推計人口」（平成 24 年 1 月推計 [出生中位・死亡中位推計]）．

　以上 3 つの視点を合わせると，日本において「人口転換期」の完了と「ポスト人口転換期」への移行を示す指標として，1970 年代半ばから 2000 年代後半にかけて起こった画期的な変化が注目に値するといえよう．すなわち① 総人口の増加から減少への転換は 2000 年代後半（統計上は 2008 年 12 月に最大値）に起こった．② 人口増加曲線の下に凸から上に凸への転換を示す変曲点は 1970 年代半ば（1974 年）に認められる．また③ 生産年齢人口の増加から減少への転換は 1990 年代半ば（1995 年が最大値）に起こった．ちなみに年少人口と老年人口の逆転は 1997 年に起こっている．

　4）人口モメンタムの転換：「1 より大」から「1 より小」へ

　人口モメンタム（population momentum）は人口の持つ特性のひとつで，簡単に言えば人口規模の増減に対する慣性である．すなわち，過去に増加してきた人口は増加方向への，また減少してきた人口は減少方向への，勢いとも呼べる性質を内在しており，これを人口モメンタムと呼んでいる．この奇妙な特性の正体は，実は人口の年齢構造パターンに他ならない．増加している人口では

若い世代ほど多く，出生に参加する人口が増え続け，逆に死亡が多く発生する高齢層は相対的に縮むため，一人ひとりの出生行動や寿命が変わらなくても全体の出生数は増え，死亡数は人口規模に比して減少する。すなわちこの人口では増加の趨勢が保たれる。一方，少子化により人口減少に向けて高齢化が進展している社会ではその逆のことが生じ，全体の出生数が減り，死亡数が増える傾向を内在する。したがって，この人口には個人の出生行動や寿命と関わりなく人口減少への趨勢が保たれる。

そうした人口で仮に出生率が直ちに人口置換水準を実現したとすると（ただし同時に死亡率一定，封鎖人口を仮定），人口モメンタムの働きによって増減の趨勢はすぐには止まないが，いずれは静止人口になる。そのときの人口規模と現在の規模との違いこそが，人口モメンタムの効果によってもたらされたものであるから，人口モメンタムの強さはそれらの人口規模の比で表される（この指標の名称も人口モメンタムである）。それが1より大きければ，人口は増大傾向を持っており，小さければ減少傾向を持っていることになる。石井（2010）によれば，わが国の人口モメンタムは，近年まで1を超える水準で推移してきたが，1996年に1を下回り，減少モメンタムへ転換した。その後は一貫して減少を続けている。この人口モメンタムの転換も，新たな人口レジームの開始を示す重要な指標の1つである。

(2) 出生力・死亡力・人口年齢構造の転換

次に出生力，死亡力（寿命），人口年齢構造の変化との関連をみることにする。基本的に出生力と死亡力の変化は人口転換期からポスト人口転換期を通して，さらには第二の人口転換における人口変動の動因となり，人口・社会レジーム転換の震源ともいえるものである。したがって，出生力と死亡力の変化の中に時代変化の糸口を見ることができる。

1) 出生力

図1-6 に示すのは，第二次世界大戦後の日本の合計特殊出生率の推移である。合計特殊出生率（total fertility rate：TFR,「合計出生率」ともいう）とは，女

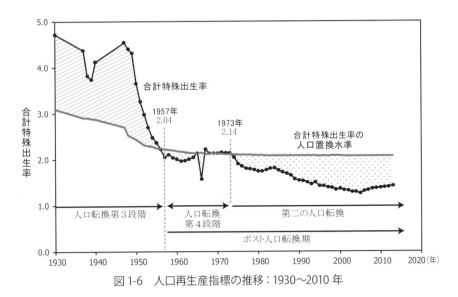

図1-6 人口再生産指標の推移：1930〜2010年

性の年齢別出生率の全年齢に渡る合計値であり，その数値は，当該の年齢別出生率を生涯の子どもの生み方と見なした場合に，1人の女性が一生の間に生む平均の子ども数と解釈できる。なお人口が世代を越えて維持されるために必要な女性1人当たりの平均出生数を「人口置換水準」（replacement level）と呼ぶが，現代の日本ではおよそ2.1人に相当する（国立社会保障・人口問題研究所 2016, p.51）。すなわち，TFRが2.1よりも高ければ人口は増加へ向かい，2.1よりも低ければ減少へ向かうことを意味する。

戦後のTFRの変化をみると，3つの段階をみてとることができる。終戦直後のベビーブーム期ではTFRは4以上であったが，この時期は日本では長く続かず，その後急速な出生率低下が起こった。このベビーブーム最後の年（1949年）から1956年までの7年の間にTFRは2に近い水準，すなわち人口置換水準付近にまで下がった。これは戦後の日本では「第1の出生力低下」といえるものであり，非常に性急なものではあったが人口転換モデルに照らせば，人口転換の第3段階に相当する。

その後，1970年代半ばまで約20年間にわたり，TFRは人口置換水準の近傍

にあった。これは出生力の安定期といえるものであり，従来の人口転換モデルでは最終段階すなわち第4段階にあたる。ただ丙午に当たる1966年はTFRが1.58に落ち込んだが，これは一時の例外的なできごとであった。

しかし，1970年代半ば以降，TFRは再び低下を始め，人口置換水準を下回ったまま現在に至っている。これは戦後日本の「第2の出生力低下」にあたるが，今日「少子化」と呼んでいる状態でもある。特に，1989年のTFRが丙午の年をも下回る1.57を記録したことは「1.57ショック」といわれ，少子化に対する国民の関心が高まるきっかけとなった。TFRはその後も下がり続け，2005年に1.26という史上最低の率を記録した。その後やや回復したものの2014年においても1.42にとどまっている（国立社会保障・人口問題研究所 2016, pp.50-51）。

なお1970年代前半に生まれた第2次ベビーブーム世代が出産年齢に達する2000年代初頭には構造的な理由で第3次ベビーブームが起こることが期待されたが，実際にはそのような変化は生じなかった。これはTFRが低下することで，親となる世代の構造的な増加の効果が相殺されたもので，現在の少子化の深刻さを表している（岩澤・金子 2013）。

2) 死亡力（寿命）

図1-7は日本の女性の生存曲線の変化を示したものである。生存曲線とは，各々の年次の生命表をもとに，横軸の年齢に沿って出生からの生存率をグラフとして描いたもので，年齢とともに生存者（確率）が減ってゆくありさまを示している。これらの曲線下の面積は，平均寿命に相当するため，図では平均寿命の変遷を視覚的に捉えることができる。

1926-1930年当時では，平均寿命はわずか46.5年であり，10歳まで生存する女児は8割に満たなかった。また，青壮年や中高年の死亡率も高く，50歳代半ばで生存者は約半数に減っている。つまり，60歳まで生きる人は2人に1人もいなかったのである。1970年になると，平均寿命は74.7年にまで延伸し，小児や青壮年の死亡率は見違えるように改善した。また，60歳になっても9割の人が生存するようになった。生存曲線は右上方向に膨らみ，長方形に近づいた

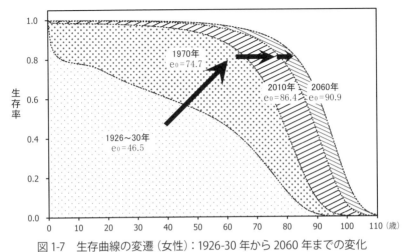

図1-7　生存曲線の変遷（女性）：1926-30年から2060年までの変化
（資料）厚生省，厚生労働省「完全生命表」，国立社会保障・人口問題研究所「日本の将来推計人口」
（平成24年1月推計〈死亡中位仮定〉）．

といえる。これを生存曲線の矩形化（rectangularization）という。

　ここまでの変化は生存曲線が右斜め上に向かって拡張する様式で面積（平均寿命）の増加が見られたが，1970年から2000年にかけては曲線が右方向，つまり水平方向にシフトする様式で面積の増加が見られる。これは若年から中高年層にかけての死亡率改善がすでに限界まで実現しており，それまであまり見られなかった高齢者の老化そのものに起因する死亡の抑制・遅延が生ずるという新しい段階に進んだことを意味している。2010年には女性の平均寿命はすでに86.4年に達しているが，将来この傾向はさらに進み，国立社会保障・人口問題研究所（2012a）の将来推計人口（死亡中位の仮定）によれば，2060年に女性の平均寿命は90.9年に達することになる。

3）人口年齢構造

①人口ピラミッドの変化

　ここで図1-8に示す4つの人口ピラミッドによって，人口の年齢構造の変化を確認する。4つのピラミッドは同じ目盛りで描かれているため，ピラミッドの面積は総人口を表すが，1950年と2010年の年次間では日本の総人口が増加

していたことがわかる。すなわち20世紀から21世紀初頭にかけての日本は人口増加の時代であった。と同時に、平均年齢で表されるピラミッドの重心が高くなっており、この間に人口高齢化が並行して進んだことがわかる。

次に、国立社会保障・人口問題研究所（2012a）の将来推計（出生・死亡と

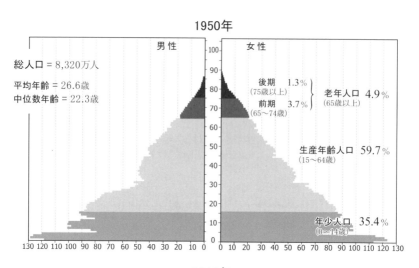

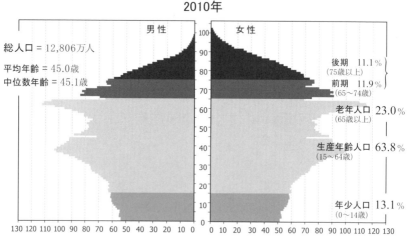

図1-8　日本の人口ピラミッド：1950, 2010, 2030, 2060年

も中位の仮定）による 2030 年と 2060 年の人口ピラミッドを比較すると，まず面積（総人口）が急速に減少しており，今後わが国は人口減少の時代となることを示している。また平均年齢で示されるピラミッドの重心は上昇を続けており，同時期に著しい人口高齢化の時代を迎えることを示している。

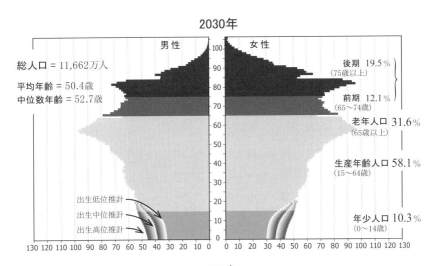

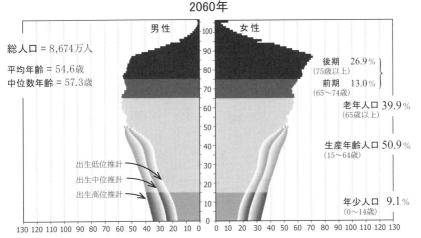

（資料）1920〜2010 年：「国勢調査」「推計人口」，2011 年以降：「日本の将来推計人口」（平成 24 年 1 月推計）．

②従属人口指数の変化

　人口高齢化の指標として，年齢を3区分し，それぞれの人口の割合や比をとる方法がある。一般に0〜14歳人口を年少人口，15〜64歳人口を生産年齢人口，65歳以上人口を老年人口と呼ぶ。また，この年少人口と老年人口を，扶養される側の人口とみなして，合わせて従属人口と呼ぶ。この従属人口の生産年齢人口に対する比は，生産年齢の者1人が扶養すべき人（子どもと高齢者）の平均人数となるので，従属人口指数と呼んで，社会全体の扶養負担を表す指標として用いられる。

　人口転換の進展に伴って起こる従属人口指数の変化をみると，図1-9に示したように，従属人口指数はいったん下がってまた上がるという傾向を示す。従属人口指数がいったん下がるのは，人口転換の後半で，当初は小児の死亡率低下（生産年齢まで生残する率の上昇）とこれに続く出生率低下によって生産年齢人口に対する年少人口の比が低下するからである。しかし人口転換がさらに進むと，高齢者の占める割合の増加の影響がより強く表れて，従属人口指数は再び上昇する。

　このように従属人口指数が谷間を形成する時期は，マクロの経済にとって有利な時期であり，「人口ボーナス」（demographic bonus）または「人口配当」（demographic dividend）と呼ばれる。「人口ボーナス」は，どの国でも人口転換の過程で1回だけ出現する恵みの時期であり，その国の経済発展と社会保障制度構築に都合のいい時期といえる。実際日本は人口ボーナス期に経済成長を遂げ，年金や医療保険など全国民をカバーする社会保障制度の構築がなされた。しかし上述のとおり，さらに高齢化が進展すると，高齢者の相対的増大によって社会の扶養負担は高まり，人口ボーナスは失われ，むしろボーナス期以前よりも負担の重い時期がやってくる。これを「人口オーナス」（demographic onus）と呼ぶことがある。オーナスとは負担とか重荷という意味である。「人口ボーナス」と「人口オーナス」の議論は，小川（2005）が詳しい。

　いま日本では社会・経済や社会保障の仕組みが根本から問い直されているが，それは人口ボーナス期に設計されたシステムが人口オーナスというこれまでの

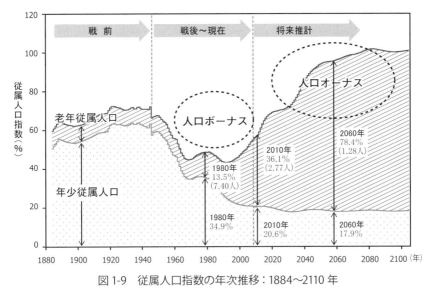

図1-9　従属人口指数の年次推移：1884〜2110年

(資料) 総務省統計局「国勢調査」，国立社会保障・人口問題研究所「日本の将来推計人口（平成24年1月推計〈出生中位・死亡中位推計〉）」．

(注) カッコ内の数値は，老年人口1人に対する生産年齢人口の人数．

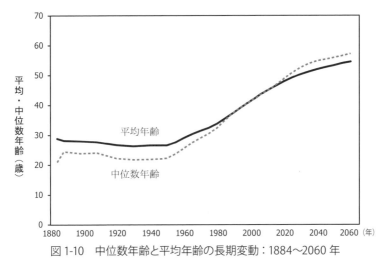

図1-10　中位数年齢と平均年齢の長期変動：1884〜2060年

(資料) 総務省統計局「国勢調査」，国立社会保障・人口問題研究所「日本の将来推計人口（平成24年1月推計〈出生中位・死亡中位推計〉）」．

想定を超える事態に直面してうまく機能しなくなっており，制度の再設計が求められているということでもある。

③ 中位数年齢と平均年齢の関係

図1-10に示したように，日本では統計がとれる19世紀末以降で平均年齢が中位数年齢を上回っていた。これは，平均年齢はその年齢の人口割合が小さくとも飛びぬけて高いか低い値に影響を受けるため，人口ピラミッドが富士山型の場合，中位数年齢よりも高くなることによる。人口ピラミッドが逆転すれば，逆に平均年齢は中位数年齢を下回ることになる。中位数年齢と平均年齢の関係が「平均年齢＞中位数年齢」から「平均年齢＝中位数年齢」へ，さらに「平均年齢＜中位数年齢」へと変化を遂げることも人口高齢化の進行の反映といえる。

（3）人口規模・人口動態・年齢構造の変化のまとめ

ここで見たように，第二の人口転換の開始時期を示す指標という観点から出生力，死亡力（寿命），および人口年齢構造の動向をみると，出生力はTFRが1974年に人口置換水準を割り込んだこと，死亡力の面では生存曲線が1970年頃を境に矩形化から水平シフトに転換したことが注目される。

またこの間の人口高齢化の進行は顕著である。それは人口ピラミッドの形の

表1-1 「人口転換」と「第二の人口転換」の違い

	人口転換	第二の人口転換
総人口	加速基調（下に凸の曲線）で増加 人口モメンタム＞1	減速基調（上に凸の曲線）で増加 → ピーク後，際限のない人口減少へ 人口モメンタム＜1
出生力	高出生力 → 人口置換水準	低出生力 （人口置換水準を下回る＝少子化）
死亡力（寿命）	乳幼児〜青壮年の死亡率が極限まで改善 （生存曲線：右上に拡大＝矩形化）	高齢者の死亡率が改善 （生存曲線：水平シフト）
人口年齢構造	末期：高齢化 （人口ピラミッド： 　富士山型→ 釣り鐘型・壺型へ） 人口ボーナスの出現 中位数年齢≦平均年齢	超高齢化 （人口ピラミッド： 　→ 重心の高い壺型へ） 人口ボーナスから人口オーナスへ 平均年齢≦中位数年齢

変化に典型的に表れており，人口ピラミッドの逆転の動きは中位数年齢と平均年齢の関係にも転換を引き起こしている。また図 1-3 に示したように，長期的に低下を続けてきた粗死亡率が 1979 年の 6.0 を最小値として底を打ち，以後反転上昇しているが（国立社会保障・人口問題研究所 2016, p.41），この動きも人口高齢化の反映である。

まとめると表 1-1 の通りである。人口転換とは一義的には多産多死から少産少死への人口動態の長期的変化を指し，これに必然的に人口規模の変化（人口増加）と人口年齢構造の変化（人口高齢化）を伴うものである。それゆえ，人口転換期から新しい人口レジームへの変化（第二の人口転換）は狭義の人口システムの面では人口規模，人口動態，人口年齢構造の変化（すなわち人口ダイナミックス）として自己完結する。この人口システムの変化は経済社会システムの変化と密接な関連を有するわけであるが，このことは本節に続く第 4，5，6 節で扱うこととする。

第 4 節　人口システムと社会経済システムの相互作用

日本を含め，今日の先進工業国の長期的な人口史を概観すると，人口転換を間に挟んで，「プレ人口転換期」，「人口転換期」（人口転換の開始から終了までの期間），「ポスト人口転換期」に 3 区分できる。筆者らは本章の第 1，2，3 節において，レジーム変化としての「ポスト人口転換期」の概念を提示し，とくに「人口転換期」からの移行に注目して，各種人口統計指標の変化によってこれを捉えた。すなわち日本においては，人口転換が完了したのち，総人口の停滞・減少，人口置換水準を下回る低出生力（少子化），高齢期の死亡率低下によるさらなる平均寿命の伸長などで特徴づけられる新たな人口レジームへの移行が観察されており，これらは新たな人口転換すなわち「第二の人口転換」と呼ぶことができるだろう。ただしこれは，先に述べたように，ヴァンデカー（D. J. van de Kaa）とレスタギ（Ron Lesthaeghe）の「第二の人口転換（Second

Demographic Transition)」説を受け入れて日本に適用するという意味ではなく，われわれは日本の経験から得られる知見に基づいて，ここで新たな人口転換が始まったと判断し，これを「第二の人口転換」と呼ぶものである。レスタギらの呼ぶ「第二の人口転換」とほぼ同じ現象を扱っているものの，彼らがヨーロッパの経験に特化し，社会経済的・文化的背景とりわけ価値観の変化による説明体系を提案しているのに対して，ここでは日本で人口統計指標の変化から把握された人口レジームの転換を中立的に「第二の人口転換」と表現している。この移行の時期が1970年代半ばから2000年代後半に及ぶことは先に示した通りである。

　人口システムと社会経済システムは（さらに広く見ると，生物システムや物理化学環境も）常に密接な関係にあり相互に影響を及ぼしている。しかも，それらは両システムが外縁において影響しあうというよりも，システム内の諸要素が相互に（すなわち原因であり結果でもあるという関係で）作用しあっていると考えられる。システム内の諸要素とは，人口システムでは出生，死亡，移動，結婚・離婚・死別，同居・別居などのライフコース事象とそれにともなう様々な状態の変化である。このうち，人口再生産に関わる出生と死亡は人口転換の根幹をなす要素である。一方，社会経済システムでは教育，労働，娯楽，ケア，政治（様々な権力関係や協同），ジェンダー，地域社会，社会保障，財政など広範な分野における人間の営みや制度が視野に入る。このように人口システムと社会経済システムが密接かつ相互に作用していることは人口学ではかねてより強く意識されていることである。たとえば河野（2007, pp.10-15）は，広義の人口学の全体像として，形式人口学を中心に経済現象，社会現象，生物現象，政治現象等との相互関係を扱う実体人口学を周辺に配した構造を示している。

　それゆえ，「人口転換期」から「ポスト人口転換期」への変化，とりわけ第二の人口転換の始まりには，社会経済システムの様々な局面で大きな変動が伴うと考えられる。また人口システムにおいても，個人のライフコースやネットワーク，移動や定住，また家族・世帯のあり方に大きな変化が起こると見ることが

できる．本章では，以下，これらの変化を①人口移動と人口分布の視点，②経済人口学的視点，③社会人口学的視点，④思想・文化・政治の視点から，「人口転換期」と「ポスト人口転換期」の対比として特徴づける．ただし，ここで設定した4つの視点の区分は便宜的なものであり，互いに重複する部分が存在する．また，それぞれの領域に生じた変化は，「人口転換期」から「ポスト人口転換期」への移行の原因であることもあれば，結果であることもある．

　ここで日本の人口転換の完了と社会経済システムの転換を関連付けた既存の研究に目を向けると，まず落合恵美子の研究が注目される．落合（2013, pp.1-38）は，ベック（Ulrich Beck）の「第一の近代」と「第二の近代」の概念を用い，日本の第1の出生率低下（高出生率から人口置換水準への低下としばらくの安定推移）とこれに続く出生率が人口置換水準近傍にある位相（第一の人口転換）を「第一の近代」に，また第2の出生率低下（人口置換水準を下回る低出生率へ）の位相（ヴァンデカーとレスタギの「第二の人口転換」）を「第二の近代」にあてはめた．その上で，「第一の近代」から「第二の近代」への移行に伴って個人，家族，国家，市民社会のあり方（すなわち親密圏と公共圏）に再編成がおこったと述べている（落合 2013, pp.1-38）．

　これに先立ち，黒田俊夫は早くも1974年という時点で，第二次世界大戦後の日本の人口変動と将来の見通しを展望し，戦後から1974年の直近に至る時期を人口変動の第一期，それ以降を第二期と規定した．そして第一期は経済・社会の変化の結果として人口の側に変化が生じたとともに，それは経済・社会の発展を促進させうるような人口の発展であったと述べている．この時期の人口変動とは，出生力の人口置換水準への急速な低下，低水準の従属人口指数の実現（今日の言葉でいえば「人口ボーナス」），また農村から都市への人口移動による大量の労働力供給を指す．しかし第二期では，まったく反対に人口要因（人口分布の不均等化すなわち過疎・過密化と人口高齢化）が経済・社会に影響を与える段階になるとともに，その影響は経済・社会の発展に阻害的であると特徴づけた（黒田 1974, pp.1-7）．最近では，門司ら（2014）が日本の健康転換（health transition）と人口転換に付随して生じる人口・社会変化と関連する課

題を挙げ，「ポスト人口転換期」における緩和策と適応策を論じている。

　本研究は落合や門司らの研究と一部重なっているが，本論文は上記のように人口システムと社会経済システムが常に相互に影響しあいながら変化を遂げているという観点から，両システムの様々な現象を広く視野に入れ，包括的にこれらの関係を探るものである。

　なお，わが国では，第二次世界大戦直後急速な出生率低下が起こり，1950年代半ばから1970年代前半まで合計特殊出生率は2前後すなわちほぼ人口置換水準にあった。これは人口転換の最終段階（第4段階）を示しており，この時期は「人口転換期」と「ポスト人口転換期」の両方に含まれることになるが，以下の対比では「人口転換期」に含める。社会経済の動きはある種の時間差を伴って現れるとも考えられので，そのように扱っても不合理とはいえないであろう。落合（2013, p.14）も，この出生率の安定期は「第一の近代」の盛期ととらえている。また，ここに「人口転換期」の特徴として挙げたことの中には，「ポスト人口転換期」との対比から，人口転換期の後半ないし末期に目を向けているものもある。

　一方，以下の対比で「ポスト人口転換期」は，上記の第二の人口転換が始まった時期以降の時期を主な対象とすることにする。それは本論文の目的が「人口転換期」と「ポスト人口転換期」の社会経済面の相違を際立たせることにあるからである。以下では，それぞれの特徴をまとめ，表1-2から表1-5に両者を対比して示している。ここで社会経済現象については，理論的に想定されること，統計データからいえること，言説としていわれていることなどをもとに重要と思われる事項を記述するに止め，人口変化との関係の精緻な実証は今後の課題とした。したがって細かくいえば当てはまらない点やさらに詳細な検討を要する点を残しているが，ここでは大まかな対比に力点を置いている。したがって本稿は，仮説提示の性格をもつものである。

第5節 「人口転換期」と「ポスト人口転換期」の対比

(1) 人口移動と人口分布の視点からみた「人口転換期」と「ポスト人口転換期」

ここでは国内人口移動，人口分布，世代間移動，国際人口移動の面で「人口転換期」と「ポスト人口転換期」を対比し，**表1-2** に示す。人口移動・分布も人口変数であるが，人口転換の主体をなす人口再生産変数（出生，死亡，人口総数，年齢構造）とは区別して扱うものである。

1）国内人口移動

国内人口移動の面では，「人口転換期」は主に農村部から都市部への「向都離村」といわれる動き，続いて都心から近郊のベッドタウンへという動きがあり，大規模な移動の時代であったといえよう（加藤 2006；吉田 2011a；鬼頭 2007；高橋・中川 2010）。これに対して，「ポスト人口転換期」はそのような大移動が沈静化するとともに，Uターン，Jターン，Iターンといったターン現象（帰還移動）がみられ，さらには「都心回帰」といわれる人口の逆流現象が見られるようになった時代に対応すると見ることができる[8]。

総務省統計局「住民基本台帳人口移動報告」による各年の都道府県間移動数

表1-2「人口転換期」と「ポスト人口転換期」の対比 (1)：人口移動と人口分布の視点

	人口転換期	ポスト人口転換期
国内人口移動	農村部から都市部へ 都心からベッドタウンへ	移動の沈静化 ターン現象 (Uターン, Jターン, Iターン)，都心回帰
人口分布	人口密度上昇 都市化 （一部地域は過疎化） 社会インフラの形成・蓄積	人口密度低下 「限界集落」の発生 社会インフラの維持困難に
世代間移動 （地域移動, 社会移動）	流動的 ・地方から都会へ ・親とは異なる職業・階層へ	・居住地の面で固定化か ・社会移動の動向は一概に言えない
国際人口移動	移民送り出し国	移民受け入れ国へ

の推移（1954年から2014年まで）を見ると，1971年の425万7千人をピークにそれまでの増加傾向から一転して減少傾向へと転じている（国立社会保障・人口問題研究 2016, pp.151-154）。また，同統計から算出された年間の類型別都道府県間移動数の推移（1954年から2014年まで）を見ると，「非大都市圏から大都市圏」への移動数の最初の急上昇が1960年代前半にみられるのに対し，「大都市圏内」移動数のピークと「大都市圏から非大都市圏」への移動数のピークは1970年代前半にあり（国立社会保障・人口問題研究所 2016, p.152-154），このようなパターンの時間差は移動流の変化を物語っている。

2) 人口分布

人口分布の面では，「人口転換期」は全国的に人口密度が上昇し都市化が進んだ時代，「ポスト人口転換期」は人口密度が低下へ向かう時代に各々対応する。「人口転換期」は国土における社会インフラ形成・蓄積の時期でもあるが，一部地域では「過疎化」が言われ，「過疎対策」がとられた時代でもあった(9)（原 2010bc）。「ポスト人口転換期」においては，著しい人口高齢化と人口減少により社会インフラの維持が困難になるとともに，農山村の「限界集落」問題，また都市内「限界集落」問題の深刻化が懸念されるようになる（吉田 2011b, 吉田・廣島 2011）。

3) 世代間移動（地域移動，社会移動）

人口と社会の流動性は，世代間の地域移動と社会移動の面から注目されている。「人口転換期」は世代間の地域移動の面でも（地方出身者が都会へ移動して居住），世代間の社会移動の面でも（親とは異なる職業・階層へ）流動性の高い時代であったとみられる。これに対して「ポスト人口転換期」には居住地の面では，より固定化傾向がみられるものと予想される。他方「ポスト人口転換期」における社会移動の動向は一概には言い難い。今後，地域移動の動向とともに関心の持たれるところである。

4) 国際人口移動

国際人口移動の面では，「人口転換期」は移民送り出しの時代であったのに対し，「ポスト人口転換期」は移民受け入れの圧力と傾向が高まった時代とおおよ

そ特徴づけることができよう。日本から外国への出移民（日系移民）は，1868年のハワイ移民（元年者）が最初であり，第二次世界大戦の前後を通じて約160万人が海外へ渡ったといわれる（鈴木 2010ab）。他方，外国から日本への入移民圧力の推移の目安として，法務省の「出入国管理統計」等に基づき登録外国人人口から「韓国・朝鮮」籍の人口を除いた外国人人口の推移を見ると，1970年代までは極めてわずか（1979年には11万2千人）であったのが，1980年代後半より増加の一途をたどり，2014年には193万3千人にのぼっている（国立社会保障・人口問題研究所 2016, p.165）。

(2) 経済人口学的視点からみた「人口転換期」と「ポスト人口転換期」

ここではマクロ経済，就業，社会保障の面で「人口転換期」と「ポスト人口転換期」を対比し，**表1-3** に示す。

1) マクロ経済

日本の経済成長率は1950年頃から1970年頃にかけて7〜10%という高い水準を誇ったが，1973年に発生した第1次石油ショックを境に，低成長へ転換するととともに，その内容もサービス経済化，グローバル化，情報化といった変化が急速に進んだ（大淵 2006）。すなわちマクロ経済の面では，おおよそ「人

表1-3 「人口転換期」と「ポスト人口転換期」の対比 (2)：経済人口学的視点

	人口転換期	ポスト人口転換期
マクロ経済	経済成長 工業社会 消費・売り上げの拡大	低成長ないしマイナス成長 ポスト工業社会 消費・売り上げの縮小
就業	雇用労働者化 学卒後一斉就職，低失業率 賃金上昇 終身雇用，年功序列	多様化 失業率上昇，非正規化 賃金頭打ちないし低下 二極化？
社会保障	生産年齢人口の増大を背景に 社会保障制度の構築 （年金，医療など）	高齢化への対応(介護保険) 社会保障財政の行き詰まり 制度の改革が求められる 若者対策

口転換期」は経済成長の時代,「ポスト人口転換期」は低成長ないしマイナス成長の時代に各々対応するとみることができる。また国勢調査による産業（3部門）別就業人口割合の推移を見ると，第1次，第2次，第3次産業の占める割合は，1950年には各々48.5％，21.8％，29.6％であったが，1975年には各々13.8％，34.1％，51.8％で第3次産業が5割を超え，さらに2010年には各々4.0％，23.7％，66.5％と第3次産業への移行がいっそう顕著となった（国立社会保障・人口問題研究所 2016, pp.141-142）。したがって，産業構造の面ではすでに「工業社会」の時代から「ポスト工業社会」の時代に入ったという見方もできよう。[10]

さらにいえば，「人口転換期」には消費や売り上げが拡大したが，「ポスト人口転換期」には消費・売り上げは縮小局面を迎えることになる。「商業統計」から小売業構造変化をとらえた矢野・秋山（2011）によると，わが国の小売業の商店数は1972年以後増加傾向にあったが，1982年に約172万に達したのち減少に転じ2007年には114万にまで減少している。また年間商品販売額は1997年（148兆円）までは伸びたものの，その後2002年（135兆円）まで減少した後，現在まで停滞している（矢野・秋山 2011）。

総じて言えば，「人口転換期」には，人口と経済の右肩上がりの成長が実現した。すなわち人口転換以前には多産多死で均衡がとれていた人口動態は，人口転換の完了により少産少死の均衡に転換したが，この間，死亡率低下と出生率低下のタイムラグにより人口規模が拡大し，とくに働き手となる若年人口が増大した（いわゆる「人口ボーナス」）。日本において「人口転換期」は経済発展期でもあり，経済発展以前には「低生産・低所得・低消費」で均衡がとれていた経済システムは，経済成長によって「高生産・高所得・高消費」の均衡に転換した。この間，経済規模が著しく拡大し，国民の生活水準は飛躍的に向上した。しかし「ポスト人口転換期」には，経済成長の終焉，生産年齢人口の減少と人口の超高齢化という不利な条件が重なることから，以前のような経済成長は非常に困難な状況となっている。

2) 就業

就業の面では,「人口転換期」に含まれる日本の第二次世界大戦後の経済成長期は, 雇用労働者化が進み, 学卒後一斉就職, 年功序列, 終身雇用という安定した雇用パターンが確立した時期といえよう。経済成長期ゆえに, 失業率は低く, 年々の賃金上昇が約束されていた。「ポスト人口転換期」になると, そのような定型的(標準的)パターンは崩れ, 就業形態の多様化がおこった。すなわち, 失業率の上昇, 非正規雇用の増大, 賃金上昇の頭打ちないし低下がみられるようになった。この点では悲観的な言説が多く出回っており, とりわけ山田(2004)は『希望格差社会』と題する著書で, グローバリゼーションやIT化が進み, 情報産業が世界をリードする中で, 専門的・創造的労働者とマニュアル通りに働く単純労働者・サポート労働者に二極化する「ニューエコノミー」と呼ばれる新しい経済システムが浸透しつつあると指摘している。これにより, 日本社会においては, リスク化(青年が自分の仕事や家族について安定した将来像を描けない状況)と二極化(将来に希望が持てる人と将来に絶望している人, いわば「勝ち組」と「負け組」の分化)が進みつつあるという(山田 2004)。

3) 社会保障

社会保障の面では,「人口転換期」に含まれる1960年代の日本は社会保障制度の構築期にあたり, 生産年齢人口の増大を背景に, 1961年に国民皆保険・皆年金制度が実現した(勝又 2014)。「ポスト人口転換期」になると想定以上の少子高齢化(現役世代の人口の減少と引退後世代の人口の増加)により財政面で制度が行き詰まり, 制度の根本的見直しが求められることになった。1975年には老人保健制度, 1986年に基礎年金制度が創設され, さらに2000年には介護保険制度が導入されたが(勝又 2014), これらの制度は高齢化の進行に対応したものであり,「ポスト人口転換期」の特徴と捉えることもできる。

他方「ポスト人口転換期」には, 離婚の増加などを背景に子どもの貧困問題がクローズアップされるようになり, また未婚化・少子化や雇用の不安定化との関連から若者支援のための施策も重要な課題となってきた。

(3) 社会人口学的視点からみた「人口転換期」と「ポスト人口転換期」

ここではライフコース，社会的ネットワーク，世帯，家族システム，ジェンダー関係，性行動（セクシュアリティ），教育の面で「人口転換期」と「ポスト人口転換期」を対比し，**表1-4**に示す。ライフコース，世帯，家族も人口領域の変数であるが，人口転換の主体をなす人口再生産変数（出生，死亡，人口総数，年齢構造）とは区別してここで扱う。

1) ライフコース

個人を対象とする人口学的計測には，ある時点における個人間の関係（親族，職場，地域社会など，様々なネットワーク）に着目する横断的見方と，個人の時間的変化に着目する縦断的見方の別があるといえる。すなわちライフコースという縦断的（longitudinal）な見方と社会的ネットワークという横断的（cross-sectional）な見方である。

ライフコースの面では，「人口転換期」，「ポスト人口転換期」ともに寿命が伸長するが，その伸びる年齢時期が異なる。すなわち「人口転換期」では小児や青壮年期の死亡率が極限まで低下し，青壮年期や中年期の普遍化が起こる（誰もが青壮年・中年期を通過し，老年期に到達する人も多くなる）。これに対し，「ポスト人口転換期」では老年期の死亡率が大幅に低下し，老年期の普遍化（誰もが老年期に達する）と老年期のさらなる延長がおこる。

配偶行動（結婚）と生殖行動（出産）の面では，「人口転換期」が皆婚化（非婚化の反対で，生涯未婚率が低下すること）を経て晩婚化（初婚タイミングの遷延）が起こるとともに少産化（女性一人当たりの出生数が4〜5人から2人程度へ）が進む時代であったのに対し，「ポスト人口転換期」はいっそう晩婚化・非婚化が進むとともに少子化（女性一人当たりの出生数が人口置換水準すなわち2.1人を下回る）が定着する（また，無子すなわち生涯子どもを持たない女性の割合も高まる）時代といえる。[12]

2) 社会的ネットワーク

社会的ネットワークの面では，「人口転換期」は概して血縁，地縁，職縁，また学校（同級生，先輩・後輩，教師・学生）を通してのネットワークが強化さ

表1-4 「人口転換期」と「ポスト人口転換期」の対比（3）：社会人口学的視点

	人口転換期	ポスト人口転換期
ライフコース	寿命伸長(ライフコース延長) ・青壮年・中年期の普遍化 皆婚を経て, 晩婚化, 少産化	寿命伸長(ライフコース延長) ・老年期の普遍化・延長 非婚化, 無子も増加
社会的ネットワーク	血縁, 地縁, 職縁 学校(同級生, 先輩・後輩)	従来型ネットワークの弱体化 新しい(非「血縁・地縁・職縁」)ネットワーク? インターネットの利用
世帯	核家族世帯(夫婦と子ども)の普及	単独世帯, ひとり親世帯, 高齢者世帯の増加
家族システム	「近代家族」の形成・普及 親族ネットワークの拡大	「近代家族」の揺らぎ ・未婚化, 離婚増加 親族ネットワーク(特に横, 斜めの関係)の縮小
ジェンダー関係	性別役割分業の確立	性別役割分業の超克?
性行動 (セクシュアリティ)	性の二重規範(貞操と買春)から「恋愛文化」へ ・売春防止法(1958年完全施行)	性革命 (婚前性交の容認) 性の多様化 セックスレス?
教育	高校・職業教育の普遍化 大学教育の普及(主に男性) 企業内教育訓練	大学教育の普及(女性も) 多様化, 生涯教育 グローバル化(国際化) 「即戦力」が求められる

れ安定する時代にあたるといえよう。すなわち寿命の伸長と家族の安定化は血縁ネットワークを強化する方向に，終身雇用制の普及は職縁ネットワークを強化する方向に，また進学率上昇は学校を通したネットワーク強化の方向に作用したといえる（大学におけるサークルや「ゼミ」の結束の強さは象徴的である）。地縁については，前3者ほど強固でないにしても，日本では「県人会」といった同郷者のネットワークが一定の役割を果たしたといえよう。

他方「ポスト人口転換期」では，そうした従来型のネットワークが弱体化する。これに対し，新しい非「血縁・地縁・職縁」ネットワークの試みがなされ，一部ではインターネットの利用によるネットワーク作りもみられるが，従来型のネットワークを代替するまでに普及するかどうかは未知数である。

3）世帯

世帯の面では,「人口転換期」は「核家族」世帯とりわけ「夫婦と未婚の子ども」からなる世帯類型の普及期にあたる。国勢調査による一般世帯の平均人員は 1960 年には 4.14 人で,家族類型別世帯数のうち「夫婦と子ども」からなる世帯は 38.2％を占め,1970 年には各々 3.41 人,41.2％という水準であった（国立社会保障・人口問題研究所 2016, pp.116-119)。戦後の日本では,この形の世帯類型は標準的な世帯とみなされ,様々な社会政策や行政施策が対象とする基本的な単位と目されてきた。

しかし「ポスト人口転換期」では,単独世帯,ひとり親世帯,高齢者世帯などの割合の増加により,夫婦と未婚の子どもからなる世帯はもはや標準的とはいえなくなりつつある。国勢調査による一般世帯の平均人員は 2010 年には 2.42 人で,家族類型別世帯数のうち「夫婦と子ども」世帯は 27.9％に減り,他方「単独世帯」は 32.4％を占めるに至った（国立社会保障・人口問題研究所 2016, p.116)。また高齢の夫婦あるいはひとり親と未婚の成人子が同居する傾向も注目を集めている（宮本 2011bc)。

4）家族システム

家族システムの面では,「人口転換期」はいわゆる「近代家族」の形成・普及期にあたる。とりわけ日本では第二次世界大戦後の「民主化」を旗印にした近代化過程において,欧米 20 世紀型の「近代家族」が制度的にも裏付けをもち,イデオロギー的にも大衆的な支持を得たとみられる（石原 2012)。またそれに続く経済成長期においては,「家族の戦後体制」が大きな流れとして具体化したといわれる（石原 2012)。「家族の戦後体制」とは,①女性の主婦化,②再生産平等主義（皆婚主義とふたりっ子革命),③担い手としての人口学的移行期世代（経済成長を促進する「人口ボーナス」）の 3 点で特徴づけられる家族の在りようであり,落合恵美子が命名したものである（石原 2012)。

他方「ポスト人口転換期」になると未婚化や離婚の増加などにより「近代家族」の揺らぎがみられるようになる。石原（2012）によれば,超高齢化・超少子化の進行,成長経済の限界と連動するグローバル経済化,格差社会構造の顕

在化のなかで，日本型近代家族の解体化が進行中とみられている。

また「人口転換期」においては，出生率が低下したにもかかわらず，家族の安定化（離婚率の低下）や寿命の伸長により，親族ネットワーク（一人当たりの「親戚」人数）は拡大し安定的だったと推測される。これに対して「ポスト人口転換期」では，少子化，未婚化の進展や離婚率の上昇により，親族ネットワークの縮小・弱体化は必至であり，なかでも横の関係（夫婦，兄弟姉妹）と斜めの関係（いとこ，おじ・おば，おい・めい）の弱体化は顕著である。他方，寿命伸長により，子から見て親はもちろん，祖父母，曾祖父母の生存確率が高まるため，縦の関係は強まる可能性もある。

5）ジェンダー関係

ジェンダー・システムの面では，「人口転換期」は男女の性別役割分業が確立し全盛をきわめた時代ということができよう。男性が主に家計の所得を担い，女性が主に家事・育児（さらには老親介護を）担うという世帯モデル，すなわち男性稼ぎ主型世帯モデルは高度経済成長の時代に大衆的に成立したとみられている（斎藤 2013）。典型的に言えば「企業戦士」と「専業主婦」の組み合わせからなるこの分業体制は，市場労働における大きな男女賃金格差などの当時の社会経済システムを前提にすると，モノの生産（経済活動）にとってもヒトの再生産（生殖行動）にとっても効率のよい仕組みであったといえる。実際日本の出生力は1950年代半ばから1970年代半ばまで約20年間にわたって人口置換水準の近傍にあったが，その土台には，教育や就業機会，賃金等における著しい男女格差があったのである。

しかし，概ね1980年代以降になると，産業構造がサービス化したことにともない，教育，就業，賃金における男女格差は縮小を始めた。こうして性別役割分業の土台がしだいに崩れてきているにもかかわらず，男女の意識や企業における長時間労働など，社会の仕組みはさほど変わっておらず，この懸隔や不調和が「ポスト人口転換期」における少子化・未婚化の重要な要因の一つをなしているものとみられる。[13]ある面で，日本が超少子化から脱却できるかどうかは，この性別役割分業の超克（性別役割分業に代わる新しいジェンダー・シス

テムの生成と普及）が可能かどうかにかかっているともいえる。

6）性行動（セクシュアリティ）

性行動あるいは広くいえばセクシュアリティの面では，「人口転換期」の当初においては性が夫婦の間に限定され，「性＝結婚＝生殖」の三位一体制が規範をなしていた。同時に，男性優位の家父長制的家族システムが支配的であり，女性には貞操が要求される一方で男性には買春が許容されるという性の二重規範が存在した時期でもあった。速水・小嶋（2004, p.164）によれば，明治・大正期は蓄妾の慣習が広くおこなわれており，出生に占める婚外出生の割合も高かった（1899年の統計で，東京府や大阪府では10〜20%を占めたという）。

やがて日本でも1920年代に産児調節運動が起こり，第二次世界大戦後，家族計画のアイデアと避妊法が広まると，先ほどの三位一体から「生殖」の分離が起こった（一定程度，生殖のコントロールが可能となった）が，「性＝結婚」の結合は強固なままであった。ただし人口転換期の末期には，いわば「恋愛文化」への移行がみられるようになり，「恋愛に基づく夫婦」という観念が強まったとみられる。売春防止法の制定（1958年完全施行）は，そのような流れに沿った動きと理解できる。

「性の解放」の点では北欧・西欧や米国が先行していた。1950〜1960年代には婚前性交を容認する「性革命」（sexual revolution）が起こり（Billari et al. 2007, p.24），この波はおおよそ1970年頃には日本にも伝わったものとみられる。性革命は，ひとことでいえば，「性＝結婚」の結合にくさびを打ち込むものであり，性を享受する上で結婚を必要条件としない意識や規範（それは戦後の日本で形成された「若者文化」の一部をなす）の普及を意味する。それは「ポスト人口転換期」の性行動のありようとして特徴づけられるであろう。また「恋愛」を至高のものとする意識の広まりとも連なっており，国立社会保障・人口問題研究所の出生動向基本調査により結婚年次別に見合い結婚夫婦と恋愛結婚夫婦の割合をみると，1960〜64年に結婚した夫婦までは見合い結婚が恋愛結婚を上回っていたが，1965〜69年に結婚した夫婦で逆転し，2005〜09年に結婚した夫婦では恋愛結婚が圧倒的割合（88.0%）を占め，見合い結婚はわずか

(5.3％) に過ぎない (国立社会保障・人口問題研究所 2012b, p.16)。

さらに近年では，性の多様化，セックスレスといった現象も注目を集めるようになった。かつての「性＝結婚＝生殖」の三位一体制から，まず（避妊の普及と人工妊娠中絶の合法化により）「生殖」が分離し，次いで（性革命により）「結婚」が分離したわけだが，現代は性のあり方自体が多様化の傾向を見せており，今後は男女間の（生身の人間どうしの）性交が必ずしも標準的なパターンであるとはいえなくなる可能性もある。

7）教育

文部科学省の「学校基本調査」により高校・大学への進学率の推移をみると (国立社会保障・人口問題研究所 2016, p.176)，以下記すように，いずれも著しい上昇が見られている。すなわち高校への進学率は 1950 年（男 48.0％，女 36.7％）から 1975 年（男 91.0％，女 93.0％）にかけて急上昇し，その後は微増に転じた（2015 年には男 98.3％，女 98.8％）。女性の短期大学進学率は 1955 年（2.6％）から 1975 年（20.2％）にかけて急上昇し，その後は微増傾向にあったが，1994 年（24.9％）をピークに減少傾向に転じ，2015 年には 9.3％にまで低下した。また同調査による男性の大学への進学率は，1955 年（13.1％）から 1975 年（41.0％）にかけて急上昇し，その後いったん低下したが，1990 年代から再び上昇に転じ，2010 年には 56.4％に達した（2015 年は 55.6％）。女性の大学への進学率は，1955 年（2.4％）と 1975 年（12.7％）の間に大きく上昇し，その後微増傾向になったが，1990 年（15.2％）以降再び急上昇し，2015 年には 47.6％に達した。男女込みの大学進学率は 2009 年に 50％を超え，2015 年は 51.7％となった。

教育の面では，「人口転換期」は高校・職業教育の普遍化と男性の大学教育の普及の時期に当たり，「ポスト人口転換期」になると女性の大学進学率の上昇，男性のそれの一段の上昇がみられ，また教育の多様化，生涯教育，グローバル化（国際化）などの課題が重視されるようになってきたといえよう。なお従来は職場における研修や教育訓練が盛んにおこなわれたが，近年企業にその余裕が乏しくなり，新規採用者に対していわゆる「即戦力」を求める傾向がみられ

るようになった。こうした変化も「人口転換期」から「ポスト人口転換期」への移行に関連した動きとみることができよう。

(4) 思想，文化，政治システムの視点からみた「人口転換期」と「ポスト人口転換期」

ここでは思想状況，大衆文化，政治システムの面で「人口転換期」と「ポスト人口転換期」を対比し，**表1-5**に各々の特徴を示す。これらの側面はレスタギらの「第二の人口転換」論でもヨーロッパにおける価値観変動との関連で関心の持たれているところである（Lesthaeghe 2010）。

1）思想状況

思想状況では，いわゆる「モダン」思潮から「ポストモダン」思潮への転換が，「人口転換期」から「ポスト人口転換期」への移行とどのような関係にあるのか，検討課題に挙がるのではないだろうか。「ポストモダン」とは，東（2001）によれば，現代の文化状況と近代（モダン）のそれとの間に断絶が存在するとみて，現代の文化的世界を広く捉えるために使われている言葉であり，日本では1960年代あるいは70年代以降，より狭く取れば1970年の大阪万博をメルクマールとしてそれ以降の文化的世界にあてはまるという。また東（2001）は，フランスの哲学者ジャン＝フランソワ・リオタールが1979年の著作『ポストモダンの条件』で指摘した「大きな物語の凋落」について論じている。

ここでは「ポストモダン」思潮を，生産力至上主義，国家・民族・官僚機構・企業への忠誠や「階級闘争」を信奉する集団主義的（特定のイデオロギーに帰属する意識が強い）傾向に対して，それらにとらわれず個人の感性を重視する傾向として大まかに理解する。「人口転換期」は経済成長期にあたり，画一的な大量生産・大量消費を賛美する意識があったことは確かである。それがその時代の思想に反映したとしてもおかしくない。

2）大衆文化

大衆文化の面では，「人口転換期」には勤労者世代とその家族を中心とする大衆文化の興隆がみられた。とりわけ第二次世界大戦後の日本では，経済の復興，

表1-5 「人口転換期」と「ポスト人口転換期」の対比(4)：思想・文化・政治の視点

	人口転換期	ポスト人口転換期
思想状況	「モダン」 ・生産力至上主義,国家・民族・官僚機構・企業への忠誠や「階級闘争」を信奉する集団主義的傾向 ・画一的,大量生産大量消費	「ポストモダン」 ・左記にとらわれず個人の感性を重視する傾向 ・脱イデオロギー 「大きな物語の凋落」
大衆文化	勤労者世代を中心とする大衆文化の興隆	若者文化の成立 ・対抗文化 ・サブカルチャーの展開
政治システム	議会制民主主義の発展期 政治課題： 　経済成長とその果実の分配 　社会保障制度の構築	問題先送りと議会制民主主義への不信 政治課題： 　経済成長の終焉への対応 　社会保障制度の再構築

　都市化，サラリーマン層の拡大に伴い，映画，大衆文学，大衆ジャーナリズム（とりわけ週刊誌），歌謡曲など，多くの面で大衆文化が盛り上がった。テレビ放送が始まると，家族が茶の間で一緒に番組を視聴して楽しんだ。歌謡曲の主題として，ロマンチック・ラブ，家族愛や郷土愛（たとえば，東京に出てきた人が故郷を想う）が取り上げられることが多かったが[19]，これは「人口転換期」の特徴である農村部から都市部への大規模な移動や「近代家族」の普及を反映したものとみることもできよう。

　これに対し「ポスト人口転換期」の大衆文化を特徴づけるものとして，若者文化の成立とサブカルチャー(subculture)の展開が挙げられよう。伊奈（1999）によれば，通例，サブカルチャーはメディア文化，ユースカルチャー，対抗文化，アンダーグラウンドな文化，社会的な逸脱などを指す。なかでも対抗文化(counterculture)の面では1960年代後半から1970年代初頭にかけて目立った動きがあり，いわゆる「学園闘争」，ベトナム反戦運動や反公害市民運動と結びつく形で，フォークソング，ロックミュージック，アングラ演劇などが盛んになった[20]。こうした動きが現れた背景には，1947～49年に生まれ一大コーホートをなす戦後ベビーブーム世代（団塊の世代）が民主主義教育の洗礼を受けた上で，大学進学率上昇と経済成長による労働力需要の高まりを受けて，この時期

に学生あるいは勤労青年として都会にあふれ出たことがあるとみられる。

　サブカルチャーは，その後もポップ・ミュージック，漫画・アニメ，広告，コンピューターゲームなど多くの分野で展開し，「オタク」という言葉が現れるなど特有の文化も生まれるに至った（東 2001）。こうした潮流は，1970 年代初頭に生まれ 1990 年代に成人になった第二次ベビーブーム世代（団塊ジュニア世代）以降のコーホートの持続的縮小，少子高齢化，家族・世帯の変化，経済の成熟と経済成長の終焉，人口移動流の変化といった人口変動とどのような関連があるのか関心のもたれるところである。また今後の動きとして，高齢化と長寿化によって増大する高齢者層が独自の大衆文化を生むかどうか注目したい。

3）政治システム

　さらにいえば，人口転換期からポスト人口転換期への移行は，政治システムの長期的変化と関連付けて考察することもできるであろう。人口学者ボンガーツ（John Bongaarts）は，2013 年に釜山で開催された国際人口学会（IUSSP）第 27 回大会で「人口の趨勢と開発への含意」と題する講演をおこなったが（Bongaarts 2013），その内容は人口転換の進行・完了と各段階の政治課題について示唆するところが大きい。その中で，「ポスト人口転換期」に対応する少子高齢化社会では，経済，行財政，政治のいずれの分野でも課題を抱えているとする。たとえば，経済分野では，経済成長の減速，1 人当たり GDP 増加率の低下，労働生産性低下の可能性など，行財政分野では，持続不可能な医療・年金財政，政府財政赤字の拡大など，さらに政治の分野では，投票を通しての高齢者の力の増大などが課題となるとした。また，これらに対する政策オプションとして，年金制度について，年金支給額の減額，掛け金の増額，支給開始年齢の引き上げ，私的貯蓄の奨励など，労働力の逼迫に対しては，労働参加の奨励や退職年齢の引き上げ，人口に対しては，出産奨励，入移民の制限緩和などを提示している（Bongaarts 2013）。

　第二次世界大戦後の日本に照らしてみれば，「人口転換期」は議会制民主主義の発展期であり（男女 20 歳以上のすべての成人が選挙権を得たのは戦後のことである），経済成長とその果実の分配が課題となり，また「人口ボーナス」の

表1-6 日本の有権者の高齢化

年	有権者の平均年齢（歳）	35歳未満の有権者の割合（%）	65歳以上の有権者の割合（%）
1980	44.6	34.0	13.1
2010	52.7	20.9	28.3
2030	57.5	16.8	37.6
2060	61.5	14.2	46.7

（資料）総務省統計局「国勢調査」，国立社会保障・人口問題研究所「日本の将来推計人口」（平成24年1月推計〈出生中位・死亡中位推計〉）．
（注）有権者人口（20歳以上日本人）に占める各年齢階層人口の割合．

恩恵を受けて社会保障制度の構築がなされた時期ととらえることができよう．この時期の日本は，産業労働者を中心とした労働組合の政治力も強く，階級対立意識や東西冷戦のもとでの体制選択が大きな政治課題であった．「保守」政党と「革新」政党による「1955年体制」が長らく機能したのも，富の増大とその分配という課題に両者が補完的に役割分担したことによるという見方もできよう．

これに対して，「ポスト人口転換期」になると，経済成長の終焉とグローバル化への対応が迫られるようになった．さらに人口高齢化と生産年齢人口の減少により，国の財政は悪化し，「人口オーナス」に直面して，とりわけ社会保障財政の維持は苦しくなっている．抜本的な再構築が迫られるが，「痛みを伴う改革」は先送りされがちである．また移民政策や国内の外国人との共生も重要な課題となる．

近年の日本においては，たとえば1992年末から2012年末までの20年間にのべ15人が首相を務めるという頻繁な首相交代があり，こういったことに象徴される政治の混迷も，ポスト人口転換期の到来との関連が考察されるべきであろう．重要課題（とりわけ財政再建）の先送り，財政逼迫とポピュリズムの悪循環，国債等の政府債務の将来世代へのつけ回しといった傾向は，議会制民主主義への不信を増幅する一因ともなりかねない（たとえば，近年国政選挙の投票率は顕著に低下している）．人口高齢化によりむしろ高齢層が恩恵を受け，

若年層が不利益を被るという逆説的な現象は「プレストン効果」としてすでに指摘されていたことであるが（河野 2000, pp.150-152；竹内 2010），日本においても有権者の高齢化が顕著であり（**表 1-6**），若い世代や次世代の利益を図ることが政治に反映しにくくなる傾向が懸念されている（Coulmas 2007, pp.94-104）[21]。

第6節　長期的な歴史区分からみたポスト人口転換期の意味

　本章の第1, 2, 3節では，日本における「ポスト人口転換期」には古典的な人口転換論で想定された人口転換の完了期（いわゆる第4段階，すなわち人口動態が低出生率と低死亡率によって均衡を取り戻した段階）とは別の新たな動き，すなわち「第二の人口転換」と呼ぶべき新たな人口レジームへの移行が起こったこと，また，この移行が1970年代半ばから2000年代後半にかけて起こったことを人口統計指標によって示した。

　これに続く第4, 5節では，人口システムと社会経済システムは相互に密接に影響しあっているという観点から，社会経済システムに見られる諸現象を「人口転換期」と「ポスト人口転換期」に振り分け，その特徴を描き出すことを試みた。これらをまとめると，まだ仮説提示にとどまっている面もあるが，**表 1-7**に示すように，人口システムの転換を社会経済システムの転換に仮に対応させることができるものと考える。

　すなわち大まかにいえば，「プレ人口転換期」，「人口転換期」，「ポスト人口転換期」という人口システムの長期的な3つの時代区分は[22]，主要な産業の面から見れば，各々「プレ工業社会」，「工業社会」，「ポスト工業社会」に対応する[23]。「ポスト工業社会」は，また「情報化社会」（あるいは「情報社会」）に相当するという見方もできよう。

　歴史の一般的な時代区分に従えば，前2者は各々「前近代」[24]，「近代」に対応する。そして工業社会からポスト工業社会（あるいは情報化社会）への社会の

表 1-7 人口システムの長期的な時期区分と社会経済文化面からの時代区分の対応

人口システムの 長期的な時期区分	プレ人口転換期	人口転換期	ポスト人口転換期
主要産業から見た社会のあり方	プレ工業社会 (狩猟採集社会から農耕社会へ)	工業社会	ポスト工業社会 (情報化社会)
一般的な歴史区分	前近代	近代	近代(後期) あるいはポストモダン
個人・家族・国家・市民社会のあり方(落合 2013)		「第一の近代」	「第二の近代」
第二次世界大戦後の日本の人口変動から見た時期区分(黒田 1974)		人口変動の第1期	人口変動の第2期

著しい変貌は、従来の「近代」を超える新しいトレンド、あるいは近代の後期的形態として注目されており、「ポストモダン」と呼ばれている（厚東 1998, 大澤 2012）。それは歴史上の時代区分としてまだ確立したとはいえないが、「ポスト人口転換期」をこの新しいトレンドに対応させてみると、相互に親和性が高く、より示唆的である。

本章で見たように、「人口転換期」は家族、地域社会、学校・職場・企業、国家などいずれのレベルでもシステムの強化、組織化、安定化が進み、いわば「団結」や「国民総動員」が旗印となって強大な人的生産力が発揮された時代であったといえる。戦前・戦中期にはそれは全体主義へと働き「軍事大国」をもたらし、戦後は民主主義に働くことによって「経済大国」への道を開いたともいえよう。これに対して「ポスト人口転換期」においては、「団結」や「総動員」は瓦解し、個人化、家族の不安定化、国際化、従来の組織・体制やイデオロギーからの離脱といった正反対のベクトルが働き、脱組織化した個人と社会との関わり方が大きな課題として浮上した。その背景には、原子力や様々な先端技術の開発、情報テクノロジーの高度の発達などにより、人力や労働力の集約なしに膨大なエネルギーと高付加価値の消費財が産み出されるようになったことが挙げられる。このような見方は、落合（2013）のいう「第一の近代」と「第二の近代」の区別とも整合的である。また黒田（1974）が述べた戦後日本の人口

変動の「第1期」と「第2期」も，各々対応するといえよう。

「第1期」と「第2期」の境を1974年頃にあると見た黒田（1974），「第一の近代」と「第二の近代」の境を第2の出生率低下の始まり（期間出生力指標としての合計特殊出生率が人口置換水準を割り込んだのは1974年のことである）とした落合（2013），そして1970年代半ばから新たな人口レジームへの移行が始まったと見る本研究は，いずれも日本の人口システムと社会経済システムの画期的な転換のメルクマールを1970年代半ばに見出す点で一致している。[25] 一般に日本の近代・現代史は明治維新と1945年の第二次世界大戦終結をもって区切りとすることが通例であるが，人口・社会経済システムの観点からは，新たなレジームへの移行が始まる1970年代半ばを以て時代の区切りとすることもできるだろう。

なお本研究では，1970年代半ばから2000年代後半までを人口レジームの移行期とみているが，より細かく見れば，1970年代半ば以降の時期は新たな人口転換の「開始期」とそれに続く「顕在化期」に分けられる。「開始期」は，人口動向を主導する動態事象，すなわち結婚，出生，死亡などの行動や状況に転換が生じた時期であり，それらの影響が人口モメンタムの効果によりタイムラグを経て人口に現れた時期が「顕在化期」である。その境は生産年齢人口が増加から減少へのピークに達した1990年代半ばとすると分かり易い。「開始期」には，総人口も生産年齢人口も増加を続けており，人口レジームの転換は表面化に至っておらず，したがって社会経済への影響もあまり意識されることはない。しかし「顕在化期」に入ると，生産年齢人口，総人口はこの順に減少へと転じ，労働市場ならびに消費市場の規模縮小，構造変化などを介して，しだいに社会経済への影響が明らかとなり，社会問題として認識されるようになる。わが国の場合，経済面では1990年代初頭の「バブル崩壊」に続く長期にわたる経済の停滞がこの期に当たる。また政策面でも，1989年の合計特殊出生率が丙午の年をも下回ったことによる「1.57ショック」を契機に子ども人口の減少が強く意識されるようになり，いわゆる「少子化対策」が講じられるようになった。今や人口減少といっそうの人口高齢化が国，地方自治体のいずれにおいても最

重要課題として広く認識されるに至っている。

おわりに

　本章の前半（第1, 2, 3節）において，まず人口統計学的な検討から，われわれは，日本における人口転換期からポスト人口転換期への移行を精査し，後者において生じた第二の人口転換の開始を示す指標として，①総人口の増加から減少への転換（2000年代後半），②人口増加曲線の下に凸から上に凸への転換（1970年代半ば），③人口構造の転換，とりわけ生産年齢人口の増加から減少への転換（1990年代半ば）の3つの転換に着目した。また人口モメンタムは1990年代後半に1を下回った。ここで，日本におけるポスト人口転換期は古典的な人口転換論で想定された人口転換の完了期（いわゆる第4段階）とは別の新たな動き，すなわち「第二の人口転換」と呼ぶべき新たな人口レジームを導くこととなった。このレジームへの移行は，1970年代半ばから2000年代後半にかけて起こったとみることができる。

　この移行の原動力は，出生力（fertility）と死亡力（mortality）が従来想定された「出生力転換」と「死亡力転換」をおのおの完了した後，一定の間を置いてさらに一段の変化を遂げたことにある。すなわち，出生力が人口置換水準を下回ってさらに低下し，死亡力においては高齢期の死亡率低下が始まった。この死亡力パターンの変化は，小児期から青壮年期までの死亡が極限まで改善したのち，老化に起因する死亡の抑制・遅延が一定程度可能になったことによるものであり，生存曲線の斜め上方向シフト（矩形化）から水平方向シフトへの転換に対応すると考えられる。このような対応関係から，日本の近代から近未来にかけての長期的な人口の推移を時期区分するにあたり，「人口増加」期と「人口減少」期という区分より，「人口転換」期と「ポスト人口転換」期という区分，さらに後者における新たな人口転換（第二の人口転換）の始まりという見方の方がより包括的といえる。

日本以外の国が，このような人口減少を最大の特徴とする新しい人口レジームに入るかどうかはいまだ確かではない。「ポスト人口転換期」，および「第二の人口転換」の定義と概念の一般化（普遍的に世界のすべての国に適用できるかどうか）については今後の検討課題としたい。

　本章の後半（第4, 5, 6節）では，この人口システムの変化と社会経済システムの相互作用を「人口転換期」と「ポスト人口転換期」の対比として示した。精細な検証は今後の課題とするが，このように「ポスト人口転換期」への移行過程，すなわちわが国では，1970年代半ばから2000年代後半にかけての人口システムの転換を社会経済システムの転換と対応させて観察する見方は，両システムの長期的，本質的な変化の機序を理解し，将来を展望する上で必須の視点と考えられる。

　最後に将来の見通しについて考えると，出生力の人口置換水準への回復がない限り，「ポスト人口転換期」は，人口・経済・社会システムが縮減へと向かう時代である。人口転換期に成長と拡大を前提として構築された様々な制度はもはや時代に合わなくなっており，再設計が迫られている。政策課題の面では，長期的（歴史的）かつグローバルな視点に立った人口・経済・社会システムに関する全体的な構想（グランドデザイン）を描くことが強く求められている。[26]

〈付記〉本稿は，国立社会保障・人口問題研究所の『人口問題研究』に掲載された論文（佐藤・金子 2015ab）を一部修正したものである。

注

(1) 現代から近未来にかけて日本が直面する最大の問題の一つとして，「少子高齢化」社会，「少子高齢化・人口減少」社会（時代），「人口減少」社会（時代）の到来という表現は，随所で用いられている。たとえば，人口学研究会の「人口学ライブラリー」シリーズ5, 6, 7, 9（大淵・森岡 2006, 阿藤・津谷 2007, 兼清・安藏 2008, 吉田・廣島 2011），宮本（2011a），大淵（2011），嵯峨座（2012），

高橋・大淵（2015）など。
(2) 人口転換についての一般的説明は，井上（2002），阿藤（2000），河野（2000, 2007），Casterline（2003），Caldwell（2006），Vallin（2006a, 2006b），Dyson（2010），Lesthaeghe（2010），Lee and Reher（2011），阿藤・佐藤（2012），Wilson（2013）など参照。
(3) Wilson（2013）は，プレ人口転換期に「転換前人口レジーム」（pre-transitional demographic regime），ポスト人口転換期に「転換後人口レジーム」（post-transitional demographic regime）の語を対応させている。但し，この呼び方には両者が各々ある種の平衡状態を指すという意味合いが込められており，Wilson のこの論文では「人口転換期」に対する呼称はない。すなわちレジームは状態であり，時期区分とは見られていない。
(4) 出生力転換，死亡力転換については，津谷（2010），高橋（2010）など参照。
(5) 「超少子化」については，佐藤（2008），Suzuki（2013, pp.50-53）など参照。
(6) 65歳以上人口割合（高齢化率）についてみると，日本は1970年に主要先進国の中で最も遅れて7％を超えたが，2005年に先進諸国の先頭を切って20％を超えた。人口高齢化の国際比較については Suzuki（2013）参照。この割合が7％を超えると「高齢化社会」，14％を超えると「高齢社会」，20％（あるいは21％）を超えると「超高齢社会」という表現があるが，この表現にのっとれば，日本は1970年代から2000年代までの短い期間に一足飛びに，先進諸国の中でも最速で高齢化が進んだことになる。国立社会保障・人口問題研究所の将来推計人口（出生中位・死亡中位推計）によると，この高齢化率は2060年には39.9％に達する見込みである（国立社会保障・人口問題研究所 2012a）。
(7) 厚生労働省の人口動態統計による日本で発生した日本人の各年の出生数から死亡数を引いて得られる自然増加数は，2005年に初めて負となり（−2万1千人），2006年にわずかに正に転じた（＋8千人）ものの，以後再び負に転じ，2007年（−1万9千人），2008年（−5万1千人），2010年（−12万6千人），2012年（−21万9千人），2014年（−26万9千人）と減少数は年々大きくなっている（国立社会保障・人口問題研究所 2016, p.41）。こうしたことから，日本の総人口が2000年代に減少傾向に転じたことは確実視されている。
(8) このような移動流の変化について，詳しくは本書の第4章で述べられる。石川（2001, 2007），渡辺（2010），井上（2010），原（2010a），吉田・廣島（2011）

も参照。
(9) 国は，国土総合開発法（1950年）に基づき，1962年以来5次にわたり全国総合開発計画（全総）を策定した。2005年に同法は改正され，国土形成計画法となった（近藤 2010, 2011）。全総の経緯と地域社会の変容については高岡（2015）参照。
(10) 「工業社会」，「ポスト工業社会」という表現は，たとえば厚生労働省の「働く者の生活と社会のあり方に関する懇談会」報告『転換期の社会と働く者の生活：「人間開花社会」の実現に向けて』(2004年6月)で用いられている。(厚生労働省ホームページ，2015年10月16日アクセス)
(11) 1960年代には植木等が演じるサラリーマンものの喜劇映画が大ヒットしたが（1962年「ニッポン無責任時代」など），ある意味で日本のサラリーマンの黄金時代を反映したものといえよう。
(12) ライフコースの概念と現代日本における変化については，宮本（2011a）など参照。
(13) ジェンダー・家族システムの観点からみた就業と家庭の関係については，本書の第5章参照。
(14) 家族計画の普及過程については荻野（2008）参照。家族計画運動は1950年代前半から60年代初めにかけて日本全国で展開された（荻野 2008, p.256）。
(15) 戦前から戦後にかけての石坂洋次郎の一連の青春小説（1937年「若い人」，1947年「青い山脈」など）や戦後の日活の青春映画は，そのような「恋愛文化」の成熟を反映し育んだのではないだろうか。
(16) 日本では社会風俗として1970年代初め「同棲ブーム」が出現した。この同棲ブームをしるす出来事としては，1972年に上村一夫が劇画「同棲時代」の連載を始めたことと1973年に南こうせつとかぐや姫が同棲を主題としたフォークソング「神田川」を発表したことが挙げられる（岩間 1995 参照）。同棲ブームの背景には婚前性交を許容する意識の広がりがあったわけで，「性革命」の波が日本にも到達したことの表れとみることができる（Sato and Iwasawa 2015 も参照）。
(17) 夫婦（カップル）のセックスレス，若者の恋愛離れや性交離れ（いわゆる「草食化」）などの傾向については，北村（2011, 2015）参照。性の多様化の面では，性的少数者（sexual minority）の顕在化が注目される。

(18) 岩脇（2004）によると，1991年のバブル経済の崩壊以来，多くの企業が教育訓練費の負担が少ない中途採用の比重を増大させるとともに，新卒採用を行う企業も採用方針を少数厳選へと転換し，その結果今日の新卒者たちは能力開発の機会を奪われる一方で企業側から高い水準の条件を突きつけられている状況にある。また宮川努の推計では，企業の教育訓練への支出額は 2008 年には約 3,300 億円で，ピーク時（1991 年）の 8 分の 1 に減少している（日本経済新聞 2012 年 7 月 16 日）。

(19) そのようなテレビ番組の典型例として，1958 年から 1979 年まで TBS 系列で放送された「ロッテ歌のアルバム」（司会：玉置宏）や 1966 年から 1974 年にわたり NHK で放送された「ふるさとの歌まつり」（司会：宮田輝）が挙げられよう。

(20) 1969 年 6 月の新宿西口フォークゲリラ事件は日本の対抗文化の象徴的なできごととみなされている。なお宮沢（2014, p.9）によれば，初めて「サブカルチャー」という概念が日本に紹介されたのは 1968 年のことであった。

(21) 人口学者ポール・デメインは，その対策として，親に子どもの数だけ投票権を与えるという「デメイン投票法」（Demeny voting）を提唱している（Demeny 2011）。非現実的な提案ではあるが，少子化問題も含め，世代間の問題を深刻に捉えるものであり，現代における政策のありように一つの示唆を与えるものといえる。

(22) 日本における「プレ人口転換期」から「人口転換期」への移行の時期はいつなのか，すなわち人口転換はいつ始まったのかという問いは，日本の人口史全体を捉える上で重要な問いであるが，本書では扱わない。一つの見方として，出生率低下が始まった 1920 年頃が一つの節目とみられる（鬼頭 2007, pp.140-145）。

(23) ここでは人類の登場から産業革命が始まる前までの社会を総称して「プレ工業社会」と呼んでいる。すなわち「プレ工業社会」には狩猟採集社会と農耕社会が含まれる。また工業社会の前段階として「工業化社会」を想定することもできるが，ここでは「工業社会」に含めている。なお工業（化）社会の類語に，産業（化）社会がある。またポスト工業社会（情報化社会）の類語として，脱工業社会，脱産業社会，ポスト産業社会，知識社会などがある。

(24) 「前近代」の語は，ここでは近代に先立つ時代の総称として用いている。すなわち近世およびそれ以前の時代を指す。

(25) 鬼頭（2007, p.168）も，1974年はいろいろな意味で近代史の重要な分水嶺となったと述べている。ジャーナリズムでも，一つの見方として，1972年頃が日本の現代史における分岐点として注目されている。1972年のできごとには，連合赤軍あさま山荘事件，『成長の限界』出版，沖縄返還，国連人間環境会議（ストックホルム），田中角栄首相の中国訪問（日中国交正常化）などがある（毎日新聞 2012年6月17日「日本の分岐点：40年前」参照）。

(26) 新たな経済成長の可能性が探られる一方で，「脱成長型」の社会モデルも模索されている。広井（2006, 2013）の「定常型社会」などはその例といえよう。19世紀半ばにおいてジョン・ステュアート・ミルは独自の「定常状態」論を既に提起していたといわれる（広井 2006, pp.247-248）。ただし，出生力が人口置換水準を下回る限り，人口は定常化せず際限なく減少することを忘れてはならない。いずれにしても，問題は一国では完結せず，グローバルかつ（数十年あるいは百年単位の）長期的視点が求められる。グローバルな人口・経済・社会システムの動向と世界の人口開発問題の課題については，阿藤・佐藤（2012）参照。

参考文献

東浩紀（2001）『動物化するポストモダン：オタクから見た日本社会』講談社。
阿藤誠（2000）『現代人口学：少子高齢社会の基礎知識』日本評論社。
阿藤誠（2010）「第二の人口転換」人口学研究会編『現代人口辞典』原書房，pp.205-206。
阿藤誠・佐藤龍三郎編著（2012）『世界の人口開発問題』原書房。
阿藤誠・津谷典子編著（2007）『人口減少時代の日本社会』原書房。
石井太（2010）「人口モメンタム」人口学研究会編『現代人口辞典』原書房，pp.168-169。
石川義孝（2001）『人口移動転換の研究』京都大学学術出版会。
石川義孝編著（2007）『人口減少と地域：地理学的アプローチ』京都大学学術出版会。
石原邦雄（2012）「近代家族2〈日本〉」大澤真幸・吉見俊哉・鷲田清一編『現代社会学事典』弘文堂，pp.305-306。
伊奈正人（1999）『サブカルチャーの社会学』世界思想社。
井上俊一（2002）「人口転換論とその再検討」日本人口学会編『人口大事典』培風館，pp.283-287。

井上孝（2010）「帰還移動」人口学研究会編『現代人口辞典』原書房，p.31。
岩間夏樹（1995）『戦後若者文化の光芒』日本経済新聞社。
岩脇千裕（2004）「大学新卒者採用における〈望ましい人材〉像の研究：著名企業による言説の二時点比較をとおして」『教育社会学研究』第 74 集，pp.309-327。
岩澤美帆・金子隆一（2013）「分母人口を限定した出生力指標から見る 2005 年以降の期間合計出生率反転の構造」『人口問題研究』69(4), pp.103-123。
大澤真幸（2012）「近代」大澤真幸・吉見俊哉・鷲田清一編『現代社会学事典』弘文堂，pp.297-301。
大淵寛（2006）「20 世紀日本の人口変動と経済発展」大淵寛・森岡仁編著『人口減少時代の日本経済』原書房，pp.1-33。
大淵寛（2011）「人口減少社会の行方」中央大学『経済学論纂』51(3・4), pp.83-101。
大淵寛・森岡仁編著（2006）『人口減少時代の日本経済』原書房。
小川直宏（2005）「少子高齢化と日本の労働力」毎日新聞社人口問題調査会編『人口減少社会の未来学』論創社，pp.1-36。
荻野美穂（2008）『「家族計画」への道：近代日本の生殖をめぐる政治』岩波書店。
落合恵美子編（2013）『親密圏と公共圏の再編成：アジア近代からの問い』京都大学学術出版会。
兼清弘之・安藏伸治編著（2008）『人口減少時代の社会保障』原書房。
勝又幸子（2014）「人口構造の変化と社会保障制度改革：社会保障費用統計の動向から」西村周三監修，国立社会保障・人口問題研究所編『社会保障費用統計の理論と分析：事実に基づく政策論議のために』慶應義塾大学出版会，pp.91-105。
加藤彰彦（2006）「戦後日本家族の軌跡」富田武・李静和編『家族の変容とジェンダー：少子高齢化とグローバル化のなかで』日本評論社，pp.3-30。
金子隆一（2010）「長寿革命のもたらす社会：その歴史的展開と課題」『人口問題研究』66(3), pp.11-31。
北村邦夫（2011）『セックス嫌いな若者たち』メディアファクトリー。
北村邦夫（2015）「第 7 回男女の生活と意識に関する調査より」『家族と健康』第 731 号，pp.4-5。
鬼頭宏（2007）『図説人口で見る日本史：縄文時代から近未来社会まで』PHP 研究所。
黒田俊夫監修，毎日新聞社人口問題調査会編（1974）『日本の人口：人類の危機を招来するか』みき書房。

厚東洋輔（1998）「近代化：1.西洋」廣松渉ほか編『岩波哲学・思想事典』，pp.368-369。

河野稠果（2000）『世界の人口（第2版）』東京大学出版会。

河野稠果（2007）『人口学への招待：少子・高齢化はどこまで解明されたか』中央公論新社。

河野稠果・佐藤龍三郎（2012）「世界人口と都市化の見通し」阿藤誠・佐藤龍三郎編著『世界の人口開発問題』原書房，pp.35-69。

国立社会保障・人口問題研究所（2012a）『日本の将来推計人口：平成24年1月推計』（2012年1月30日公表資料）。

国立社会保障・人口問題研究所（2012b）『第14回出生動向基本調査〈第1報告書〉：わが国夫婦の結婚過程と出生力』（調査研究報告資料第29号）。

国立社会保障・人口問題研究所（2016）『人口統計資料集2016』。

近藤共子（2010）「全国総合開発計画」人口学研究会編『現代人口辞典』原書房，p.195。

近藤共子（2011）「地域人口と国土計画・地域振興」吉田良生・廣島清志編『人口減少時代の地域政策』原書房，pp.171-215。

斎藤修（2013）「男性稼ぎ主型モデルの歴史的起源」『日本労働研究雑誌』，No.638，pp.4-16。

嵯峨座晴夫（2012）『人口学から見た少子高齢化社会』佼成出版社。

佐藤龍三郎（2008）「日本の〈超少子化〉：その原因と政策対応をめぐって」『人口問題研究』64(2)，pp.10-2。

佐藤龍三郎・金子隆一（2015a）「ポスト人口転換期の日本：その概念と指標」『人口問題研究』71(2)，pp.65-85。

佐藤龍三郎・金子隆一（2015b）「ポスト人口転換期の日本：その含意」『人口問題研究』71(4)，pp.305-325。

鈴木江理子（2010a）「移民」人口学研究会編『現代人口辞典』原書房，pp.9-10。

鈴木江理子（2010b）「日系移民」人口学研究会編『現代人口辞典』原書房，pp.230-231。

高岡裕之（2015）「ポスト高度成長期の地域政策と地域社会」『歴史評論』728号，pp.5-16。

高橋重郷（2010）「死亡力転換」人口学研究会編『現代人口辞典』原書房，pp.97-98。

高橋重郷・大淵寛編著（2015）『人口減少と少子化対策』原書房。
津谷典子（2010）「出生力転換」人口学研究会編『現代人口辞典』原書房，pp.116-117。
高橋眞一・中川聡史（2010）『地域人口からみた日本の人口転換』古今書院。
竹内伸行（2010）「プレストン効果」人口学研究会編『現代人口辞典』原書房，pp.265-266。
速水融・小嶋美代子（2004）『大正デモグラフィ：歴史人口学で見た狭間の時代』文藝春秋。
原俊彦（2010a）「都心回帰」人口学研究会編『現代人口辞典』原書房，pp.227-228。
原俊彦（2010b）「過疎」人口学研究会編『現代人口辞典』原書房，p.20。
原俊彦（2010c）「過疎対策」人口学研究会編『現代人口辞典』原書房，pp.27-28。
広井良典（2006）『持続可能な福祉社会：〈もうひとつの日本〉の構想』筑摩書房。
広井良典（2013）『人口減少社会という希望：コミュニティ経済の生成と地球倫理』朝日新聞出版。
宮沢章夫（2014）『NHK ニッポン戦後サブカルチャー史』NHK 出版。
宮本みち子（2011a）『人口減少社会のライフスタイル』放送大学教育振興会。
宮本みち子（2011b）「少子・高齢社会のライフコース」宮本みち子編著『人口減少社会のライフスタイル』放送大学教育振興会，pp.73-90。
宮本みち子（2011c）「変わる結婚と家族」宮本みち子編著『人口減少社会のライフスタイル』放送大学教育振興会，pp.110-125。
門司和彦・中澤港・河野泰之・梅崎昌裕（2014）「ポスト人口転換社会における緩和策と適応策」『民族衛生』80(1)，pp.60-67。
矢野裕児・秋山浩之（2011）「小売業の構造変化と地域において果たす役割」塩見英治・山﨑朗編著『人口減少下の制度改革と地域政策』中央大学出版部，pp.161-193。
山田昌弘（2004）『希望格差社会：〈負け組〉の絶望感が日本を引き裂く』筑摩書房。
吉田良生（2011a）「人口移動と地域」宮本みち子編著『人口減少社会のライフスタイル』放送大学教育振興会，pp.178-199。
吉田良生（2011b）「過疎化のゆくえ」宮本みち子編著『人口減少社会のライフスタイル』放送大学教育振興会，pp.200-219。
吉田良生・廣嶋清志（2011）『人口減少時代の地域政策』原書房。
渡辺真知子（2010）「人口移動転換」人口学研究会編『現代人口辞典』原書房，pp.133-

134。

Billari, Francesco C., Marcantonio Caltabiano, and Gianpiero Dalla Zuanna (2007) *Sexual and Affective Behaviour of Students: An International Research*, Padova: CLEUP.

Bongaarts, John (2013) "Demographic Trends and Implications for Development," presented at *The 27th IUSSP International Population Conference* (UNFPA Plenary, 2013/08/27, Busan).

Caldwell, John C. (2006) *Demographic Transition Theory*, Dordrecht: Springer.

Casterline, John B. (2003) "Demographic Transition," Demeny, Paul and Geoffrey McNicoll eds., *Encyclopedia of Population*, New York: Macmillan Reference, pp.210-216.

Coulmas, Florian (2007) *Population Decline and Ageing in Japan: The Social Consequences*, London: Routledge.

Demeny, Paul (2011) "Population Policy and the Demographic Transition: Performance, Prospects, and Options," Lee, Ronald D. and David S. Reher eds., *Demographic Transition and Its Consequences* (*Population and Development Review*, Supplement to Vol.37), New York: Population Council, pp.249-274.

Dyson, Tim (2010) *Population and Development: The Demographic Transition*, London: Zed Books.

Lee, Ronald D. and David S. Reher (2011) *Demographic Transition and Its Consequences* (*Population and Development*, Supplement to Vol.37).

Lesthaeghe, Ron J. (2010) "The Unfolding Story of the Second Demographic Transition," *Population and Development Review*, 36(2):211-251.

Sato, Ryuzaburo and Miho Iwasawa (2015) "The Sexual Behavior of Adolescents and Young Adults in Japan," Ogawa, Naohiro and Iqbal H. Shah eds., *Low Fertility and Reproductive Health in East Asia*, Dordrecht: Springer, pp.137-159.

Suzuki, Toru (2013) *Low Fertility and Population Aging in Japan and Eastern Asia*, Tokyo: Springer.

van de Kaa, Dirk J. (2003) "Second Demographic Transition," Demeny, Paul and Geoffrey McNicoll eds., *Encyclopedia of Population*, New York: Macmillan Reference, pp.872-875.

Vallin, Jacques (2006a) "Chapter 68: Europe's Demographic Transition, 1740-1940," Caselli, Craziella, Jacques Vallin and Guillaume Wunsch eds., *Demography: Analysis and Synthesis Volume 3*, Amsterdam: Elsevier, pp.41-66.

Vallin, Jacques (2006b) "Chapter 69: From the Globalization of the Transition to the Return of Uncertainty (1940-2000)," Caselli, Craziella, Jacques Vallin and Guillaume Wunsch eds., *Demography: Analysis and Synthesis Volume 3*, Amsterdam: Elsevier, pp.67-97.

Wilson, Chris (2013) "Thinking about Post-transitional Demographic Regimes: A Reflection," *Demographic Research*, 28(46):1373-1388.

（佐藤龍三郎・金子隆一）

第2章　ポスト人口転換期の出生動向

はじめに

　わが国では 1970 年代半ばより合計特殊出生率（total fertility rate: TFR）[1]が継続的に人口置換水準（replacement level）を下回っており，一国の人口規模の維持ができないほど出生力が低い水準（below-replacement fertility），いわゆる「少子化」[2][3]に陥って既に 40 年以上が経過したことになる。現在では日本の総人口のうち実に 4 割以上が少子化の時代に生まれた世代である。現在，親となる年齢層にある世代が，1970 年代前半に生まれた団塊ジュニア世代から，少子化の時代に生まれたこの「少子化世代」へとほぼ交代が終わっており，今後は人口置換水準を下回る低い出生率と親となる世代の継続的縮小の両方の作用によって，わが国ではさらなる出生数の減少が半ば運命づけられている。

　少子化は，わが国が現在直面する人口減少と人口高齢化の双方の原因であり，したがってそれらが社会経済にもたらす多様な影響を含めた歴史的社会変動の震源といってよい。それだけに社会問題としての「少子化」の原因や帰結を探った論考は枚挙にいとまがない。しかし，それが人口転換の視点から歴史的ダイナミズムの一環として扱われることはまれである。本章では，前章で示した人口転換の全体像のうち，出生力転換とその完了後の出生力の状況についてより詳しく見てゆくことにする。

　本章ではまず，日本の出生力が第二次世界大戦後どのような変化を遂げ，現在の非常に低い水準に至ったのかを跡づける（第1節）。次にポスト人口転換期における出生力低下（少子化）のメカニズムを説明する（第2節）。さらに少子

化と未婚化の背景要因を探る（第3節）。最後に少子化の見通し，影響とこれに対する政策対応について論じ（第4節），ポスト人口転換期における出生力のゆくえについて展望する。

第1節　第二次世界大戦後の出生動向

(1) 日本の出生力の動向
1) 出生数と合計特殊出生率の推移

日本の戦後の各年の出生数と合計特殊出生率（TFR）の推移を厚生労働省の人口動態統計によって見ると（**図2-1**），概ね4つの時期が区別される。まず1947〜49年のベビーブーム期にはTFRは4を超え，1年間に250万人以上の人が生まれた。この戦後ベビーブームによって生まれた人々は戦後ベビーブーム世代（団塊の世代）と呼ばれている。しかし日本の戦後ベビーブームは長くは続かず，ほどなく急速な出生率低下が起こり，TFRは人口置換水準にまで低下した。これは戦後観察された第1の出生率低下であるが，それは戦前から続く第一の出生力転換の終局面に相当し，戦後の急速な死亡率低下と合わせ見ると，日本ではこれによって多産多死から少産少死への人口転換（demographic transition）が一旦完了した（第1章参照）。

続いて1950年代半ばから1970年代前半までの間，TFRがほぼ2前後で安定した時期が続いた。ただし1966年は例外で，丙午という迷信のため，TFRが一時的に1.58に落ち込んだ。1970年代初頭には出生数が増加し200万人を超えたが，これは戦後ベビーブーム世代が出産期に当たったためであり，この2回目のベビーブームによって生まれた人々は第二次ベビーブーム世代（団塊ジュニア世代）と呼ばれている。

そして1974年以降，TFRは再び低下を始め（戦後第2の出生率低下）人口置換水準を割り込んだ状態（少子化）が現在まで続いている。この時期は，第1章で述べたように「新たな人口転換（第二の人口転換）」が進行した時期でも

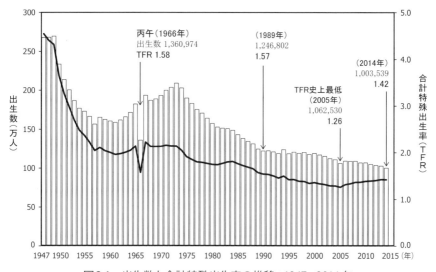

図2-1　出生数と合計特殊出生率の推移：1947〜2014年

（資料）厚生労働省『人口動態統計』．

ある。出生力についていうなら，新たな出生力転換（第二の出生力転換）が始まったということもできる。

　TFRはその後も低下を続け，1990年代半ば以降1.5をも下回っている。とりわけ1989年の値が丙午の年の1.58をも下回る1.57を記録したことは，翌年（1990年）になって「1.57ショック」といわれ，少子化に対する国民の関心が高まるきっかけとなった。その後TFRは，さらに低下し，2005年には1.26という最も低い水準に落ち込んだ（これは同年の人口置換水準2.07の約61％に相当する）。そして2003年から2005年までの3年間はTFRが1.3を下回る極めて低い出生率（lowest-low fertility）の水準にあった。その後やや回復を見せているものの2010年半ばにおいて1.4台に低迷しており（2014年は1.42），人口置換水準から大きく隔たったままである。出生数は2014年には100万4千人にまで減少している。

2）女性の年齢別出生率の変化

　ある年齢の女性からの出生数をその年齢の女性人口で割って年齢別出生率を

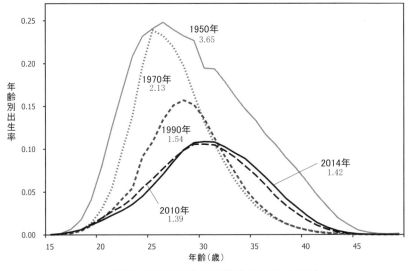

図2-2　年齢別出生率の推移：1950〜2014年

(資料) 厚生労働省『人口動態統計』.
(注) 図中，年次の下の数値は合計特殊出生率 (TFR)．

　求めると，**図2-2** に示した山型の曲線が描かれる。ここでは，人口動態統計に基づき，5つの年次の年齢別出生率を示している。この年齢別出生率を（女性にとって一般に生殖可能年齢とみなされる）15歳から49歳まで合計したものがTFRである（年齢別出生率曲線の内部の面積に相当する）。

　年齢別出生率によって女性の子どもの生み方を見ると（図2-2），戦後間もない1950年のピーク年齢は26歳であり，その年齢の出生率は0.248であった（TFRは3.65）。1970年はピーク年齢（25歳），その年齢の出生率 (0.239) ともにさほど変わらないが，TFRは2.13に低下している。それは晩婚化による低年齢部分での曲線の右方シフトと第3子以上の多子の減少による高年齢部分での左方シフトにより，曲線の山が細くなったためである。1990年，2010年の年齢別出生率曲線を見ると，いっそう低年齢部分での右方シフトが進み，ピーク年齢の出生率もさらに低下している。2010年の年齢別出生率のピークは30歳にあり，その年齢別出生率は0.106であった（TFRは1.39）。2014年のピー

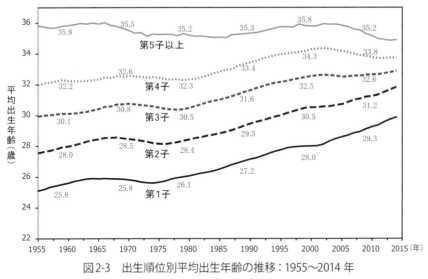

図2-3 出生順位別平均出生年齢の推移：1955〜2014年

（資料）厚生労働省『人口動態統計』．
（注）各出生順位の平均出生年齢は，それぞれの年齢別出生率より算出．図中の数値は，左から右へおのおの1960年，1970年，1980年，1990年，2000年，2010年の値を示す．

ク年齢はやはり30歳でその年齢別出生率は0.109であった（TFRは1.42）。近年，高年齢部分では逆に右方シフトの動きがみられるが，それは晩婚化による出産の遅れを取り戻す動きとみられる。しかし全体的な出生率低下傾向に比べると，それはごく小さな動きに過ぎないことが見て取れる。

3）平均初婚年齢と各出生順位別平均出生年齢の推移

図2-3は，人口動態統計により，出生順位別平均出生年齢の推移を示したものである。平均出生年齢は，言い換えれば，出生児の母親の平均年齢である。妻の平均初婚年齢は1960年代には約24.5歳であり，1970年代前半にわずかながら低下したものの，その後は一貫して上昇し，2014年には29.4歳に達した（国立社会保障・人口問題研究所 2016, p.103）。これを追う形で，順次第1子，第2子，第3子，第4子の平均出生年齢も上昇傾向にある。第1子の平均出生年齢は1974年には25.6歳であったが，2014年には29.9歳に達している（国立社会保障・人口問題研究所 2016, p.64）。

(2) 先進工業国の出生力の動向

1) 合計特殊出生率 (TFR) の推移

ここで海外に目を向けてみよう。日本を含む先進工業国（ここでは韓国，台湾，シンガポールなど東アジアの新興工業国を含む）の TFR の推移を見ると特徴的な動きを示している。**図 2-4** は，そのうち主な国について示したものであるが，概ね 1960 年代後半より出生率低下が始まり，1970 年代後半には多くの国で人口置換水準を割り込んだ。1970 年代前半に TFR が 3 近くあったスペイン，またそれが 4 以上あった韓国も，急速に出生率が低下し，1980 年代半ばにはこれらすべての国が少子化状態におちいった。ここで一つ注目される点は，日本は上述のように①戦後第 1 の出生率低下，②TFR が人口置換水準近傍にあった時期，③第 2 の出生率低下という明瞭な段階を示しているが，諸外国はこのような 2 段階の出生率低下を示さず，人口置換水準を上回る高出生率から

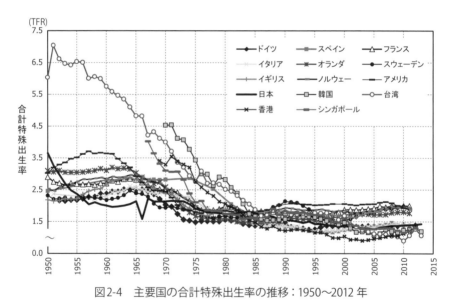

図2-4　主要国の合計特殊出生率の推移：1950〜2012 年

（資料）Eurostat, Population and Social Conditions（欧州諸国）．National Center for Health Statistics, National Vital Statistics Report, Vital Statistics of the United States（米国）．『人口問題研究』（日本）．Vital Statistics (Statistics Korea)（韓国）．Census and Statistics Department, Statistics of Hong kong（香港）．Department of Statistics, Population Trends 2013（シンガポール）．

人口置換水準を下回る低出生率へ持続的に低下したことである。

1990年代以降、イタリア、スペイン、ドイツなどの国々はTFRが1.3をも下回る極低出生力（lowest-low fertility）に陥り（Kohler, et al. 2002; Billari and Kohler 2004）、この極低出生力は韓国、台湾など東アジアの新興工業国にも出現した（日本も2003年から2005年までTFRが1.3を下回った）。

2000年代に入ると多くの国で出生率に反転上昇がみられるようになり、フランスのようにTFRが1990年代の半ばに1.7以下の水準にまで低下したのち2006年に2.00まで回復した国がある（高橋 2015）。しかし一見出生率が大きく上下したかに見えるフランスやスウェーデンも、コーホート出生率の推移を見ると、人口置換水準の近傍で小幅に変化したに過ぎない。

2）「緩少子化」と「超少子化」

近年すべての先進国および韓国、台湾など東アジアの新興工業国で出生率が人口置換水準を下回る「少子化」の状態にあるが、興味深いのは、TFR1.5を境に、比較的緩やかな少子化の国と非常に厳しい少子化の国に分かれる傾向を示していることである。前者は「緩少子化」（moderately low fertility）の国、後者は「超少子化」（very low fertility）の国と呼ばれる（Caldwell and Schindlmayr 2003；阿藤 2005）。ここでTFR1.5という境界線は非常に重要な意味を持っている。なぜならば、ごく短期的な変動は別にして、現在TFRが1.5以上ある国は過去に1度も1.5を大きく下回ったことがないからである。また逆に、いったん1.5を大きく下回った国で、その後1.5を上回る水準に回復した国はほとんどみられない。

図2-5に示したように、「緩少子化」のグループ（第1グループ）に属すのはスウェーデン、デンマークなど北ヨーロッパ諸国、フランス、イギリスなど西ヨーロッパ諸国（ただしドイツ、オーストリア、スイスは除く）、それにアメリカ合衆国、カナダ、オーストラリア、ニュージーランドすなわちいわゆる新大陸の先進国（主にイギリス系移民によって建国されたことから英語圏先進諸国という言い方もできる）である。

これに対して、「超少子化」のグループ（第2グループ）に属すのはドイツ、

図2-5　超少子化国と緩少子化国

（資料）United Nations, *World Population Prospects 2012*.

　オーストリア，スイスすなわちドイツ語圏の国々，ポルトガル，スペイン，イタリアなど南ヨーロッパ諸国，ポーランドなど東ヨーロッパ諸国，ロシアなど旧ソビエト連邦を構成した国々，そして日本，東アジアの新興工業国（韓国など）である。超少子化国の配置は，西はイベリア半島から東は極東まで，あたかもユーラシア大陸の両端に及ぶ帯のようである。しかもこの帯（超少子化ベルト地帯）は，東アジアでは台湾，香港，シンガポールと南へ延びている。韓国，台湾の出生率は日本や欧州の超少子化国のそれよりも一段と低く，もう一つのグループを形成しているようにも見える。韓国では1.08（2005年），台湾では0.90（2010年）という記録的な低いTFRが一時的に見られた（Suzuki 2013, p.30）。

　超少子化と緩少子化の地理的・文化的なディバイド（分割線）は明瞭である（河野 2007）。このようなパターンがみられることは超少子化の要因として，経済システムの違いだけでは説明がつかず，歴史的文化的背景を探ることの重要性を示唆するものといえる（後述）。

第2節　ポスト人口転換期における出生力低下のメカニズム

ポスト人口転換期における日本の出生力低下，すなわち合計特殊出生率（TFR）の人口置換水準を下回る水準への低下（少子化）の原因を探るには，出生力低下の機序すなわち人口学的メカニズム（形式人口学的説明）と背景要因（実体人口学的説明）に分けて分析する必要がある。いうなれば前者はどのようにして（how?）少子化になったのかという観点から，後者はなぜ（why?）少子化になったのかという観点から分析を進めるものである。本節では，少子化のメカニズムとして特に注目されることを，以下4つの論点として示す。

（1）テンポ効果かカンタム効果か？

出生力は期間 TFR のような仮設コーホート指標で表されることが多い。この場合，生涯に生む子ども数の減少（カンタム効果）によっても，出生タイミングの遅れ（テンポ効果）によっても TFR は低下するため，両者を区別して考える必要がある。金子（2004ab）によれば，日本の少子化の過程でテンポ効果（タイミング効果）は重要な働きをしてきたが，近年はコーホートで見ても実質的な出生率の低下が認められている。女性のコーホート別累積出生率の推移を見ると，50歳における累積出生率は1935年生まれの女性の2.01から1965年生まれの女性の1.60へと低下し，40歳における累積出生率は1965年生まれの女性の1.57から1975年生まれの女性の1.40へと低下した（国立社会保障・人口問題研究所 2016, p.61）。

そこで注目されるのは，2006年以降の TFR の反転上昇傾向をどう見るかということである。この点について分析した結果，わが国の2000年代後半の出生率反転は，2000年頃から2005年前半までの間に極端に先送りされた出生の反発が生じ，当初はこれに触発された一定の社会的ブームが重なったものとみられる（金子 2010）。しかし2010年以降については，この先送り人口がすで

に解消しているため，もはや同じ効果による上昇は見込めない（岩澤・金子 2013）。

(2) 結婚率の低下か夫婦出生率の低下か？
1) 出生率低下の要因分解

次に，このような出生率の低下は，結婚率の低下によるところが大きいのか，それとも夫婦の出生率の低下によるところが大きいのかという問題がある。日本では婚外出生が依然少ないため[6]，出産行動の変化（少子化）は結婚行動の変化（未婚化）と夫婦の出産行動の変化（有配偶出生率の低下）にほぼ分解されるからである[7]。

そこで，未婚化の動きが出生力低下にどれほど寄与しているのか知るために，コーホートを分析対象としてシミュレーションをおこなったところ，TFRの基準値2.01（これはほぼ1950年代後半から1970年代前半にかけてのTFRに相当）から2012年の1.38までの変化量は，約90％が初婚行動の変化，約10％が夫婦の出生行動の変化で説明できることがわかった（岩澤 2015）。このように初婚率の低下による出生率の引き下げ効果は，夫婦出生率低下の効果に比べて，はるかに大きく，今日の初婚率の低迷に変化がない限りTFRが1.5を大きく上回るのは難しい状況にあるといえる。

2) 未婚化の進行

図2-6は，1950年から2010年までの国勢調査による男女の年齢別の未婚者割合（未婚率）の変化を表したものである。この間に25〜29歳男性の未婚率は34.5％から71.8％へ（30〜34歳男性では8.0％から47.3％へ），また20〜24歳女性の未婚率は55.3％から89.6％へ（25〜29歳女性では15.2％から60.3％へ）と，著しく高まっている。男女とも未婚化傾向が年々強まっているが，とりわけ男性では，生涯未婚で過ごす人の割合の上昇すなわち「非婚化」傾向も目立っている（国立社会保障・人口問題研究所 2016, p.110）。

またある年に結婚した夫婦の結婚時の平均年齢の推移を見ると（**図2-7**），男女とも平均初婚年齢の上昇が顕著である。1972年から2014年にかけて，夫の

第2章 ポスト人口転換期の出生動向　65

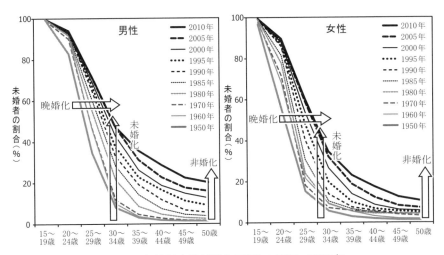

図2-6　年齢別未婚者割合の変化：1950～2010年

（資料）総務省統計局『国勢調査報告』による．

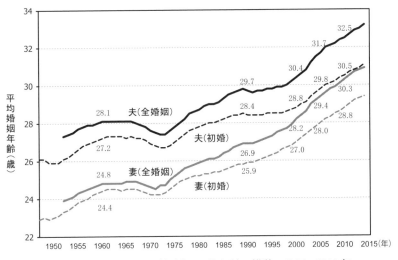

図2-7　全婚姻および初婚の平均年齢の推移：1947～2014年

（資料）厚生労働省大臣官房統計情報部『人口動態統計』による．
（注）図中の数値は，左から右へおのおの1960年，1990年，2000年，2005年，2010年の値を示す．

平均初婚年齢は 26.7 歳から 31.1 歳へと，妻の平均初婚年齢は 24.2 歳から 29.4 歳へと，いずれも上昇している。またこの間，夫婦の平均初婚年齢の差は 2.5 年から 1.7 年へ縮まっている。

3）夫婦出生率の変化

それでは，夫婦出生率（有配偶出生率）はどのように変化しているのだろうか。国立社会保障・人口問題研究所の出生動向基本調査によると，結婚持続期間 15～19 年の初婚どうしの夫婦の完結出生児数の平均値は，第二次世界大戦後大きく低下したものの，第 6 回調査（1972 年）で 2.20 人となった後は，第 12 回調査（2002 年）の 2.23 人まで 30 年間にわたって一定水準で安定していた。しかし第 13 回調査（2005 年）で 2.09 人へと減少し，第 14 回調査（2010 年）では 1.96 人へとさらに減少した（国立社会保障・人口問題研究所 2012a）。現在わかる範囲では，少なくとも 1980 年代前半に結婚した夫婦までは，1 夫婦あたりおよそ 2 人の子どもという夫婦出生力水準は維持されており，結婚の変

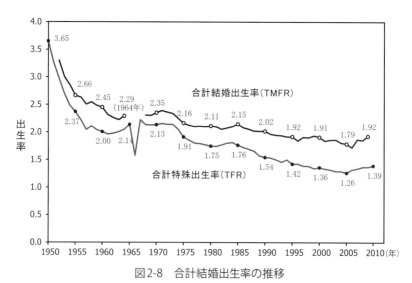

図 2-8　合計結婚出生率の推移

（資料）国立社会保障・人口問題研究所（2012）．
（注）合計結婚出生率（TMFR）は，国立社会保障・人口問題研究所による「出生動向基本調査」第 7 回調査（1977 年）～第 14 回調査（2010 年）を合わせて各年別に算出した結果を 3 年移動平均して求めたものである．TMFR の成り立ち，解釈等についての説明は本文を参照のこと．

化などに比べると非常に安定した推移を見せてきた。しかし，1980年代後半に結婚した夫婦から完結出生児数にかなり急な減少が見られており，今後の動向が注目される。

夫婦の完結出生児数は，出生過程を完了したと見なされる夫婦の実際の出生子ども数を計測したものであるから，夫婦出生力の指標としては直接的で比較的信頼性の高いものである。しかし，15年以上前に結婚した夫婦の出生力に関するものであり，直近の動向を知ることができない。これを観察することができる指標として，合計結婚出生率（Total marital fertility rate, TMFR）がある。合計結婚出生率（TMFR）とは，ある年に観察された結婚持続期間別出生率を合計することによって得られる指標で，一夫婦が結婚持続期間別出生率に従って出生過程を過ごした場合に実現される完結出生児数を示すことから，その年次の夫婦の子どもの生み方の強弱を表わす。いわば夫婦に対する合計特殊出生率（TFR）に相当する。出生動向基本調査から得られた結果を図2-8に示した。図によれば，TMFRは，1980年代後半以降，低下が目立つが，TFRよりは減少幅が小さい。このことは同時期にある程度夫婦出生力の低下が生じたが，全体の出生率の低下には結婚行動の変化による効果がはるかに大きかったことを示している。

(3) 結婚・出産意欲の低下か結婚・出産の先送りか？

結婚・出産行動の変化の要因として，結婚・出産に対する意欲の変化が関連しているとみることができる。しかし，国立社会保障・人口問題研究所の出生動向基本調査によると，若い人々の結婚・出産に対する意欲はさほど低下しておらず，結婚・出産の先送り（postponement）が初婚率低下や夫婦の出生率の低下を招いているといえる。女性の妊孕性は加齢とともに低下することが知られているので，晩婚・晩産化は不妊の女性人口を増加させ，希望子ども数を達成できない夫婦の割合を高めることになる（岩澤・三田 2007）。

同調査（独身者調査）により結婚意欲をみると，18～34歳の未婚者のうち生涯の結婚意思に対する回答が「いずれ結婚するつもり」の割合を1987年と2010

年で比較すると，男性では91.8%から86.3%へ，女性では92.9%から89.4%へと，いずれも微減にとどまっている（国立社会保障・人口問題研究所 2012b, p.16）。ただ，この設問で「一生結婚するつもりはない」と答えた割合は，同期間に男性では4.5%から9.4%へ，女性では4.6%から6.8%に増加しており，今後の変化に注目する必要がある。

（4）避妊，人工妊娠中絶など出生コントロールの効果が高まったのか？

　夫婦の出生力は妊孕力（人口における潜在的な生物学的生殖能力）や性交頻度が一定とすれば，避妊，人工妊娠中絶など出生コントロールによって左右される。しかし出生動向基本調査などによると，わが国夫婦の避妊パターンに近年大きな変化はなく，政府統計による人工妊娠中絶率は持続的に低下している（佐藤・白石・坂東 2007）。15歳から49歳までの女性の避妊実行率を国際比較しても，日本は先進諸国の中で最も避妊実行率が低い国の一つといえる（Sato and Iwasawa 2006, 2015）。しかも，諸外国では不妊手術や経口避妊薬（ピル）といった避妊効果の高い方法を用いているカップルの割合が高いのに対して，日本では2005年の出生動向基本調査によれば，避妊実行中の夫婦のうちピルを用いている割合はわずか1.9%に過ぎず，コンドームが74.9%と圧倒的多数を占めている（国立社会保障・人口問題研究所 2007）。日本はピルが普及することなく超少子化になったという点で，世界でもユニークな国といえる。

　このように日本では出生コントロールの総体的効果が諸外国に比べて低い割には夫婦出生力がさほど高くないという一見奇異な現象をどう解釈したらよいのだろうか。そこで必然的に人口学者が考え及ぶのは，日本のカップルの間で性交頻度が低いのではないかという疑問である（Suzuki 2006；佐藤・白石・坂東 2007）。性交頻度に関する統計データは乏しいが，日本家族計画協会の北村（2005, 2011）らの全国調査におけるセックスレス・カップルに関する調査結果はこの見方に一定の裏付けを与えるものといえる[8]。

第3節　少子化の背景要因

　少子化の背景要因を探るにあたっては，経済学，社会学，医学生物学など人口学の隣接領域の観点に立った様々なアプローチがなされている。以下便宜的にこれら主要な3つの接近法に照らして最近の研究動向からいくつか注目点を取り上げるが，実際には明瞭に3つの分野に区分されるわけではなく，多くの研究視点は相互に重複し関連し合っている（佐藤 2008）。その上で，歴史的文化的要因，さらにヴァンデカーとレスタギの「第二の人口転換」論との関連について考察する。

　なお少子化の要因研究の別の切り口として，個人の行動（behavior）の変化に着目するアプローチと個人を取り巻く構造（structure）の変化に着目するアプローチがあるが（金子 2004b），この両者は上記の接近法のいずれにも含まれている。

(1) 経済学的接近

　個人やカップルにとって限られた時間や金銭などの資源をどのように有効に使うかという経済生活の側面に沿った研究アプローチであり，家計（生計）アプローチと呼ぶべきものである。主な着目点は，①時間（労働時間，家事・育児時間，生活時間），②健康・教育・職業能力などの人的資本，③所得・給付や資産，④親族などのネットワーク，⑤行政などによる社会サービスの利用可能性である。少子化の要因という観点からみれば，ライフコースにおける経済生活の一連の過程のどこかでブロックが起こることにより出産が阻害されていることになるから，ブロックを見つけて取り除くことができれば出生力の上昇に寄与すると考えられる。このような観点からは，とりわけ夫婦のライフコース戦略との関係に注意を払う必要があるだろう。主な戦略としては，たとえば松田（2013, pp.39-43）が指摘するように，分業戦略（夫婦の一方が仕事，他方が家事・育児と役割分担する）と共働戦略（夫婦がともに仕事，家事・育児も

行う)がある。

また,経済合理性の視点からは,子どもの効用(便益)の減少と不効用(費用)の増大,とりわけ女性の就業が一般化することに伴う間接費用(機会費用)の増大,さらには女性の教育水準が上昇し社会進出が進んだことや男性との賃金格差の縮小による性別役割分業システムの効率低下といった点が注目される。また,男女の結婚観のミスマッチにも関心が寄せられており,見合い結婚が主であった時代から恋愛結婚が主となった時代へ変化したことに伴う結婚市場におけるサーチ費用の増大も注目される。また,結婚しても妻の就業継続と出産・育児の両立の難しさが子どもを持つことをためらう状況を作っており,その背景には個人や家族の生活より仕事を優先する企業風土があるといわれている。[9]

さらに近年は青年層男女の非正規就業の増加など雇用や働き方の問題と結婚・出産行動の関係も注目を集めている。[10]なかでも日本では出産退職の割合が高く,たとえば厚生労働省の21世紀成年者縦断調査によると第1子出生を契機に離職した妻の割合は2001年で67.4%,2010年でも54.1%であった。この高い離職率が,わが国の女性の年齢別就業率の形状を,特徴的なM字型にしている(新谷 2015)。

(2) 社会学的接近

社会学をベースとしたアプローチの主なものとしては,価値観・規範,ジェンダー・家族・社会システムなどの視点から,結婚観の多様化,個人重視傾向,「リスク」回避傾向などの状況が注目されている。結婚に関する男女の意識の不一致(ミスマッチ)は経済人口学と社会人口学がともに扱うテーマであるが,社会学的アプローチでは特にジェンダーの不公平などジェンダー関係と結婚・出産行動の不適合に関心が寄せられている。[11]なかでも最近注目されるのは,青年層の「成人期への移行」の遷延と未婚化,少子化との関係である(佐藤・白石 2009)。

「成人期への移行」(transition to adulthood)とは,学校を卒業して就職する,親元を離れて独立する,パートナーを見つけて新しい家族を形成するなど,ラ

イフコースにおける一連の事象を包括する概念である．つまり，現代社会において「おとな」として期待される役割を獲得する過程を指す．先進諸国ではこの過程が遷延しており，このことは少子化と密接に関連しているといえる．成人期への移行が延びたのは，一面では高度経済成長により豊かな社会が実現し，若者が高学歴化したことにより，行動選択の幅が広がった結果ともいえる．しかし，最近では経済成長の終焉，グローバル化などの影響で，若者の間に雇用の不安定化と将来への不安が広がってきたことが指摘されている（山田 2004, 宮本 2006）．

また1970年代以降の初婚率の低下によって日本は皆婚社会から未婚化社会へと変貌を遂げつつあるが，結婚タイプ別初婚表による未婚者初婚率の推移を観察した結果，この間に失われた結婚と増大する結婚があることが分かった．失われている初婚の多くは，戦後の日本的家族モデルを特徴づけていた結婚，すなわち①高度経済成長型マッチメーキングに支えられた結婚（見合い結婚，職縁結婚），②生殖・共棲と一体化した結婚（結婚によって共同生活を開始し，結婚後出産するという型の結婚），③妻から見て上方婚（夫年上婚），④性別役割分業に基づく結婚（夫が正規雇用，妻が結婚後無職の組み合わせ），⑤直系家族世帯を形成する結婚（夫が長男の場合の夫方同居婚）であった．一方，増大している初婚は，婚前同棲を経験している結婚，夫あるいは妻が非正規雇用の結婚，夫あるいは妻が専門職の結婚，そして夫が長男の場合の妻方同居婚であった（岩澤 2013）．つまり，現状において古い型式の結婚と新しい型式の結婚が混在しているということである．

(3) 医学生物学的接近

医学生物学視点からの研究はまだ蓄積が乏しいが，妊娠・出産年齢の上昇，婚前・婚外性交の増加と性感染症の蔓延，女性の働き方やライフスタイルの変化（やせ志向や喫煙など）といった最近の動きや環境要因の変化（内分泌攪乱化学物質の影響など）と妊孕力の関連について検討される必要がある（佐藤 2005）．

このような医学生物学からのアプローチは，人間の性（セクシュアリティ）に関する社会学，人類学などからのアプローチと一つの共通領域を形成するものであり，それは1994年の国際人口開発会議（カイロ会議）を契機に世界に広まった「リプロダクティブ・ヘルス」(reproductive health: 性と生殖に関する健康）の概念によって包括することもできる（佐藤 2005，Ogawa and Shah 2015）。今後「リプロダクティブ・ヘルス」の視点に立った少子化の要因研究の進展が望まれる。

(4) 歴史的文化的要因

ところで，本章の第1節で先進諸国（および韓国，台湾）は「緩少子化」と「超少子化」の2グループに別れ，そこには文化的・歴史的背景が示唆されると述べたが，このような違いをもたらす「文化的」要因として，どのようなことが想定されるだろうか。ここで出生力決定のメカニズムに戻ると，両グループの大きな違いは婚外出生割合の水準にある。一般に超少子化国では同棲や婚外出生が少なく，緩少子化国では同棲と婚外出生が多い傾向にある。したがって，かつてはどの国でも大部分の女性が結婚し子どもを生むことにより人口置換水準以上の出生率がもたらされていたのが，いずれの国でも結婚率の低下がおこったのだが，反応が2つに分かれたとみることができる。すなわち第1グループの国では，結婚という形をとるかどうかは別として，男女のパートナーシップ形成は頑強であり（いわば「カップル文化」が存在するために），結婚率低下が同棲と婚外出生によって一定程度代償され，出生力低下は「緩少子化」の水準に留まったといえる。他方第2グループでは，結婚以外の男女のパートナーシップ形成が脆弱（いわば「カップル文化」が不在）であるがゆえに，結婚率低下がそのまま地滑り的出生率低下をもたらし「超少子化」におちいったと解釈できる（佐藤 2008）。

それでは，このような男女パートナーシップのパターンの違いをもたらす文化的背景とは何であろうか。この点で津谷（2004）は，北欧や北米およびイギリスやフランスの「個人主義の文化的伝統」と日本や南欧およびドイツ語圏の

「強い家族主義の文化的伝統」を対比し，この違いによるジェンダー・システムの本質的な差異が 1970 年代以降「個人主義社会」で婚外出生率が急増した背景にあると考えている。とりわけオーストラリアの人口学者マクドナルドは家庭外（職場など）と家庭内におけるジェンダーの公平を区別し，前者が高水準にあることと後者が不公平な状態におかれていることの葛藤ないし不一致に，今日の先進国における超少子化の原因を見出そうとしている（McDonald 2000）。このようにジェンダーの状況と出生力を結びつける見方はわが国でも有力であり，超少子化国（それも東アジアの日本，韓国）で男性の平均家事時間が格段に短いことはその一つの例証とされる。

　しかしそれだけではまだ十分な説明とはいえず，さらに男女間の「親密さ」（intimacy）や情愛（affection）の表現様式を含む広い意味のセクシュアリティのあり方の差異が検討されるべきではないかと筆者らは考えている。最近日本でセックスレス・カップルが増えているという先の指摘はこの議論につながるものである。(12) 日本のような超少子化の国の根底には性・生殖に対するネガティブ（否定的，消極的）な態度，文化，社会制度が横たわっているのではないだろうかという疑問も検証されるべきであろう。いずれにしても，家族主義（familism）の強靱さとカップル文化の脆弱さに着目する見方は歴史的文化的要因の探求を促すものであり（Sato, Iwasawa, Beppu 2015），今後掘り下げた研究が必要な課題といえよう。(13)

　さらに言えば，第二次世界大戦当時の世界地図を想起すると，緩少子化グループがソ連を除く連合国側の先進工業国に，超少子化グループがファシズムの国々（日本，ドイツ，イタリア，スペイン）とソ連に重なることは，甚だ興味深いことである。ファシズムとソ連型共産主義はある面で正反対であるが，歴史的に見れば遅れて資本主義が発達した国に生じた国家主義・集団主義的体制である点に共通性があり，20 世紀初めの時点で各々の国の政治的経済的条件に応じてファシズムとボリシェビズムに反応が分かれたとみることもできよう。経済社会システムの近代化の道標である産業革命，市民革命，国民国家形成など一連の流れの先発組と後発組に対応するといってもいい。一足早く産業革命や市民

革命を経験した英米仏の自由主義的・個人主義的傾向に対し，近代化が遅れかつ急速に起こった後発の国々では旧来の伝統的な観念や価値観が（とりわけ家族観・ジェンダー観・セクシュアリティ観などの面で）「文化」としてより強固に保存され今日に至っているとみることもできよう（Sato, Iwasawa, Beppu 2014）。この観点に立てば，韓国と台湾のもう一段の低出生力も，近代化のもう一段の後発組として理解できる。[14]

(5) ヴァンデカーとレスタギの「第二の人口転換」論について

ここで日本の超少子化との関連で，ヴァンデカー（D. J. van de Kaa）とレスタギ（Ron Lesthaeghe）の唱える「第二の人口転換」(Second Demographic Transition：SDT) について考えてみる。この SDT は，1960 年代後半以降欧米諸国でも TFR の人口置換水準以下の水準への低下・低迷が見られ，とくにヨーロッパの状況から，この出生動向を説明する新しい理論として打ち出されたものである（van de Kaa 2003, Lesthaeghe 2010）。SDT では，ポスト工業社会では出生力が人口置換水準を下回る水準に固定することが不可避であること，世俗化や自己実現，女性の自立の重視など価値意識の変化がその根底にあることの 2 つが理論の柱をなしている。

ここで注意すべきことは，ヴァンデカーらの SDT 論は，出生力転換と共に人口転換の両輪をなす死亡力転換（mortality transition）についての説明を欠いており，「第二の人口転換」と呼ぶにはやや疑問があることである。「第二の出生力転換」という呼び方が適当だったのではないかと思われる。ただし，呼称の問題を別とすれば，この SDT 論は日本の超少子化の要因と見通しを考える上で，以下の 2 点において，興味深い面がある。

1）ポスト工業社会では少子化は必然か？

一つは，先進工業国がポスト工業社会（ポスト近代社会）に入るや，出生力が人口置換水準を下回る水準に固定化されることを必然的で不可避とみる点である。実際，現代の先進工業国で継続的に TFR が 2.1 を上回る国はないといってよい。米国やフランスのように時期によって TFR が 2 に近い水準をみせる国

はあるが，これを継続的に上回る国は見当たらない．しかも移民をはじめ多様な（ポストモダン的でない）グループの存在によりTFRがかさ上げされている可能性が高い．SDT論が説く，個人中心の価値観の浸透とこれにともなう結婚や家族形成パターンの変化という事態は，マズロー，イングルハートの提唱する「脱物質主義」といったポスト近代社会論と同じ流れの中にある点で（Lesthaeghe 2010, 2011），日本にも通じるものと見ることができるだろう．ということは，ポストモダンの社会に入った日本も，出生率が人口置換水準を回復することはありそうにないということになる．

2）SDTは緩少子化を説明する理論なのか？

SDT論はヨーロッパでもとりわけ北西ヨーロッパを念頭に置いて構築されたものである．そして北西ヨーロッパ諸国が概ね「緩少子化」国であることは非常に意味深いと考えられる．つまり，日本・韓国・台湾のような東アジアの「超少子化」国からみると，SDT論は北西ヨーロッパ諸国が，なぜ（超少子化に陥ることなく）緩少子化にとどまっているのかを説明する理論として参照できるのではないだろうか．この点では，SDTの特徴とされる同棲の普及とピルの普及（それはいずれも女性の自立・自律と密接に関わることであろう）が日本などでは見られないことが注目される．このことは2通りの解釈を生む．

一つは，日本などはポスト近代の時代に入ったとはいえ，その動きが（とりわけ価値観，意識，文化面で，また政策面で）遅れており，それらの進展の不均衡がある種の葛藤を生むことにより（行き過ぎて）超少子化におちいってしまった．しかし，いずれは日本などもそうした不調和が解消されることにより北西欧諸国の状況に近づき，出生力が緩少子化にまで回復する可能性があるという見方である．つまり日本などは，調和のとれた進歩が遅れているだけであって，根本的には特異な国ではないと考えるものである．

もう一つは，日本などは特異な歴史・文化あるいは社会経済条件をもつことによって超少子化に至った国であり，北西欧諸国の状況に至ることはなく，したがって超少子化から脱することはないという見方である．また逆に，日本のように超少子化におちいる方がむしろ自然な反応の結果で，緩少子化にとどまっ

ている北西欧諸国の方に何か特異な条件があるのではないかと考えることもできる（Suzuki 2013, p.21-22; Sato, Iwasawa, Beppu 2014）。

　いずれの見方が妥当するのか現時点では断言できない。日本（および，おそらく共通する文化的土壌をもつと想定される韓国，台湾など東アジアの工業国）と北西欧諸国との間で，人口，社会・経済，歴史・文化に及ぶ詳細な比較研究が求められよう。

第4節　少子化・未婚化の見通し，影響と政策対応

(1) 少子化と未婚化の見通し

　現在に至るまでの日本の出生数と合計特殊出生率（TFR）の推移については既にみたが，将来はどうなるのか。2010年国勢調査の人口に基づき，2012年1月に国立社会保障・人口問題研究所が公表した将来推計人口の出生中位・死亡中位推計によれば，2010年から2060年にかけて，TFRは1.33〜1.39の範囲で推移する（最終的には1.35）見込である（国立社会保障・人口問題研究所 2012c）。すなわち超少子化（very low fertility）から脱することがない。この2060年における最終的なTFRは，同推計の出生高位・死亡中位推計では1.60，出生低位・死亡中位推計では1.12となっており，高位推計では辛うじて超少子化を脱するものの，低位推計の場合 "lowest-low fertility" の中でもいっそう厳しい少子化におちいる見通しである。出生数は，現在かろうじて100万を保っているが，同推計（出生中位・死亡中位）によれば，2030年には74万9千，2060年には48万2千にまで減少する。それゆえ，超少子化は，日本にとって現在の問題であるだけでなく，将来も続く問題である。

　上記のTFR値は，生涯未婚率，夫婦完結出生児数，離死別再婚効果係数の仮定によって決まる。上記推計における参照コーホート（1995年生まれ女性）が生涯においてどのような結婚・出産行動をとると仮定されているかといえば，出生中位仮定の場合，生涯未婚率は20.1％，夫婦完結出生児数は1.74人，無子

割合は 35.6％ とされている（国立社会保障・人口問題研究所 2012c）[15]。すなわち，現在 20 歳の女性の約 5 人に 1 人は生涯結婚せず，およそ 3 人に 1 人は生涯子どもを生まないという将来像が，一つの可能性として，現在までの出生・結婚動向から導かれている。

(2) 少子化と未婚化の影響

　少子化の影響を便宜的に分ければ，少子化それ自体の影響，人口減少を介した影響，人口高齢化を介した影響があるが，実際にはこれらは重複している。また未婚化は，第 2 節で述べたように，少子化のメカニズムにおける最大の要因である。これらの影響については，既に多くの指摘がなされており（大淵・森岡 2006；阿藤・津谷 2007；兼清・安藏 2008；吉田・廣嶋 2011；小崎・永瀬 2014），ここでは概略述べるにとどめる。

1) 少子化自体の影響

　人口動態統計による日本の出生数は，第二次ベビーブームの最中の 1973 年の 209 万 2 千から，1987 年には 134 万 7 千，2005 年には 106 万 3 千，2014 年には 100 万 4 千と減少の一途をたどっており，1 年間に生まれる子ども数が 100 万を割り込む寸前にある（国立社会保障・人口問題研究所 2016, p.49）。上記のように，国立社会保障・人口問題研究所の将来人口推計（出生中位死亡中位推計）によると，出生数は今世紀半ばにはさらに半減し，50 万を割り込む見通しである（国立社会保障・人口問題研究所 2012c）。

　このような出生数の減少は，年少人口の減少，とりわけ地域社会における児童数の減少をもたらし，子ども相手の産業の衰退を招き，学校が統廃合を余儀なくされることになる。また児童の心理的社会的発達への影響（子どもが社会性を獲得する機会が減少する）も懸念される。

2) 人口減少（とくに生産年齢人口の減少）を介した影響

　経済面の影響としては，消費者人口と労働力人口の減少から国内市場の縮小，労働力不足，労働生産性（技術進歩）の低下，資本ストックの減少などが引き起こされ経済の活力が低下（経済成長率が低下）する可能性が指摘されている

（大淵 2006）。つまり規模の経済の利点は失われる。また財政面の影響として，納税者の減少により政府財政が悪化し，国債など政府債務の償還も難しくなる。

社会面の影響としては，地域人口の減少，地方自治体の弱体化により基礎的な住民サービスの提供や地域の社会インフラの維持も困難になることが懸念される（吉田 2011）。

3）人口高齢化を介した影響

経済・財政面の影響として，被扶養者・要介護者の増加，貯蓄率の低下，社会保障負担の増大が引き起こされ，国民の生活水準が低下するおそれがある（杉野 2006）。社会面の影響としては，高齢者，単身者や子どものいない世帯が増加することにより，家族や地域社会のあり方は大きな変容を遂げることになる。また政治面の影響として，本書の第1章で述べたように，相対的に高齢層の政治的影響が強まるとともに，財政再建の先送り（将来世代へのつけ回し）が問題となる。

4）少子化スパイラル

少子化の影響と要因は個々に見るべきでなく，すべて密接に関連しており，全体として，少子化スパイラル（人口・経済・社会システムの縮減スパイラル）と捉えることもできよう。すなわち出生数減少により人口・経済・社会システムが縮減し，さらに出生数減少を招くという際限のない悪循環である。経済システムが縮減するとき，社会全体として均一に縮小するのではなく，格差の存在や中間所得層の衰退を通して，結婚難がより深刻化し，それが少子化に拍車をかけることも考えられる。

オーストリアの人口学者ルッツらは，ヨーロッパ諸国の低出生力に関して「低出生力の罠（少子化の罠）」という仮説（low-fertility trap hypothesis）を唱えている。これは，出生力がいったんある水準を下回ると（たとえばTFRが1.5未満），自動的かつ不可逆的な自己減退過程に入り，元の水準に回復することが難しくなるという仮定に基づく。ルッツはこのメカニズムとして，①人口学的には，低出生力が続くと人口の年齢構造が高年齢にシフトし，出産年齢の女性人口の減少により出生数が減少する（第1の罠），②社会学的には，出生力が

低下すると（現実を反映して）理想子ども数が減少し，それがさらに実際の出生力を低下させるという繰り返しが起こる（第2の罠），③経済学的には，低出生力の持続による人口高齢化により経済成長が鈍化するとともに若年層への社会保障サービスが弱まる中で，若年層にとって高い消費水準を望む一方で期待する所得が望めないというギャップが生じ，コーホート出生率が低下するとともに出産のタイミングが遅れる（第3の罠），の3つを挙げる（Lutz, et al. 2006）。

　日本の TFR は 1970 年代半ば以来すでに 40 年にわたり人口置換水準を下回り，1990 年代半ば以来 20 年間にわたり 1.5 をも下回っていることにより，人口を減少に向かわせるモメンタム（いわばバネ）が作用している。しかも社会・経済・文化面でパートナーシップ形成と出産に不適合な条件に満ちていると思われるので，日本はすでに少子化スパイラルに陥っているとみてよいであろう。ただし，欧州の調査で 18～39 歳の女性の希望子ども数がドイツ 1.52 人，オーストリア 1.43 人と人口置換水準を大きく下回るのに対し（河野　2007, pp.260-261），日本の 18～34 歳未婚女性の希望子ども数は国立社会保障・人口問題研究所の第 14 回出生動向基本調査（2010 年実施）で女性 2.12 人と人口置換水準を超えており（国立社会保障・人口問題研究所　2012b），子どもを持つことに対する意欲や価値観の面では，日本はまだ出生力回復の余地があるという見方もある（河野　2007, pp.260-261）。

5) 未婚化それ自体の影響

　未婚化は，世帯構成において単身世帯の割合を高める要素の一つである。単身世帯が増える要因は，他にも離婚，死別，別居があるが，未婚化は長期にわたる重要な要因といえる。単身のまま高齢期を迎える人が増えると，従来のように高齢者を家族で（配偶者，成人の子が）扶養・介護するという仕組みは成り立たなくなる。一方で未婚の成人子が親元にとどまる傾向もみられるようになり，「高齢者と同居する独身成人の共倒れ」という新しい形の貧困問題も注目されている。わが国の家族システムにおいて，これまで経験したことのない事態を迎え，新たな社会モデルが模索されることになる。

（3）政策対応

　少子化をめぐる政策対応といえば，少子化の結果に対する対応（少子化適応政策）と少子化の原因に対する対応（少子化是正政策）の別がある。日本では「1.57 ショック」以来，①児童手当の拡充，②育児休業の制度化と普及促進，③保育サービスの拡充，働き方の見直し，若者の自立支援，④男女共同参画の推進[16]，⑤国のコミットメントの表明（少子化社会対策基本法，2003 年），⑤地方自治体・企業等における取り組みの推進（次世代育成支援対策推進法，2003 年）などの施策がなされてきた（詳しくは，守泉 2015；鎌田 2015；安藏・鎌田 2015 など参照）。

　ここで，少子化是正政策の基本原則を押さえておきたい。結婚・出産は個人の最も尊重されるべき自由でありプライバシーに属することである。これはリプロダクティブ・ライツ（reproductive rights：性と生殖に関する権利）と呼ばれる。したがって民主主義国では，国が結婚・出産に直接介入することは許されない。国ができること，なすべきことは国民の福祉を増進する様々な公共政策（社会政策）を実施することである。出生力に関連のある公共政策としては，①リプロダクティブ・ヘルス／ライツ（性と生殖に関する健康／権利）[17]，②ワーク・ライフ・バランス（仕事と生活の調和），③ジェンダー平等（男女共同参画），④家族・家庭支援，⑤子ども・若者支援などの課題を挙げることができる（佐藤 2014）。

　これらは，ひとまず出生力とは無関係に，それ自体取り組むべき課題である。その副効用として出生率が上がれば「もうけもの」というスタンスといえる。この基本原則に立ったうえで，関連の施策が実施されることにより一定の効果が期待されよう。しかし，出生力に及ぼす政策の効果を評価することは容易でなく，また政策効果にはおのずと限界がある。少子化適応政策の方も合わせて考えることが必要である（佐藤 2014）。

おわりに

　前章で述べたように，日本では人口転換が完了したのち，1970年代半ばから新たな人口転換の動きが始まった。多産多死から少産少死への過程である人口転換は，多産から少産へ（といっても，古典的な人口転換論の想定では，人口置換水準の出生力へ）の過程の出生力転換と，多死から少死への過程の死亡力転換の2つの過程によって構成されている。したがって新しい人口転換の動きは，新しい出生力転換（第二の出生力転換）の始まりを意味し，それは出生力が人口置換水準を下回って低下し，その領域で推移することを特徴とする。この第二の出生力転換こそ，今日の日本では「少子化」という言葉で広く関心を持たれている現象の本態である。

　本章では，まず日本のポスト人口転換期の出生動向をたどった。合計特殊出生率（TFR）は，1950年代半ばから1970年代前半まで人口置換水準の近傍にあったが，1970年代半ば以降，人口置換水準を下回り（TFR < 2.1），さらに1990年代半ば以降は「超少子化」（TFR < 1.5）に陥っている。現在のところ，出生率がこの領域を脱して回復する要素や徴候は見られず，国立社会保障・人口問題研究所の将来人口推計においても，このような低出生率は今世紀半ばにおいても続く見通しが設定されている。

　国際的にみると，韓国，台湾など東アジアの新興工業国も含めた現代の先進工業国がTFR1.5ないし1.6を境に「緩少子化」国と「超少子化」国に二分されているのは極めて興味深いことである。このような地理的・文化的ディバイド（分割線）の存在は，日本の超少子化の原因と政策対応を探るにあたって，国内状況の分析だけでなく，グローバルかつ歴史的な視点が必要であることを示唆する。

　第二の出生力転換，あるいは日本の「少子化」の原因は総合的に検討する必要がある。人口学的メカニズム（形式人口学的説明）と背景要因（実体人口学的説明）を区別し，包括的な出生力決定モデルにのっとって網羅的かつ体系的

に探索することが必要である。本章ではその主要な論点を列挙し，特に従来取り上げられることの少なかった歴史的文化的要因についてやや詳しく述べた。

わが国の出生力の今後の動向を考える上では，第1章で述べたように，1970年代半ばを一つのメルクマールとして，人口システムも社会経済システムもポストモダンといわれる新しい潮流の時代に入ったことを強く意識する必要があるだろう。そこでは家族，ジェンダー，就業，社会的ネットワークのあり方など，あらゆる分野で「新しい型式」と「古い型式」が混在している。新しい型式が古い型式を席巻して行くのか，それらの共存が定着するのか，それとも古い型式への揺り戻しがあるのか。出生率のみ注視するのではなく，われわれの時代をトータルにかつ注意深く観察し考察することが求められる。

注

(1) 合計特殊出生率とは，女性の15歳から49歳まで（再生産期間）の年齢別出生率を合計したものである。人口学研究者の間では近年「合計出生率」と呼ばれることも多い。コーホートについて計算されたコーホート合計特殊出生率（cohort TFR）と，ある1年間について計算された期間合計特殊出生率（period TFR）がある。後者は，再生産期間において女性が死亡しない，この間に年齢別出生パターン（女性が子どもを生む年齢）に変化がないという仮定条件の下で，平均して1人の女性が一生の間に生む子ども数を表す。実際には年齢別出生パターンは年々変化しているが，傾向として見れば，この率は女性1人当たり子ども数の目安といえる。本書では，特に断りのない限り，この期間合計特殊出生率を単に「合計特殊出生率」（TFR）と称する。

(2) 「少子化」は元来人口学の専門用語ではなく，経済企画庁1992年版『国民生活白書：少子社会の到来，その影響と対応』において最初に用いられた語であり，わが国独特の表現である。今日，専門家の間でも広く用いられているが，それは単なる出生力低下にとどまらず，人口置換水準を下回る低出生力（below-replacement fertility）を意味する。その原因や帰結となる社会の状況変化なども含んだ人口・社会経済現象全体と絡めて議論されることも多い。

(3) なぜ出生力が人口置換水準を下回ることが問題なのかといえば，人口の再生産（親世代と同数の子世代による人口の置換）がなされず，人口は縮小再生産を繰り返すため長期的に減少が続くことになるからである。究極的にはそのような社会は持続不可能といえる。人口置換水準は①女性の年齢別出生率，②出生性比，③女児が母親の年齢に達するまでの生存率によって決まり，厳密に言えばそれらを総合的に指標化した純再生産率（net reproduction rate）が1に等しい状態を指すが，現在の先進諸国では，これは TFR が概ね 2.1 の水準に相当する。
(4) 「極低出生力」の訳語は鈴木（2002, 2009）による。
(5) 鈴木透はこの出生力の2分化傾向について詳細に検討し，「緩少子化」グループと「超少子化」グループの境界線は近年 1.5 から 1.6 に移ったとしつつも，この分界線は依然有効であると述べている（Suzuki 2013, p.21）。
(6) 人口動態統計によれば，2014 年の出生数 100 万 3,539 のうち嫡出でない子の出生数は2万 2,851 で 2.28％を占めるに過ぎない。しかしこの割合は 1978 年（0.77％）以降漸増し，3倍近く高まっている。嫡出でない子の出生数も 1980 年（1万 2,548）以降増加傾向にある（国立社会保障・人口問題研究所 2016, p.67）。また近年の婚前妊娠結婚（「できちゃった結婚」，「授かり婚」）の増加を考慮に入れると，事実上の同棲は見かけ上より多い可能性もある。初婚に占める婚前妊娠結婚の割合は，人口動態統計の個票から推計することができるが，婚前妊娠結婚の定義を初婚から7か月以内に出生が発生したケースとすると，1975 年には初婚の 7％弱であった婚前妊娠結婚は 2000 年代には2割を超え，2010 年の推定値は 19.0％であった（岩澤・鎌田 2013）。
(7) ここで，「未婚化」，「晩婚化」，「非婚化」という3つの語の区別について説明しておこう。まず晩婚化とは平均初婚年齢が上昇することである。非婚化とは 50 歳における未婚者割合（生涯未婚率）が上昇することである。これに対して，20 歳代，30 歳代といった従来初婚年齢と見られてきた年齢層の男女の未婚者割合（未婚率）が高まることを未婚化という。未婚化は，晩婚化によっても，非婚化によっても起こる（通常は，両者が組み合わさって起こる）。したがって未婚化は，晩婚化と非婚化を合わせた，より広い表現といえる（図 2-6 参照）。
(8) 第2回「男女の生活と意識に関する調査」（2004 年）によれば，過去1ヶ月の間に性交をしなかった既婚女性（ここで「セックスレス」と定義）の割合は，20～24 歳，25～29 歳，30～34 歳，35～39 歳の年齢層において各々17.6％，33.3％，

30.5％，31.2％にのぼる（北村 2005）。近年の日本人夫婦のセックスレスに関する調査研究では，2000年代を通じてセックスレス夫婦の割合が上昇していることや（北村 2011），子どもを望んでいる夫婦でもセックスレスが多いこと（Moriki 2012）などが指摘されている。

(9) 高橋（2004），加藤（2004），和田（2004），永瀬（2004），Rosenbluth（2007）など参照。

(10) 第12回出生動向基本調査（2002年実施）夫婦調査を用いた分析によれば（岩澤 2004a），1990年代に入ってパートや派遣など非典型労働に従事する女性が増えているが，こうした働き方では子どもを持つタイミングが遅れ，子ども数そのものも少ない傾向がみられた。また樋口ら（2004）は，パネル調査の結果に基づいて，25歳のときに未婚であった女性のその後の有配偶率について，フリーター経験者（非正規労働者として働いていた人，あるいは無業であった人）と正社員経験者を比較し，前者の結婚率がより低いことを示した。

(11) 阿藤（1997ab, 2005），Rindfuss et al.（2004），目黒・西岡（2004），津谷（2005），Raymo and Iwasawa（2005），河野（2007）など参照。

(12) とくに日本では「縦」（親子）の関係が強靭なのに比べ，「横」（カップル）の関係が比較的弱いのではないか，その一つの表れとして若者のパートナーシップ形成が欧米諸国に比べ低調なのではないかといった見方がある。この点に関連して，阿藤（2000, p.113）は未婚化の要因の一つとして，日本における「デート文化の未成熟」を挙げている。結婚の動向は，同棲を含めた男女パートナーシップの問題として扱う必要がある（岩澤 2004b 参照）。また日本では子どもがかなり大きくなるまで夫婦が一つの部屋で子どもを間に挟んで「川の字」に寝ることがあるが（Moriki 2012），このような慣習も「縦」の関係あるいは親子密着の強さの表れとみることができよう。

(13) 鈴木透も日本の超少子化には文化的要因が大きいこと，東アジアは南欧より深刻なことを示唆している（Suzuki 2006）。鈴木（2012）は，東アジア諸国の超少子化は高度に発達したポスト近代的な社会経済システムと，変化が緩慢な家族システムの葛藤の結果と見ており，また韓国・台湾と日本との差は，儒教家族の子孫である韓国・台湾の家族パターンと，封建家族の子孫であるヨーロッパや日本との差異に帰すことができると述べている。

(14) 本書の第1章で述べたように，前近代，近代，ポストモダン（近代後期）と

いう歴史区分は，おおよそ「プレ人口転換期」，「人口転換期」，「ポスト人口転換期」に各々対応している。近代化の先発組が 100〜200 年という長い期間かけて近代（人口転換期）を通過したのに対し，後発組は数十年という短い期間でそれを通過した。すなわち，いったん近代化が始まるや後発組ほど速度が速いため，近代が圧縮されており，人口転換も同様に加速度的に進行したと考えられる。そのことによって様々な歪みや不調和が生じることになる。急速な都市化・産業化による住宅問題，学校受験・就職・昇進のための烈しい競争（親にとっての高い教育費負担，長時間労働），出産・子育て期の女性の就業を支える制度の整備の遅れなどの現象はそのような歪みや不調和の表れとみることもできよう。東アジア諸国における「圧縮された近代」(compressed modernity) という視点については，Suzuki（2013），落合（2013）など参照。

(15) 推計方法の詳細については，国立社会保障・人口問題研究所「日本の将来推計人口（平成 24 年 1 月推計）：(概要報告書)」，厚生労働省「第 15 回社会保障審議会人口部会資料」を参照されたい（いずれもインターネットのサイトに掲載されている）。

(16) 1995 年度に始まった「エンゼルプラン」(1995〜99 年度) 以来，「新エンゼルプラン」(2000〜04 年度)，「子ども・子育て応援プラン」(2005〜09 年度)，「子ども・子育てビジョン」(2010〜14 年度) と 5 年ごとに施策のパッケージが改訂され継続されている。特に最近は，働き方の見直しや，若者の自立支援に関する施策も盛り込まれている。

(17) リプロダクティブ・ヘルス／ライツの概念と内容について詳しくは佐藤（2005）参照。その政策課題には，①家族計画に関する支援，②性感染症の予防，③性教育・健康教育の推進，④女性にとってお産がポジティブ（肯定的）なものになるための取り組み（産科医，助産師，小児科医など専門職の確保を含む），⑤環境・行動要因の生殖に及ぼす影響についての研究と対策などがある。③には男女のコミュニケーション能力の向上を図ることも含まれるが，個人の自由とセクシュアリティの多様性に配慮すべきことはいうまでもない。

参考文献

阿藤誠（1997a）「日本の超少産化現象と価値観変動仮説」『人口問題研究』53(1), pp.3-20。

阿藤誠（1997b）「「少子化」に関するわが国の研究動向と政策的研究課題」『人口問題研究』53(4), pp.1-14。

阿藤誠（2000）『現代人口学：少子高齢社会の基礎知識』日本評論社。

阿藤誠（2005）「家族観の変化と超少子化」毎日新聞社人口問題調査会編『超少子化時代の家族意識：第1回人口・家族・世代世論調査報告書』毎日新聞社, pp.11-42。

阿藤誠・津谷典子編著（2007）『人口減少時代の日本社会』原書房。

安藏伸治・鎌田健司（2015）「第2次安倍内閣の少子化対策」高橋重郷・大淵寛編著『人口減少と少子化対策』原書房, pp.233-264。

岩澤美帆（2004a）「妻の就業と出生行動：1970年～2002年結婚コーホートの分析」『人口問題研究』60(1), pp.50-69。

岩澤美帆（2004b）「男女関係の変容と少子化」大淵寛・高橋重郷編著『少子化の人口学』原書房, pp.111-132。

岩澤美帆（2013）「失われた結婚，増大する結婚：初婚タイプ別初婚表を用いた1970年代以降の未婚化と初婚構造の分析」『人口問題研究』69(2), pp.1-34。

岩澤美帆（2015）「少子化をもたらした未婚化および夫婦の変化」高橋重郷・大淵寛編著『人口減少と少子化対策』原書房, pp.49-72。

岩澤美帆・金子隆一（2013）「分母人口を限定した出生力指標から見る2005年以降の期間合計出生率反転の構造」『人口問題研究』69(4), pp.103-123。

岩澤美帆・鎌田健司（2013）「婚前妊娠結婚は出産後の女性の働き方に影響するか？」『日本労働研究雑誌』No.638, pp.17-32。

岩澤美帆・三田房美（2007）「晩産化と挙児希望女性人口の高齢化」『人口問題研究』63(3), pp.21-41。

大淵寛（2006）「20世紀日本の人口変動と経済発展」大淵寛・森岡仁編著『人口減少時代の日本経済』原書房, pp.1-33。

大淵寛・森岡仁編著（2006）『人口減少時代の日本経済』原書房。

落合恵美子（2013）『親密圏と公共圏：アジア近代からの問い』京都大学学術出版会。

加藤久和（2004）「少子化の経済人口学」大淵寛・高橋重郷編著『少子化の人口学』原書房, pp.37-63。

兼清弘之・安藏伸治編著（2008）『人口減少時代の社会保障』原書房。

金子隆一（2004a）「少子化過程における夫婦出生力低下と晩婚化，高学歴化および出生行動変化効果の測定」『人口問題研究』60(1), pp.4-35。

金子隆一（2004b）「少子化の人口学的メカニズム」大淵寛・高橋重郷編著『少子化の人口学』原書房，pp.15-36。

金子隆一（2010）「わが国近年の出生率反転の要因について：出生率推計モデルを用いた期間効果分析」『人口問題研究』66(2)，pp.1-25。

鎌田健司（2015）「少子化対策の政策評価：次世代育成支援推進法に基づく行動計画の評価を中心に」高橋重郷・大淵寛編著『人口減少と少子化対策』原書房，pp.199-232。

北村邦夫（2005）「高めたい，男女間のコミュニケーション・スキル：第2回男女の生活と意識に関する調査より」『家族と健康』第615号，pp.4-5。

北村邦夫（2011）「第5回男女の生活と意識に関する調査：結果報告」『現代性教育研究ジャーナル』No.7，pp.1-6。

河野稠果（2007）『人口学への招待：少子・高齢化はどこまで解明されたか』中央公論新社。

国立社会保障・人口問題研究所（2007）『第13回出生動向基本調査第Ⅰ報告書：わが国夫婦の結婚過程と出生力』（調査研究報告資料第23号）。

国立社会保障・人口問題研究所（2012a）『第14回出生動向基本調査第Ⅰ報告書：わが国夫婦の結婚過程と出生力』（調査研究報告資料第29号）。

国立社会保障・人口問題研究所（2012b）『第14回出生動向基本調査第Ⅱ報告書：わが国独身層の結婚観と家族観』（調査研究報告資料第30号）。

国立社会保障・人口問題研究所（2012c）『日本の将来推計人口（平成24年1月推計）：平成23(2011)〜72(2060)年』（人口問題研究資料第326号）。

国立社会保障・人口問題研究所（2016）『人口統計資料集2016』。

小崎敏男・永瀬伸子編著（2014）『人口高齢化と労働政策』原書房。

佐藤龍三郎（2005）「少子化とリプロダクティブ・ヘルス／ライツ」大淵寛・阿藤誠編著『少子化の政策学』原書房，pp.189-214。

佐藤龍三郎（2008）「日本の「超少子化」：その原因と政策対応をめぐって」『人口問題研究』64(2)，pp.10-24。

佐藤龍三郎（2014）「日本の「超少子化」：その原因と対策をめぐって」『小児保健研究』73(2)，pp.171-175。

佐藤龍三郎・白石紀子（2009）「青年層と成人期移行をめぐる人口学研究の展望」『人口学研究』第44号，pp.43-49。

佐藤龍三郎・白石紀子・坂東里江子（2007）「日本の人工妊娠中絶の動向と要因に関する人口学的分析」『経済学論纂』47(3・4), pp.197-218。

新谷由里子（2015）「結婚・出産前後の女性の就業と子育て支援環境」大淵寛・高橋重郷編著『少子化の人口学』原書房, pp.73-98。

杉野元亮（2006）「人口減少と貯蓄・資本形成」大淵寛・森岡仁編著『人口減少時代の日本経済』原書房, pp.143-163。

鈴木透（2002）「出生力のコーホート・モデルとピリオド・モデル」『人口学研究』第31号, pp.1-17。

鈴木透（2009）「ポスト近代化と東アジアの極低出生力」『人口問題研究』65(4), pp.1-7。

鈴木透（2012）「日本・東アジア・ヨーロッパの少子化：その動向・要因・政策対応をめぐって」『人口問題研究』68(3), pp.14-31。

高橋重郷（2004）「結婚・家族形成の変容と少子化」大淵寛・高橋重郷編著『少子化の人口学』原書房, pp.133-162。

高橋重郷（2015）「日本と欧州の低出生率と家族・労働政策」高橋重郷・大淵寛編著『人口減少と少子化対策』原書房, pp.1-26。

津谷典子（2004）「少子化の社会経済的要因：国際比較の視点から」『学術の動向』9(7), pp.14-18。

津谷典子（2005）「少子化と女性・ジェンダー政策」大淵寛・阿藤誠編著『少子化の政策学』原書房, pp.157-187。

永瀬伸子（2004）「女性労働と少子化」大淵寛・高橋重郷編著『少子化の人口学』原書房, pp.85-109。

樋口美雄・太田清・家計経済研究所（2004）『女性たちの平成不況』日本経済新聞社。

松田茂樹（2013）『少子化論：なぜまだ結婚・出産しやすい国にならないのか』勁草書房。

宮本みち子（2006）『人口減少社会の生活像』放送大学教育振興会。

目黒依子・西岡八郎（2004）『少子化のジェンダー分析』勁草書房。

守泉理恵（2015）「日本における少子化対策の展開：エンゼルプランから子ども・子育てビジョンまで」高橋重郷・大淵寛編著『人口減少と少子化対策』原書房, pp.27-48。

山田昌弘（2004）『希望格差社会：〈負け組〉の絶望感が日本を引き裂く』筑摩書房。

吉田良生（2011）「過疎化のゆくえ」宮本みち子編著『人口減少社会のライフスタイ

ル』放送大学教育振興会, pp.200-219。
吉田良生・廣嶋清志編著 (2011)『人口減少時代の地域政策』原書房。
和田光平 (2004)「結婚と家族形成の経済分析」大淵寛・高橋重郷編著『少子化の人口学』原書房, pp.65-83。
Billari, Francesco C. and Hans-Peter Kohler (2004) "Patterns of Low and Lowest-low Fertility in Europe," *Population Studies*, 58(2), pp.161-176.
Caldwell, John C. and Thomas Schindlmayr (2003) "Explanation of the Fertility Crisis in Modern Societies: A Search for Commonalities," *Population Studies*, 57(3), pp.241-263.
Kohler, Hans-Peter, Francesco C. Billari and Jose Antonio Ortega (2002) "The Emergence of Lowest-low Fertility in Europe During the 1990s," *Population and Development Review*, 28(4), pp.641-680.
Lesthaeghe, Ron (2010) "The Unfolding Story of the Second Demographic Transition," *Population and Development Review*, 36(2), pp.211-251.
Lesthaeghe, Ron (2011) "The 'Second Demographic Transition': A Conceptual Map for the Understanding of Late Modern Demographic Developments in Fertility and Family Formation," *Historical Social Research*, 36(2), pp.179-218.
Lutz, W., V. Skirbekk and M. R. Testa (2006) "The Low-fertility Trap Hypothesis: Forces that May Lead to Further Postponement and Fewer Births in Europe," *Vienna Yearbook of Population Research 2006*, pp.167-92.
McDonald, Peter (2000) "Gender Equity in Theories of Fertility Transition," *Population and Development Review*, 26(3), pp.427-439.
Moriki, Yoshie (2012) "Mothering, Co-sleeping, and Sexless Marriages: Implications for the Japanese Population Structure," *The Journal of Social Science*, Tokyo: International Christian University, No.74, pp.27-45.
Ogawa, Naohiro and Iqbal H. Shah (2015) *Low Fertility and Reproductive Health in East Asia*, Dordrecht: Springer.
Raymo, J. M. and Miho Iwasawa (2005) "Marriage Market Mismatches in Japan: An Alternative View of the Relationship Between Women's Education and Marriage," *American Sociological Review*, No.70, pp.801-822.
Rindfuss, Ronald R., Minja Kim Choe, Larry L. Bumpass, and Noriko O. Tsuya (2004)

"Social Networks and Family Change in Japan," *American Sociological Review*, Vol.69, pp.838-861.

Rosenbluth, Frances McCall (2007) *The Political Economy of Japan's Low Fertility*, California: Stanford University Press.

Sato, Ryuzaburo and Miho Iwasawa (2006) "Contraceptive Use and Induced Abortion in Japan: How Is It so Unique Among the Developed Countries?" *The Japanese Journal of Population*, Vol.4(1), pp.33-54.

Sato, Ryuzaburo and Miho Iwasawa (2015) "The Sexual Behavior of Adolescents and Young Adults in Japan," Ogawa, Naohiro and Iqbal H. Shah eds., *Low Fertility and Reproductive Health in East Asia*, Dordrecht: Springer, pp.137-159.

Sato, Ryuzaburo, Miho Iwasawa, and Motomi Beppu (2014) "What Has Divided Industrialized Countries into 'Very Low Fertility' Group and 'Moderately Low Fertility' Group? : An Examination of Historical and Cultural Backgrounds and 'Couple Culture' ," Paper presented at the British Society for Population Studies (BSPS) 2014 Conference (Winchester, September 9, 2014).

Sato, Ryuzaburo, Miho Iwasawa, and Motomi Beppu (2015) "Very Low Fertility and a Weak Couple Culture: Insights from Japan," Paper presented at the 3rd Asian Population Association (APA) International Conference (Kuala Lumpur, July 28, 2015).

Suzuki, Toru (2006) "Fertility Decline and Policy Development in Japan," *The Japanese Journal of Population* , Vol.4(1), pp.1-32.

Suzuki, Toru (2013) *Low Fertility and Population Aging in Japan and Eastern Asia (Springer Briefs in Population Studies)*, Tokyo: Springer.

van de Kaa (2003) "Second Demographic Transition," P. Demeny, and G. McNicoll eds., *Encyclopedia of Population*, New York: Macmillan Reference USA , pp.872-875.

(岩澤美帆・金子隆一・佐藤龍三郎)

第3章　ポスト人口転換期の死亡動向

はじめに

　人口転換理論によれば，人間社会は近代化に伴って多産多死から少産少死に至る一連の過程をたどるが，それは4段階からなる。まず第1段階の前近代社会（プレ人口転換期）においては，高死亡率と高出生率が均衡することにより低い人口増加率の状態が続く。しかし近代化が始まると，まず死亡率が低下を始め，人口増加率が上昇する（第2段階）。その後，出生率が低下を開始し（第3段階），最終の第4段階では先行して低下した死亡率の水準に出生率が追いついて少産少死の状態となり，人口増加が再び停止するとされる（大淵　2010）。

　このように，出生力転換とともに死亡力転換（寿命延伸）は人口転換の車の両輪をなす。近代化に伴う死亡率の低下については，疾病構造・死亡分布の変化の観点から，「疫学的転換」という形で理論的整理がなされている。その主な特徴は，まず疾病構造において感染症の制圧が進展し，それに伴ってとりわけ若年における死亡率が大幅に低下することである。すなわち，人口転換期における平均寿命の延伸は主に若年の死亡率が改善することによって引き起されたものである。一方で，近年におけるわが国を含む先進諸国の平均寿命の延伸は，これとは異なるメカニズムに基づいて起きているものと考えられており，人口転換期とは異なる「ポスト人口転換期」における死亡動向として捉えることが可能である。

　本章では，まず先進諸国の長期的な寿命動向を疫学的転換の観点から説明する（第1節）。次に，長期的な平均寿命延伸要因を，年齢別及び死因別の観点か

ら分析することにより，人口転換期とポスト人口転換期の死亡動向の違いを観察する。さらに，より精密な形式人口学的分析により，生存数曲線の矩形化や死亡年齢分布のばらつきの減少などを示す人口学的指標を用いた特徴づけを試みる。そして，このような分析を通じて，ポスト人口転換期におけるわが国の死亡動向の特徴を諸外国の死亡動向との比較等を通じて解明することとする（第2節）。またポスト人口転換期における長寿化が人口高齢化と人々のライフコースに及ぼす影響について考察する（第3節）。

第1節　先進諸国の寿命の長期的動向

（1）寿命の長期的動向

　わが国のポスト人口転換期の死亡動向の分析に先立ち，まず，わが国を含めた先進諸国の長期的な寿命動向を観察する。ウィルモス（J. R. Wilmoth）によれば，初期の人類の平均寿命が概ね20年台であったのに対し，1900年において当時最も死亡率が低い地域であったオーストラリア・ニュージーランドの新生児は55〜57歳程度まで生存することが期待されたという。また2000年において同様に最も平均寿命が長い地域の一つである日本の平均寿命はおよそ81年であるとし，このような寿命が長い地域どうしの比較に基づき，人類の平均寿命延伸の概ね半分は20世紀に起きたとみている（Wilmoth 2003）。例えば，スウェーデンの18世紀半ば以降の平均寿命の長期推移によれば，平均寿命は19世紀初頭から延伸する傾向が見られてはいるものの，19世紀後半以降，とりわけ20世紀における延伸のスピードが著しい。

　わが国においても，20世紀における平均寿命の延伸は著しいものであった。図3-1は日本，スウェーデン，フランスの3カ国について，国際的な死亡データベースであるHuman Mortality Database（HMD）及び日本版死亡データベース（JMD）に基づく20世紀以降の平均寿命の推移を示したものである。ここでスウェーデンとフランスを取り上げるのは，先進国の代表例であり，長期に

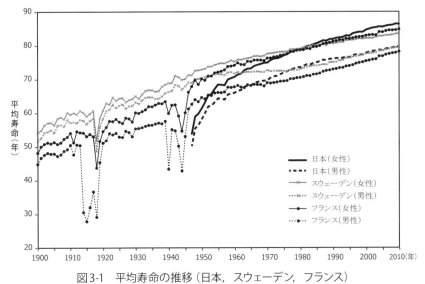

図3-1 平均寿命の推移（日本，スウェーデン，フランス）
（資料）日本版死亡データベース，Human Mortality Database.

わたる死亡統計データが存在するためである。日本については1947年以降のみを示している。

図3-1に見るように，第二次世界大戦直後にあたる1950年の日本の平均寿命は，男性57.68年，女性60.99年と，60年前後のレベルに留まっており，他の二つの国に比べて低い水準にあったといえる。しかしながら，その後，わが国の平均寿命は急速に延伸して他の先進諸国に追いつき，さらにそれらを追い抜いて延伸を続け，2010年には男性79.54年，女性86.28年に到達している。現在，わが国の平均寿命の水準は国際的に見てもトップレベルにあり，なお延伸を続けているという特徴を有している。

このように，19世紀後半以降，特に20世紀に入ってから，先進諸国では著しい寿命延伸を経験してきたが，この寿命延伸の時期は人口転換期とポスト人口転換期に分けて考えることが可能である。そこで，各々の死亡動向の特徴について次に考えることとする。

(2) 疫学的転換

　冒頭に述べたように，人口転換期における死亡率の低下は，疾病構造と死亡の年齢分布の変化の観点から，疫学的転換（epidemiologic transition）という概念によって理論的整理がなされている。疫学的転換とは，急性の感染症による死亡が少なくなる一方で，慢性の退行性疾患（degenerative disease）が顕著になるという疾病構造の変化を指し，この疫学的転換により，死亡の年齢分布は若年中心の分布から高齢中心の分布へと変化することとなる。オムラン（Abdel R. Omran）は，疫学的転換は次の3つの段階を通じて移行するとした（Omran 1971）。

　　①伝染病蔓延と飢餓の時代
　　②伝染病大流行の後退の時代
　　③退行性疾患と人為的疾病（man-made disease）の時代

　この疫学的転換の進行は主に中年期までの死亡率改善による平均寿命の延びをもたらしたが，1970年頃までは先進諸国においても高年期の死亡率の改善はそれほど顕著でなかった。このことから，フリーズ（J. F. Fries）は，仮に人間の最大生存年数に上限があるなら，生存数曲線は長方形に近づき（矩形化），平均寿命の上限は85年を超えないだろうと論じた（Fries 1980）。生存数曲線とは，生命表における出生から各年齢までの生存数（生存確率を表す）を，年齢を横軸として描いたグラフであり，**図3-2**には，日本の男性・女性に関する生存数曲線の変化を示した。生存数曲線が両軸と囲む面積は出生10万人に対する総生存量を表し，これを1人あたりにしたものが平均寿命に当たる。1970年頃まではわが国でも生存数曲線の矩形化が主要因となって生存量，言い換えれば人々の生存年数（の総和）が拡大し，平均寿命の延伸に貢献してきたことがわかる。

　しかしながら，1970年以降も先進諸国の平均寿命は，頭打ちになるどころか慢性的疾患の死亡率改善による高齢死亡率の低下により引き続き延びた。そこでオルシャンスキー（S. Olshansky）とオールト（A. Ault 1986）は，米国の死亡率分析に基づき，この高齢死亡率による死亡パターンの変化は従来の疫学的

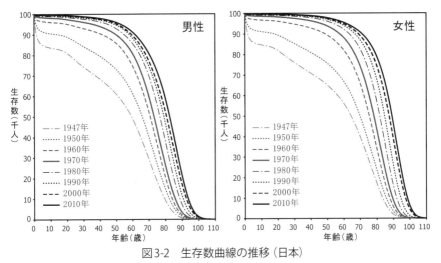

図3-2　生存数曲線の推移（日本）

（資料）日本版死亡データベース．

転換の第3段階とは異なる第4の段階，すなわち，「退行性疾患遅延の時代」と位置づけることを提案した（Olshansky and Ault 1986）。

このように，近年における先進諸国の平均寿命の延伸は1970年頃までに見られた生存数曲線の矩形化とは異なるメカニズムに基づいて起きているものと考えられる。図3-2でも，1970年以降のわが国の死亡率改善は矩形化とは異なっていることが観察され，「死亡の遅延」とでも呼ぶべき動きによって，生存数曲線が高年齢側に張り出すような形で生存量が拡大している様子を見ることができる。

第2節　ポスト人口転換期の死亡の分析

(1) 年齢から見たポスト人口転換期の死亡

第1節において，一見，長期的に単調に増加してきたように見える平均寿命についても，生存数曲線の変化をグラフで観察すると，人口転換期とポスト人

口転換期では死亡の年齢パターン変化の様式が異なっていることが示された。そこで，本節では，この両期の差異について，定量的にアプローチしてみよう。

最初に，平均寿命の延伸に対する死亡の年齢パターンの寄与について考えることとする。二時点間における平均寿命の延びを年齢別の死亡率変化の寄与に要因分解する手法としては，ポラード（J. H. Pollard），アリアーガ（E. E. Arriaga）の方法がよく知られている（Pollard 1988, Arriaga 1984）。ただし，これらは平均寿命にしか適用することができない。これに対し，堀内四郎らは，平均寿命に限らず，一般的な指標の変化について年齢別の寄与に要因分解することが可能な HWP 法（Horiuchi Wilmoth Pletcher decomposition method）を提案している（Horiuchi et al. 2008）。本章では，平均寿命だけでなく，IQR（四分位偏差）についても要因分解を行いたいので，この HWP 法を用いることとする。

図 3-3 は日本，スウェーデン，フランスの女性について，10 年間ごとの平均寿命の延びを，HWP 法によって各年齢層での死亡率低下の寄与に分解したものである。まず，日本の結果を見ると，データの制約から 1950 年以降のみとなっているが，1950 年と 1960 年の間，1960 年と 1970 年の間については色の濃い若年層における死亡率低下の寄与が大きいことがわかる。一方，1970 年以降では次第に色の薄い高齢層での死亡率低下の寄与が拡大していることが見て取れる。次に，スウェーデンを見ると，1940 年までは寿命延伸に対するほぼ全ての寄与が色の濃い若年死亡率低下によるものであるのに対し，1940 年以降は徐々に高齢層の死亡率低下の寄与が拡大を始め，1960 年以降に至ると 70 歳代以上の寄与が概ね半分を占めるようになっている。また，フランスも同様であり，1960 年までは平均寿命延伸の 8 割以上は 70 歳未満の死亡率低下によるものだが，1980 年以降は 70 歳以上の死亡率低下の寄与が半分以上を占めている。

このように，総じて 1970 年頃までの平均寿命の延びは中年期までの若年死亡率の低下の寄与が大きいのに対して，それ以降については高年期の高齢死亡率低下の寄与が大きくなっており，人口転換期における平均寿命延伸の主要因が若年死亡率改善であるのに対して，ポスト人口転換期においては高齢死亡率改善が主要因となっている。

第3章 ポスト人口転換期の死亡動向　97

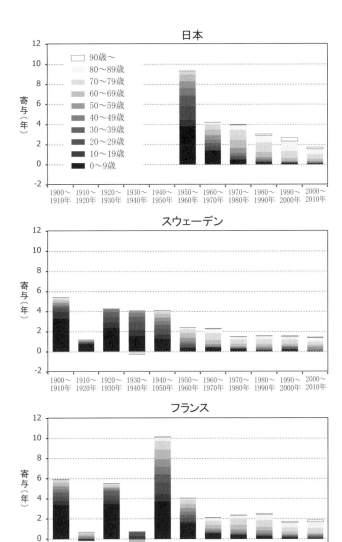

図3-3　平均寿命の延びの年齢別寄与（日本・スウェーデン・フランス，女性）
（資料）筆者推計.

(2) 死因から見たポスト人口転換期の死亡

次に死因の観点からわが国の死亡動向を観察しよう。**図3-4**は，1950年以降における主な死因に関するわが国の年齢調整死亡率の推移を示したものである。1950年代及び1960年代では，太い破線で示した結核の死亡率低下が顕著であり，疫学的転換の特徴である感染症死亡率の低下が起こったことがわかる。一方，1960年代後半以降にわが国の死亡率改善の中心となり，寿命の延伸に寄与したのが，太い実線で示した脳血管疾患の死亡率低下であり，これが近年の高齢死亡率低下に結びついている。さらに，太い一点鎖線で示した悪性新生物の死亡率は，男性については1990年代に入るまでは緩やかに上昇してきたが，1990年代後半以降，やや減少に転じている。女性については，1960年代から緩やかに減少してきているものの，概ね横ばいに近い形で推移していることがわかる。

米国の人口学者ウィルモス（2010）は，過去2世紀にわたる寿命延伸は，基本的に，まず人々が死因を認識（Recognition）し，次にこれに対応（Reaction）してその死因を回避または遅らせるための方法を探し，やがてそれが全ての年齢層にわたる死亡率を低下（Reduction）させるという一連の社会的現象として捉えられると考え，これを「トリプルR理論」と呼んでいる。この理論は，様々な時代において見られる，感染症，心疾患，脳血管疾患，悪性新生物，自動車事故等の多様な死因に関する死亡率低下の過程を適切に特徴づけるものと考えられる。この理論に照らしてわが国戦後の死因動向を見ると，まず結核をはじめとする感染症が最初の標的として認識され，それに社会が効果的に対応することによって疫学的転換に沿った制圧が達成された。次に，戦後日本の最大の死因であった脳血管疾患が新たな標的として認識され，その制圧に対応が集中されたことにより近年における高齢死亡率低下につながり，ポスト人口転換期への移行に重要な役割を果たしてきたと見ることができる。そして，現在，次なる標的として悪性新生物が認識され，集中的な取組みが進展を見せている。

堀内（2001）は過去及び将来における人間の死亡パターンの歴史的変遷を次の5つの転換として表すことを提案している。

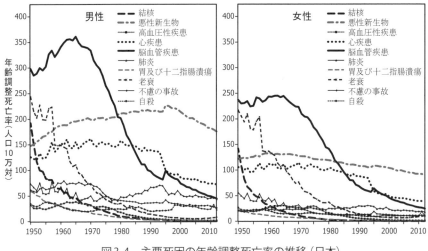

図3-4 主要死因の年齢調整死亡率の推移（日本）

（資料）厚生労働省「人口動態統計」．

① 感染症による死亡率の上昇（狩猟採集社会では外傷・事故等のリスクが高かったが，農耕社会では感染症リスクが増大）
② 感染症による死亡率の下降（感染症から脳血管・心疾患・癌等の成人病へ）
③ 循環器系疾患による死亡率の下降（脳血管・心疾患死亡率の低下）
④ 癌による死亡率の下降
⑤ 老化の遅延・減速

これに従えば，わが国は既に④の段階に入っていると見ることができる。そして，トリプルR理論に従い，将来，仮に老化の遅延・減速に成功すれば，ポスト人口転換期あるいは疫学的転換の第4段階においても平均寿命はまだ延びる可能性があるといえよう。

(3) 生存数曲線の矩形化と死亡分布のばらつきに関する人口学的指標

前節において，人口転換期（疫学的転換のおよそ第1～3段階に相当）では生存数曲線の矩形化という形で死亡率改善が起きるのに対して，ポスト人口転

換期(疫学的転換のおよそ第4段階に相当)では矩形化とは異なるプロセスによって死亡率改善が起こっていることを述べた。そこで，次に，この違いを形式人口学的指標により定量的に特徴づけすることを考えよう。

まず，生存数曲線の矩形化と死亡分布のばらつきの関係を考える。完全に矩形化した生存数曲線 l_x は，最大年齢を ω として，

$$l_x = \begin{cases} 1 & (0 \leq x \leq \omega) \\ 0 & (x > \omega) \end{cases}$$

と表される。また，これに対応する死亡分布 d_x はデルタ関数を用いて $\delta(\omega)$ となり，分散は0となる。すなわち，死亡分布のばらつきが0となることと生存数曲線が完全に矩形化することは同じであり，矩形化の進行度合は死亡分布のばらつきを考えることで指標化が可能である。

生存数曲線の矩形化・死亡分布のばらつきの指標に関する先行研究としては，水平化・垂直化・長寿化の3指標を用いたチャンら (Cheung et al. 2005)，SD_{10} (10歳以上の標準偏差) を用いたエドワーズとタルジャプルカー (Edwards and Tuljapurkar 2005)，C_{50} (死亡分布の50%を含む最小区間の幅) 等による評価を行ったカニスト (Kannisto 2006) など，多数存在する。

これらに対し，ウィルモスと堀内 (Wilmoth and Horiuchi 1999) は，死亡分布のばらつきや生存数曲線の矩形化を評価する10種類 (生存数曲線6種類，死亡分布4種類) の指標を比較した。[2]

代表的な指標をいくつか説明すると，まず Fixed Rectangle (FR) は，基数を $1(l_0 = 1)$ とした生存数曲線において，高さが1，右の端点が固定されたある年齢 (例えば100歳) の長方形を考え，この長方形における生存数曲線の下側の面積の割合を計算したものである。生存数曲線の矩形化に伴い，この指標の値は増加することとなる。具体的には，固定年齢を ϕ，生存数曲線を $S(x)$ とした場合，

$$FR = \frac{\int_0^\phi S(x)dx}{\phi}$$

で表される。

また，Fastest decline（FD）は，乳幼児期を除いた成人年齢の範囲内で，最も生存数曲線の減少速度が速い年齢における生存数曲線の導関数（接線の傾き）を測定したものである。生存数曲線の矩形化に伴い，この指標は増加することとなる。具体的には，例えば成人年齢の範囲を $x \geq 20$ として，

$$FD = \max_x \left\{ -S'(x) \right\} \quad (x \geq 20)$$

で表される。

一方，Interquartile range（IQR）は，死亡数を確率密度関数と見た場合の確率分布の四分位偏差として示される指標である。x_1 と x_2 は，$l_{x_1} = 0.75$，$l_{x_2} = 0.25$ を満たす年齢として，

$$IQR = x_2 - x_1$$

で定義される。IQR が小さくなるほど死亡分布のばらつきは小さくなることから生存数曲線の矩形化が進むこととなる。

ウィルモスと堀内（Wilmoth and Horiuchi 1999）はこれら 10 種類の指標を比較し，指標間の相関が強いことを示した上で，主に IQR を用いて生存数曲線の矩形化の状況を評価している。そこで，ここでも以下この IQR を使って死亡分布のばらつきについて評価することとする。

図 3-5 は日本，スウェーデン，フランスの女性と男性の IQR の推移を示したものである。これによれば，どの国においても，IQR は，1970 年以前は急速に低下する傾向を見せているのに対し，1970 年以降は安定的な推移に変化している。すなわち，1970 年以前は生存数曲線の矩形化が進行していたのに対し，それ以降では生存数曲線の矩形化はあまり進んでいないということがこの指標から定量的に理解できる。このように，IQR という指標を用いることにより，人口転換期とポスト人口転換期を形式人口学的観点から特徴づけすることが可能となる。

次にこの IQR の動向と年齢別死亡パターン変化との関係をより詳細に観察してみよう。図 3-6 は，10 年ごとにおける IQR 変化の要因分解を HWP 法に基づいて行ったものである。先に見たように，1970 年以前の人口転換期における

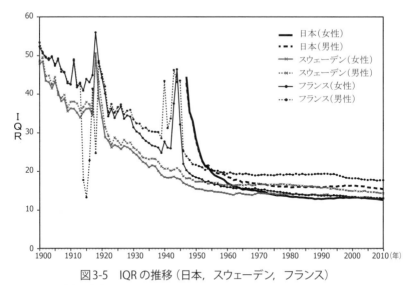

図3-5 IQRの推移（日本，スウェーデン，フランス）
（資料）日本版死亡データベース，Human Mortality Database.

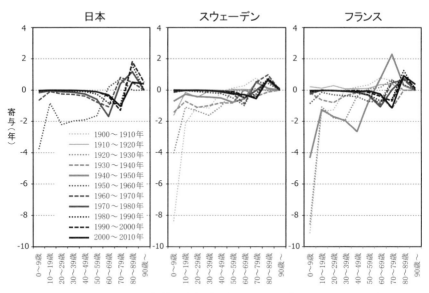

図3-6 IQRの変化の年齢別寄与（日本・スウェーデン・フランス，女性）
（資料）筆者推計.

IQRの減少は主に若年層の死亡率低下の寄与によっていることがわかる。すなわち，感染症死亡率の低下による低年齢層を中心とした死亡率改善が生存数曲線の矩形化をもたらしているのである。一方，ポスト人口転換期においては，若年死亡率のIQR変化への寄与は小さくなっている。そして，高齢部分において，マイナスに寄与する年齢層に対して，それと同程度プラスに寄与するさらに高い年齢層が存在することによりIQRの推移が安定的となっていることがわかる。これは，死亡分布が高齢方向に移動していることを示しており，ポスト人口転換期においては死亡の遅延とでも呼ぶべき動きによって平均寿命の延伸が起きていることが示唆される。

第3節　ポスト人口転換期の死亡の影響

(1) 長寿化が高齢化に及ぼす影響

　出生率と死亡率の水準が人口の高齢化に与える影響については，コール（A. J. Coale）による安定人口モデルを用いた古典的分析が有名である（Coale 1957）。これは，スウェーデンについて，死亡率を1946～50年と1851～70年の2通り，出生率を1950年と1860～61年の2通りからなる4通りの安定人口を比較したものであり，人口の高齢化に与える影響は，死亡率の違いよりも出生率の違いによるところが大きく，高齢化の主要因は寿命の延伸ではなく，出生率低下とされている。

　図3-7はコールと同様の分析を日本のデータを用いて行うため，わが国における1950年と2010年の出生率・死亡率を用いた安定人口構造を示したものである。これによれば，1950年の出生率を用いた2つの安定人口では若年層になるにつれて人口が多く分布するような年齢構造を示しているのに対し，出生率を2010年としたのものでは中年齢層以下で若年層になるにつれて人口が少なく分布するような年齢構造を示しており，死亡率に比べ，出生率の違いの方が人口の高齢化により大きな影響を与えていることがわかる。

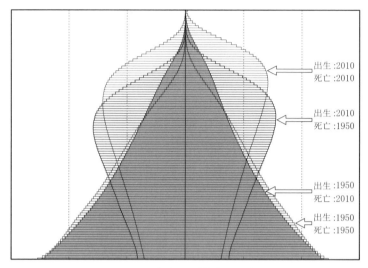

図3-7　安定人口構造の比較

（資料）筆者推計.

　しかし，コールの分析結果とやや異なっているのは，出生率を2010年とした2つのケースを比較すると，2010年の死亡率を用いた安定人口構造では，1950年の死亡率を用いたものに比べ，より高齢化の進行が見られる点である。コールが用いた1950年の出生率は概ね人口置換水準に近いレベルであり，安定人口構造も静止人口に近い形状となることから，高齢における死亡率の違いは大きな影響として顕れていなかった。しかしながら，ポスト人口転換期における人口置換水準を下回るような低出生率の下では，安定人口構造は高齢部分に大きなウエイトを持つような形状となる。そして，先進諸国の中でも特に低い水準にある現在のわが国の出生率に基づく安定人口では，死亡水準の低下が人口高齢化に与える影響は無視できないものとなるのである。このように，ポスト人口転換期における長寿化は，さらなる人口高齢化を生み出すことに注意が必要である。

(2) 寿命の延伸がライフコースの変化に及ぼす影響

　ポスト人口転換期における高齢死亡率の低下は，個人のライフコースにおける高齢期の長期化を意味している。日本の 65 歳平均余命は，およそ 50 年前の 1960 年には男性 11.62 年，女性 14.10 年であったが，2010 年には男性 18.74 年，女性 23.80 年に延びている。そして，国立社会保障・人口問題研究所の「日本の将来推計人口（2012 年 1 月推計）」の死亡中位仮定によれば，2060 年には男性 22.33 年，女性 27.72 年まで延びる見込みとなっている。このように高年期が長くなると，その期間をより健康に過ごすことも重要となることから，通常の生命表における平均寿命を優良な健康状態下で過ごす部分と疾病や障害の存在下で過ごす部分に分け，健康な状態で生活することが期待される期間を示す「健康寿命」という指標で観察することも提案されている。健康寿命は健康状態の定義によってその値が異なることに注意する必要があるが，日常生活に制限のない期間を健康な期間とみなして健康寿命を算出した場合[3]，2001 年から 2010 年にかけて，男性は 69.40 年から 70.42 年へ，女性は 72.65 年から 73.62 年へと概ね 1 年程度延びたとされている。これには，近年，高齢者の運動能力が向上していることなども背景にあると考えられるが，今後も国民の健康寿命を延伸させていくことはますます重要な課題となろう。

　さらに，このような人生自体の長期化を前提とすれば，ポスト人口転換期においては，高年期を迎えるまでの健康への投資や生涯を通じた教育投資（社会人教育や複数分野の専攻など）がより有効になると考えられる。健康や教育への投資の活性化は，将来，知識や経験を豊富に持つ健康な高齢者を増やすことにつながるとともに，生涯を通じた教育投資がより一般的になるならば，「学生→就職→結婚・出産・子育て」というこれまでの典型的なライフコースに捉われず，出産・子育ての後，教育を受けたりキャリアアップしたりというような，新たなライフコース選択の幅も広がることとなる。このように，ポスト人口転換期の死亡動向の変化を単なる高齢者の増加と捉える従来型の発想から脱却すべきである。長い人生を見据えて高年期に至るまでに健康・教育投資を行い，豊富な知識・技能を備えた健康な高年期を迎えられるような社会に転換する契

機と捉え直すべきであろう．結婚や子育てによりやさしい多様なライフステージ選択の幅を広げていくことにより，世界でも有数の長寿を享受するわが国ならではの，活力ある高齢者に溢れた新たな長寿社会モデルを導くことも可能となるであろう．

おわりに

　本章では，わが国のポスト人口転換期の死亡動向の特徴を，人口転換期の死亡動向や諸外国の死亡動向との比較を通じて解明することを目的とし，人口転換期とポスト人口転換期における平均寿命延伸に対する死亡パターンの違いの寄与について，年齢と死因の観点から分析した．また，生存数曲線の矩形化と死亡分布のばらつきに関する人口学的指標の代表として IQR を用い，フランス，スウェーデンと比較しながら分析を行った．

　人口転換期における平均寿命の延伸は，疫学的転換の主に第2段階，第3段階における若年死亡率低下がその主要因である．これに対し，1970年以降の先進諸国では高齢死亡率改善が主要因となっており，疫学的転換の概ね第4段階，すなわち，ポスト人口転換期に入ったと考えることができる．これは，平均寿命の延びの年齢別要因分解において，ポスト人口転換期では高齢死亡率改善が主要因であることから裏付けられる．さらに，IQR を用いた形式人口学的分析により，わが国を含む先進諸国では，1970年代以降，矩形化とは異なるメカニズムで死亡率改善がなされていること，また，死亡の年齢分布の高齢方向への移動が起きていることが確認された．

　一見，単調に増加してきたように見える先進諸国の平均寿命延伸であるが，このような分析を通じて，人口転換期とポスト人口転換期ではその構造は大きく異なり，特に，ポスト人口転換期においては高齢死亡率改善と死亡分布の高齢化に特徴があることが明らかとなった．

　このような，ポスト人口転換期における高齢死亡率の低下は，マクロの人口

の観点からはさらなる高齢化を導くことにも注意する必要があるが，一方で個人のライフコースの観点からは，高齢期や人生自体の長期化により，高年期を迎えるまでの様々な投資がより有効となる好機と捉えることが可能である。高年期に至るまでの健康・教育投資は，知識や経験をより豊富に持つ健康な高齢者を増やすことにつなげられるであろう。また生涯を通しての教育投資の活性化は，従来の固定観念に捉われない結婚や子育てによりやさしい多様なライフステージ選択の幅を広げることにつなげることができよう。

現在，国際的にトップクラスの平均寿命を有し，今後も延び続けると見込まれる寿命延伸によって，我々はどの先進国もこれまで経験したことのない未知なる長寿社会へと導かれようとしている。このことは一面では，生産年齢人口に対する老年人口の比の著しい増大という困難が待ち構えていることを意味する。しかしながら，ポスト人口転換期における死亡動向の変化は，わが国を豊富な知識・技能を備えた健康な高齢者に溢れ，知識や経験に根ざした活力ある「知識集積型社会」へと導くことのできる可能性を秘めている。それを実現するための挑戦が，現在，我々に求められている。

注

(1) 健康日本 21 企画検討会・健康日本 21 計画策定検討会（2000）では生涯を年齢によって 6 段階に分けており，0〜4 歳を幼年期，5〜14 歳を少年期，15〜24 歳を青年期，25〜44 歳を壮年期，45〜64 歳を中年期，65 歳以降を高年期と呼んでいる。本章でもこの区分を用いるとともに，ポスト人口転換期の特徴である高年期の死亡率低下を「高齢死亡率低下」と呼ぶのに対比させる観点から，人口転換期の特徴である中年期までの死亡率低下を「若年死亡率低下」と呼ぶこととした。

(2) ①Fixed Rectangle, ②Moving Rectangle, ③Fastest decline, ④Sharpest corner, ⑤Quickest plateau, ⑥Prolate index, ⑦Interquartile range (IQR), ⑧Standard deviation, ⑨Gini Coefficient, ⑩Keyfitz's H の 10 指標である。

(3) 厚生労働科学研究費補助金（循環器疾患・糖尿病等生活習慣病対策総合研究事業）「健康寿命における将来予測と生活習慣病対策の費用対効果に関する研究」の算出による。

参考文献

ウィルモス，ジョン R. (2010)「人類の寿命伸長：過去，現在，未来」『人口問題研究』66(3), pp.32-39。

大淵寛 (2010)「人口転換」人口学研究会編『現代人口辞典』原書房, pp.152-153。

健康日本 21 企画検討会・健康日本 21 計画策定検討会 (2000)『21 世紀における国民健康づくり運動（健康日本 21）について─報告書』。

厚生労働科学研究費時補助金（循環器疾患・糖尿病等生活習慣病対策総合研究事業）「健康寿命における将来予測と生活習慣病対策の費用対効果に関する研究」（研究代表者：橋本修二）平成 23～24 年度総合研究報告書（2013.3）。

国立社会保障・人口問題研究所 (2012)『日本の将来推計人口：平成 24 年 1 月推計』，一般財団法人厚生労働統計協会。

国立社会保障・人口問題研究所「日本版死亡データベース」, http://www.ipss.go.jp/p-toukei/JMD/index.html 。

堀内四郎 (2001)「死亡パターンの歴史的変遷」『人口問題研究』57(4), pp.3-30。

Arriaga, E. E. (1984) "Measuring and Explaining the Change in Life Expectancies," *Demography*, Vol.21(1), pp.83-96.

Cheung, S. L. K., J. M. Robine, E. J. C. Tu, and G. Caselli (2005) "Three Dimensions of the Survival Curve: Horizontalization, Verticalization, and Longevity Extension," *Demography*, Vol.42(2), pp.243-258.

Coale, A. J. (1957) "How the Age Distribution of a Human Population is Determined," *Cold Spring Harbor Symposia on Quantitative Biology*, Vol.22, pp.83-89.

Edwards, R. D. and S. Tuljapurkar (2005) "Inequality in Life Spans and a New Perspective on Mortality Convergence Across Industrialized Countries," *Population and Development Review*, Vol.31(4), pp.645-674.

Fries, J. F. (1980) "Aging, Natural Death, and the Compression of Morbidity," *New England Journal of Medicine*, Vol.303, pp.130-135.

Horiuchi, S., J. R. Wilmoth, and S. Pletcher (2008) "A Decomposition Method Based on a Model of Continuous Change," *Demography*, Vol.45(4), pp.785-801.

Human Mortality Database. University of California, Berkeley (USA) and Max Planck Institute for Demographic Research (Germany). Available at www.mortality.org or www.humanmortality.de.

Kannisto, V. (2006) "Central and Dispersion Indicators of Individual Life Duration: New Methods," *Human Longevity, Individual Life Duration, and the Growth of the Oldest-old Population*, Springer, pp.111-129.

Olshansky, S. and A. Ault (1986) "The Fourth Stage of the Epidemiologic Transition: The Age of Delayed Degenerative Diseases," *The Milbank Quarterly*, Vol.64(3), pp.355-391.

Omran, A. (1971) "The Epidemiologic Transition: A Theory of the Epidemiology of Population Change," *The Milbank Memorial Fund Quarterly*, Vol.49(4), pp.509-538.

Pollard, J. H. (1988) "On the Decomposition of Changes in Expectation of Life and Differentials in Life Expectancy", *Demography*, Vol.25(2), pp.265-276.

Wilmoth, J. R. and S. Horiuchi (1999) "Rectangularization Revisited: Variability of Age at Death within Human Populations," *Demography*, Vol.36(4), pp.475-495.

Wilmoth, J. R. (2003) "Mortality Decline," P. Demeny and G. McNicoll eds. *Encyclopedia of Population*, Macmillan Reference USA, pp.654-662.

(石井 太)

第4章　ポスト人口転換期の人口移動

はじめに

　本章は，第二次世界大戦後の日本における国内人口移動を種々の視点から分析し，「ポスト人口転換期」において，人口転換すなわち出生率と死亡率の低下がいわゆる人口移動転換にどのような影響を与えたかについて論じる。人口移動転換（migration turnaround）とは，石川（2001）によれば，全国的な人口移動の空間的パターンの大きな変化，具体的には，従来とは逆のパターンが出現することを意味する。換言すれば，国内人口移動のトレンドが反転することといってもよい。典型的な例は，農村から都市への移動が卓越する現象すなわち都市化（urbanization）のあとにその逆流である反都市化（counter-urbanization）[1]が生じる場合や，反都市化のあとに再都市化（reurbanization）が生じる場合などが挙げられる。後述するように，日本ではこうした人口移動転換が1960年代以降少なくとも2回認められる。しかし，戦後日本における国内人口移動の動向を扱った研究が多数ある一方で，こうした人口移動転換を主題にしたものはそれほど多くない。[2]

　一方，人口移動転換論については，ゼリンスキー（Wilber Zelinsky）の「人口移動転換仮説」が著名である（Zelinsky 1971）。この仮説は，社会が近代化していく過程において，出生率と死亡率の低下によって人口転換が生じたように，人口移動の量とパターンにも転換が生じるとするものである。しかし，ここでいう人口移動転換は前近代社会から将来の成熟社会までを含めた，きわめて長い期間における人口移動を対象としており，石川（2001）のいう人口移[3]

転換よりも抽象的かつ広い概念である。また，そうした仮説を提示するにあたり，人口転換との関連性を含め厳密な検証が行われているわけではない。これに対して本章の趣旨は，議論の対象期間を「ポスト人口転換期」に限定し人口転換と人口移動転換との関連性を実証的に考察することにあるので，本章が扱う人口移動転換は，Zelinsky（1971）ではなく石川（2001）の定義によるものを採用することとした。

　本章では，まず第1節において，総務省統計局が公表している『住民基本台帳人口移動報告年報』の市区町村間人口移動のデータを用いて，戦後日本における国内人口移動の特徴とその要因について考察する。次に第2節において，『住民基本台帳人口移動報告年報』の県間移動のデータを用いて人口移動に関する代表的な指標である移動効果指数（migration effectiveness index）と移動選択指数（migration preference index）を算出し，戦後日本の国内人口移動の特徴を把握する。つづいて第3節において，国勢調査の年齢階級別人口および国立社会保障・人口問題研究所の『日本の地域別将来推計人口（平成25（2013）年3月推計）』を用いて，コーホート累積社会増加比（cohort cumulative social increase ratio: CoCSIR）による分析を行う。最後に，第1～3節の議論に基づいて人口移動転換と人口転換の関連性に言及しむすびに代える。

第1節　戦後日本における人口移動の特徴とその要因

　本節では，第1項において移動数と移動率，第2項において移動性比（sex ratio of migrants）の長期的推移について把握したあと，第3項において主流移動（main stream migration）と逆流移動（counter stream migration）の変化に着目して人口移動転換とその要因について論じる。

（1）移動数と移動率の長期的推移

　図4-1は，市区町村間移動を都道府県内移動（以下，県内移動と呼ぶ）と都道府県間移動（以下，県間移動と呼ぶ）に分けたうえで，それらの移動数（千

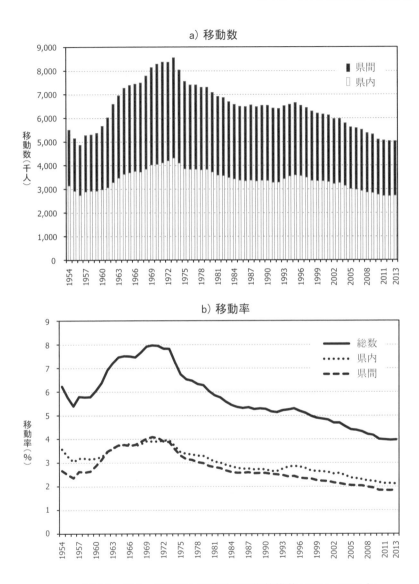

図4-1 県内・県間別人口移動の長期的推移：1954〜2013年
（資料）総務省統計局『住民基本台帳人口移動報告年報』より作成.

人）と移動率（％）の変化を示したものである。この図によれば，日本の国内人口移動は1960年代から1970年代初頭にかけて急速に活発化し，その末期に移動数（1973年に約854万）と移動率（1970年に約8.02％）のいずれもピークを迎えていることがわかる。その後は，1995年前後に弱いピークが認められるものの基本的には2010年代に至るまで漸減傾向が続き，2013年時点の移動数は約502万人，移動率は約3.99％にまで低下している。経済が好循環し成長しているときは雇用の場が増加するので，それに伴って人口移動が活発化するのは必然的な流れである。したがって，1970年代初頭をピークとする国内人口移動のモビリティの高まりは，まさに高度経済成長期（1954年12月～1973年11月）の雇用拡大によって説明できる。これに対して，同様の好景気時代であるバブル期（1986年12月～1991年2月）についてはモビリティの上昇がまったく確認できないが，その理由については図4-1のみでは説明できないので後述することとする。

県内移動と県間移動を比較すると，1960年代から1970年代初頭にかけての高度経済成長期には両者の移動率がほぼ拮抗していたが，それ以外の期間は県内移動の移動率の方が高い。このことは，高度経済成長期はその初期を除き県間移動すなわち長距離移動が卓越していたことを意味し，その時期に集団就職によって非大都市圏より大都市圏に中学校卒業者を中心に大量の人口が移動したことと符合する。一方，上述した1995年前後の弱いピークは，県内移動の移動率の上昇によってもたらされたことがわかる。

(2) 移動性比の長期的推移

図4-2は県内・県間別人口移動の移動性比の変化を示したものである。移動性比とは「男性移動数÷女性移動数×100」で表される指標であり，100を超えると男性移動者が女性移動者に比べて多いことを意味する。

この図によれば，まず1959年の県内移動を除きすべての値が100を上回っており，日本の国内人口移動は基本的に男性のほうが女性よりもモビリティが高いことがわかる。次に，県内移動と県間移動を比べると前者の性比は後者に

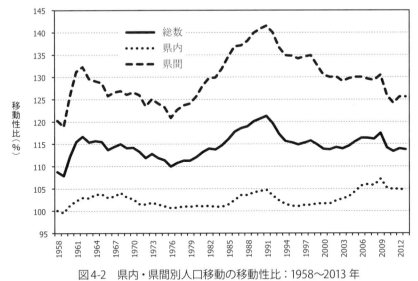

図4-2 県内・県間別人口移動の移動性比：1958〜2013年
（資料）総務省統計局『住民基本台帳人口移動報告年報』より作成．

比べて大幅に低く100に近い値を示すことがわかる．これは，一般に，県内移動は移動者の社会的地位の変更を伴わない，住宅購入や住み替えによる世帯移動の割合が高いのに対して，県間移動は移動者の社会的地位の変更を伴う，進学・就職・転勤・転職等の単身移動の割合が高いためである．世帯移動は当然ながら男女の移動数が拮抗し，また，進学や就職等で長距離を移動するのは男性が主である点が指摘されており（井上 2001），そうしたモビリティの差をもたらしているといえよう．

さらに，移動性比の変化をみると県内移動と県間移動のいずれも高度経済成長期とバブル期において大きく上昇していることがわかる．これは，経済の成長に伴う雇用の拡大によってとくに男性労働者の移動が卓越したことを示しているが，景気の規模としては高度経済成長期がバブル期を上回るのに対して，移動性比は後者の方が前者を上回っている．この理由は以下のように説明できる．すなわち，高度経済成長期は，男性労働者が中心となる重工業の成長が著しかったものの，大量の女性労働力を必要とする軽工業すなわち繊維工業も大

きく成長したのに対して、バブル期は金融や不動産といった男性労働者が多い産業の成長が際立っていたことがそうした差異をもたらしたと推察される。

(3) 主流移動と逆流移動の長期的推移と人口移動転換

　一般に、主流移動とは農村から都市に向かう移動、逆流移動は都市から農村に向かう移動を意味する。ここでは、こうした主流移動と逆流移動の長期的推移を観察することによって、日本の国内人口移動に関する人口移動転換とその要因について考察する。**図 4-3** は、県間移動を 4 つの類型（非大都市圏から大都市圏への移動、大都市圏から非大都市圏への移動、大都市圏内移動、非大都市圏内移動）に分けたうえでその長期的推移について示したものである。ここでいう大都市圏とは、東京圏（埼玉・千葉・東京・神奈川）、名古屋圏（岐阜・愛知・三重）、大阪圏（京都・大阪・兵庫・奈良）の全 11 都府県を指す。また、非大都市圏から大都市圏への移動が主流、大都市圏から非大都市圏への移動が逆流に相当する。

　図 4-3 によれば、主流と逆流の大小関係には以下のような変化が認められる。すなわち、①1960 年代から 1970 年代初頭にかけて主流が逆流を大きく上回る、②1970 年代後半は主流の激減により主流と逆流が拮抗する、③1980 年代は逆流の減少により主流が逆流を上回る、④1993〜95 年にかけて逆流が主流を上回る、⑤1996 年以降、主流が逆流を上回る。これらの変化が生じた 4 時点、1975 年頃、1980 年頃、1993 年頃、1996 年頃のうち、1975 年と 1980 年において比較的大きなトレンドの変化が生じており、少なくともこの 2 時点において人口移動転換が生じたと考えられる。

　以下では、まず 1975 年前後における人口移動転換について考察する。[4] 1960 年代から 1970 年代初頭にかけての高度経済成長期には、大都市圏の工業地帯における雇用機会の急増が激しい主流の増加をもたらし、大都市圏側の流入超過が年間最大 65 万人ほどに達したが、その後、1975 年頃を境として主流と逆流が拮抗するようになる。このトレンドの変化は、一般には高度経済成長期から低成長期への移行や大都市圏での公害問題等により帰還移動（U ターン移動）

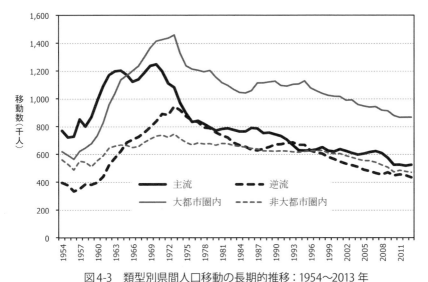

図4-3 類型別県間人口移動の長期的推移：1954〜2013年
（資料）総務省統計局『住民基本台帳人口移動報告年報』より作成.

(return migration) が卓越したために生じたとされるが[5]、それは見かけ上のことであり、実際には上述のように主流の激減によって生じていることがわかる。さらに、こうした主流の激減の主因はコーホート効果であることがわかっている（石川 1994）。コーホート効果とは、コーホートの規模の違いが様々な人口学的現象を生起させることをいうが、ここでは、主流の主な担い手である非大都市圏における15-19歳人口の規模に着目する。ただし、この人口集団にはすでに主流として大都市圏に流出した移動者は含まれないので、その人口規模について論じるには、彼らが主流として離家する（親の世帯を離れる）直前、すなわち、非大都市圏の10-14歳人口の規模を観察したほうが合理的である。一般に、10-14歳人口は前後の年齢階級に比べてモビリティが大幅に低く、その後主流として離家する人口集団をほぼ包含すると考えられる。したがって、非大都市圏の10-14歳人口は主流となる人口集団の母集団ともいうべき存在といえよう。

表4-1は、1936-40年コーホート以後の各コーホートの全国および非大都市

表 4-1 コーホート別全国人口・非大都市圏人口
（10-14 歳時点）

コーホート	観測年	全国人口 （千人）	非大都市圏人口	
			人口(千人)	占有率(%)
1936-40	1950	8,812	6,003	68.1
1941-45	1955	9,585	6,232	65.0
1946-50	1960	11,130	7,209	64.8
1951-55	1965	9,318	6,107	65.5
1956-60	1970	7,978	4,906	61.5
1961-65	1975	8,285	4,554	55.0
1966-70	1980	8,965	4,590	51.2
1971-75	1985	10,046	5,114	50.9
1976-80	1990	8,548	4,555	53.3
1981-85	1995	7,485	4,059	54.2
1986-90	2000	6,558	3,534	53.9
1991-95	2005	6,036	3,153	52.2
1996-00	2010	5,966	2,999	50.3

(資料) 国勢調査.
(注) 1936-40 年コーホートは，1935 年 10 月～40 年 9 月に出生した人口集団を意味する．他のコーホートも同様．

圏における 10-14 歳時点の人口を示したものである．1960 年代から 1970 年代初頭において 15-19 歳に達するのは，団塊の世代（第 1 次ベビーブーマー：1947-49 年生まれ）を含む 1946-50 年コーホートおよびその前後のコーホートであり，また，1970 年代後半において 15-19 歳に達するコーホートは 1956-60 年コーホートである．そこで，表 4-1 に基づいて 1946-50 年コーホートと 1956-60 年コーホートを比較すると，全国人口は 11,130 千人と 7,978 千人，非大都市圏人口は 7,209 千人と 4,906 千人であり，全国の場合後者は前者の 7 割強，非大都市圏の場合その割合は 7 割弱となっていることがわかる．一方，1970 年代後半の主流の最小値は高度経済成長期の主流の最大値の 64％ほどであることから，この間の激減がコーホート効果でほぼ説明できることがわかる．

つづいて 1980 年前後に生じた人口移動転換について考察する．主流は 1980 年代に入ると再び逆流を上回るようになるが，この現象は都市への人口の再集中化と呼ばれ先進国でほぼ同時期に観察されていることが知られる（石川 2001）．しかし，この現象は主流の増加によってもたらされたものではなく，前述のように逆流の減少によって生じており，さらに，この現象についてもコーホート効果で説明できることがわかる．逆流は 1973 年から 1987 年まで一貫して減少しているが，この間に 20 歳代半ばであったコーホート[6]，すなわち，団塊の世代を含む 1946-50 年コーホートから 1961-65 年コーホートまでの人口集

団が活発に帰還移動を行い,逆流の担い手になったと考えられる。表 4-1 によれば,1946-50 年コーホートから 1961-65 年コーホートまでは人口規模が縮小傾向にあり,このことが逆流の減少をもたらしたといえる。

以上のように,戦後日本に生じた 2 つの人口移動転換は,いずれも団塊の世代とその後の世代間におけるコーホート規模の違いによってもたらされたといえる。このアナロジーに従えば,1946-50 年コーホートと同様に 1,000 万人を超える規模をもつ 1971-75 年コーホートについても (表 4-1),15-19 歳に達した段階で主流の増加が生じるはずである。しかし,1971-75 年コーホートが 15-19 歳に達する 1990 年前後はむしろ主流が減少傾向にある (図 4-3)。こうした現象が生じる理由は以下のように説明できる。すなわち,1971-75 年コーホートは団塊ジュニア世代 (第 2 次ベビーブーマー:1971-74 年生まれ) を含み,団塊ジュニアの多くが大都市圏に移動した団塊の世代の子として出生したため,10-14 歳時点での非大都市圏人口 (511.4 万人) が 1946-50 年コーホートのそれの 7 割ほどしかないからである。表 4-1 をみればわかるように,1971-75 年コーホートの 10-14 歳時点での非大都市圏人口に占める割合は最も若い 1996-2000 年コーホートに次いで低く,団塊ジュニアの多くが大都市圏で出生したことが示唆される。

最後に,大都市圏内と非大都市圏内の移動に若干の言及をしておきたい。大都市圏内移動は逆流とよく似たパターンを示し,1973 年にピークを示したあと漸減傾向が続いている。この移動のピークが高度経済成長期の終了直後に現れたのは,大都市圏への流入者による郊外への移動に加え,大都市圏内での帰還移動が加わったためと考えられる。たとえば,東京から周辺 3 県への移動数の大都市圏内移動数に占める割合は,大都市圏内移動数が最少であった 1956 年の約 20% から 1973 年の約 31% に上昇している。一方,非大都市圏内移動についても 1973 年にピークを示したあと緩やかに減少しているが,この移動は他の類型に比べて全体的に変化が小さく,景気循環の影響を受けにくいといえよう。

第2節　移動効果指数と移動選択指数による分析

本節では，人口移動に関する代表的な指標である移動効果指数と移動選択指数を用いて，戦後日本の国内人口移動の特徴を把握する。

(1) 移動効果指数による分析

移動効果指数とは，ある一定期間において，地域の人口分布に変化を与えた移動者が地域間の総移動数に対してどれくらいの比率であるかを表す指標である。地域 i への流入者の総数を I_i，地域 i からの流出者の総数を O_i とおくと，移動効果指数 E は以下の式で表される（単位が％の場合は100倍する）。

$$E = \frac{\sum_i |I_i - O_i|}{\sum_i (I_i + O_i)} = \frac{\sum_i |I_i - O_i|}{2\sum_i I_i} = \frac{\sum_i |I_i - O_i|}{2\sum_i O_i}$$

移動効果指数は，移動率の高さすなわちモビリティとは必ずしも連動しない。バーター的な移動すなわち流出した人口と同じ程度の人口が流入する場合は，移動効果指数はゼロに近づく。この指数を大都市圏・非大都市圏間の人口移動に当てはめれば，「移動効果指数＝｜主流移動数－逆流移動数｜÷（主流移動数＋逆流移動数）」となる。

図4-4は，1954～2013年における移動効果指数（％）の長期的推移を県間移動と大都市圏・非大都市圏間移動について示したものである。いうまでもなく，後者の移動は前者の移動の一部，すなわち県間移動のうち大都市圏と非大都市圏の境界を超えるものである。この図によれば，後者に関する指数のほうが変化の幅が大きいものの両者の指数はよく連動しており，県間移動に関する指数の変化は大都市圏・非大都市圏間移動の変化によってかなりの部分が説明できることがわかる。また，これらの指数の変化には，1950年代後期～1960年代前期，1980年代後期，2002～2008年頃の3か所に明瞭な凸部が認められる。これらの凸部は，それぞれ高度経済成長期，バブル期，いざなみ景気の期間

図4-4 移動効果指数の長期的推移（1954～2013年）

(2002年2月～2008年2月) において生じており，景気の好循環が指数を押し上げる効果を有することが示唆される。好景気の時代は，そのときの成長産業が立地する地域への移動が活発化されるためと考えられる。

次に，移動効果指数と移動率がどの程度連動しているか確かめてみたい。まず，高度経済成長期については，成長期の半ばから後半（1960年代～1970年代初頭）にかけて指数が急減しているが，その期間の移動率は逆に上昇している（図4-1）。この対照的な動きは，同期間に逆流が急増し主流との差を縮めていったからであると考えられる（図4-3）。また，バブル期といざなみ景気の期間においては，県間移動の移動率はほとんど変化しないかむしろ低下している（図4-1）。こうした現象は，好景気が大都市圏への流入者を大都市圏に押しとどめる効果を有するからであると考えられる。この効果は移動率を低下させる一方で，逆流を減少させるので主流と逆流の差が広がり指数を押し上げるのである。

(2) 移動選択指数による分析

　移動選択指数とは，人口移動数が出発地と到着地の人口規模に比例するという仮定のもとに，これに基づいて計算した期待移動数に対する実際の移動数の比をいう。地域 i から地域 j への移動選択指数を PI_{ij} とおくと，PI_{ij} は次式で表される。

$$PI_{ij} = \frac{M_{ij}}{\dfrac{P_i}{P_T} \cdot \dfrac{P_j}{P_T - P_i} \cdot \sum M_{ij}} \times 100$$

　ただし，M_{ij} は地域 i から地域 j への移動数，$\sum M_{ij}$ は対象地域全体の移動総数，P_i と P_j はそれぞれ地域 i, j の人口，P_T は対象地域の全人口を意味する。i と j が日本の都道府県の場合，P_T は日本の全国人口である。この値が 100 を超えれば実際の移動数が期待移動数を上回ることになり，地域 i と地域 j の結びつきが強いことを意味する。また，一般に人口移動は発地着地間の距離が近いほど移動数が多くなることが知られているが，移動選択指数には距離の情報が含まれていない。したがって，この指数は地域 ij 間の距離が短いほど高い値を示すことが期待される。ここでは，県間移動のうち全国から東京への移動について，1970，1990，2010 年の 3 年次の移動選択指数を算出する。その結果を示したのが図 4-5 である。この図はいわば移動先としてどの程度東京を志向するか，すなわち東京志向の強さを表しているとみてよい。この図によれば，移動選択指数の地域差については次のような 4 つの特徴がみられる。すなわち，①おおむね東日本の値が高い，②なかでも東京の周辺 3 県（埼玉・千葉・神奈川）が突出して高い，③東京から最も離れた南九州（宮崎・鹿児島）および沖縄の値が比較的高い，④福井・岐阜・三重・滋賀・奈良・和歌山・徳島などの県の値が低い。このうち，①は東京からの距離が西日本に比べて全体的に近く，②については東京に隣接しているからである。③については沖縄を例にとると，東京からの距離も遠いが他の有力な都市である大阪や福岡からも離れているため，より都市規模の大きい東京を選択する場合が多いからである。④については，岐阜・三重は名古屋が近接し，また，福井・滋賀・奈良・和歌山・徳島は

大阪圏の大都市が近接し，それらの都市を選択する場合が多いからである。

つづいて指数の年次変化について考察する。図4-5によれば，北海道地方，東北地方，北関東（茨城・栃木・群馬），甲信越（新潟・山梨・長野），福岡を除く九州地方ではおおむね対象とする40年間に指数が低下する傾向が認められ，名古屋圏，大阪圏を含む近畿地方，山陽（岡山・広島），福岡などでおおむね指数が上昇する傾向が認められる。これらの傾向については次のように解釈することが可能である。高度経済成長期は，西日本の大都市が十分な人口吸引力を有していたため，その影響力が及びにくい東日本ならびに九州において東京志向が強かったが，その後西日本の大都市の人口吸引力が相対的に弱まったため，それらの大都市を有する都市圏において東京志向が強まったと考えられる。大都市圏への流入超過数のうち東京圏が占める割合は，高度経済成長期の末期の1970年では約60％であったが，1990年と2010年ではいずれも85％を超える水準に達しており，

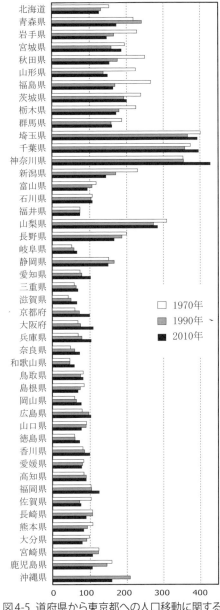

図4-5 道府県から東京都への人口移動に関する移動選択指数（1970・1990・2010年）

この40年間に東京への一極集中という，ある種の人口移動転換が進んだといえよう。このことは，高度経済成長期以降の国内人口移動の傾向を捉えるには，大都市圏・非大都市圏間よりもむしろ東京圏・非東京圏間の人口移動に着目したほうが合理的であることを示唆する[7]。

第3節　コーホート累積社会増加比による分析

本節は，井上（2002）によってその基本概念が示されたコーホート累積社会増加比を用いて，ポスト人口転換期における国内人口移動の特徴を見出す。

(1) コーホート累積社会増加比とは

この指標は，あるコーホートに注目したとき，そのコーホートの「10-14歳時点の人口」に対する「その後における社会増加の累積数」の比として定義される[8]。10-14歳時点の人口を分母に配していわば当該コーホートの基準人口とみなすのは，前述したように，10-14歳階級人口は，前後の年齢階級に比べてモビリティが大幅に低くまたその直後の15-19歳時に離家が急速に活発化するため，そうした人口移動の担い手の母集団と考えることができるからである。また，10-14歳は中学校在学期間を含むが，「多くの日本人が中学在学時に居住していた場所を出身地と考えている」との想定は帰還移動研究によくみられるので[9]，本章では10-14歳階級人口を当該コーホートの出身地人口とみなす。この想定によって，コーホート累積社会増加比は，出身地人口に対する，その後における社会増加の累積数の比とみなせる。

一般に，日本の大都市圏・非大都市圏間の移動者は主流と逆流のいずれにおいてもその多くが非大都市圏出身者である（井上 2002）。そこで，仮に大都市圏・非大都市圏間のすべての移動者が非大都市圏出身者とみなせば，非大都市圏のコーホート累積社会増加比は，ある時点で非大都市圏出身者のうちどれくらいの人々が他出しているか，すなわち大都市圏に滞留しているかを表すので，

この指標によってそうした他出率を長期的に追跡することが可能である。また，この指標は加齢に従って一定の値に収束していくことになるが，そのときの非大都市圏の値は非大都市圏出身者の生涯他出率とみなせる。なお，コーホート累積社会増加比を用いた研究としては，Shimizu（2006）や清水（2009）によって実証的な考察がなされておりその有用性が確かめられている。また，Inoue（2014）はこの指標の定式化を試みておりその理論的背景が整理されている。

　この指標の分子に相当する社会増加の累積数は，生命表生残率法もしくはセンサス間生残率法で算出することが可能である。とくに後者の方法は国勢調査の年齢階級別人口さえあれば算出可能であり簡便であるため，本章でもこちらの方法を採用している。

（2） コーホート別にみた国内人口移動の特徴

　ここでは，1941-45 年コーホートから 1996-2000 年コーホートまでの 12 コーホートについて，大都市圏・非大都市圏別にコーホート累積社会増加比を算出し，それを用いて国内人口移動の特徴を把握する。**図 4-6** はその算出結果を図示したものである。ただし，図が煩雑になるのを避けるため 3 つのコーホートごとに 4 つの図 a），b），c），d）に分けて示した。この図において，横軸は当該の社会増加が生じた期間の期末時における年齢階級，縦軸はそのときの値を意味する。凡例においてたとえば m1941-45, n1941-45 とあるのは，それぞれ，大都市圏および非大都市圏における 1941-45 年コーホートの値を意味する。したがって，たとえば m1956-60 の 25-29 歳の値は，大都市圏における 1956-60 年コーホートが 10-14 歳から 25-29 歳に移行するまでの社会増加数の累積値，言い換えれば，1970〜85 年における社会増加数の累積値を，そのコーホートの 10-14 歳時点の人口で割ったものとなる。この値は当然ながら大都市圏についてはつねに正であり逆に非大都市圏では負になるので，図中の上部の 3 本線が大都市圏，下部の 3 本線が非大都市圏の値となる。また，大都市圏の累積社会増加数は非大都市圏の累積社会増加数にマイナスを付した値となるので，両者の値はおおむね対称的に変化することになる。

図4-6によれば，1971-75年コーホートから1981-85年コーホートまでの変化を例外として（図4-6のc），後発のコーホートほど値がゼロに近づく傾向がみられ，大都市圏・非大都市圏間の移動に関するモビリティが大きく低下していることがわかる。これは，後発のコーホートほど非大都市圏出身者のうち大都市圏に他出する割合が下がっていることを意味する。一方，コーホートを固定して加齢に伴う大都市圏の値の変化を観察してみると，1976-80年コーホート以前のコーホートについては，15-19歳から20-24歳にかけて急上昇したあとただちに20-24歳から25-29歳にかけて低下しているのに対して，1981-85年コーホート以降のコーホートでは20-24歳以降に明瞭な低下傾向が認められないことがわかる。これは，大都市圏・非大都市圏間の移動に関しては，すべての年齢階級において大都市圏では流出超過がほとんど観察されず，また非大都市圏では流入超過がほぼ観察されなくなったことを意味し，一種の人口移動転換が生じたと考えられる。

　以下では，こうした人口移動転換が生じた要因について考察したい。1976-80年コーホート以前のコーホートにおいて20-24歳から25-29歳にかけて値が低下するのは，いうまでもなく大都市圏に滞留していた非大都市圏出身者による帰還移動が主因である。したがって，1981-85年コーホート以降のコーホートについては，そうした帰還移動が大幅に減少したと考えなければこの人口移動転換は説明できない。20-24歳〜25-29歳に達した時期は，1976-80年コーホートが2000〜05年であり1981-85年コーホートが2005〜10年であるので，おおむね2000〜10年のあいだに非大都市圏出身者の帰還移動が大きく退潮したと考えられる。この10年間は大都市圏中心部における再開発の進展，地価下落，公共交通機関の整備等によって，非大都市圏はもとより大都市圏内の郊外に比べて都心居住の優位性が上昇していった時期であり，こうした現象がいわゆる「都心回帰」を促した事実はよく知られている。江崎（2006）は，そうした都心回帰の主因の一つが都心から郊外への人口移動の衰退であることを明らかにし，その現象を「郊外化の終焉」と呼んだ。大都市圏中心部からの移動のうち，郊外を着地とする移動の帰結が郊外化であり，出身地を着地とする移

第4章 ポスト人口転換期の人口移動　127

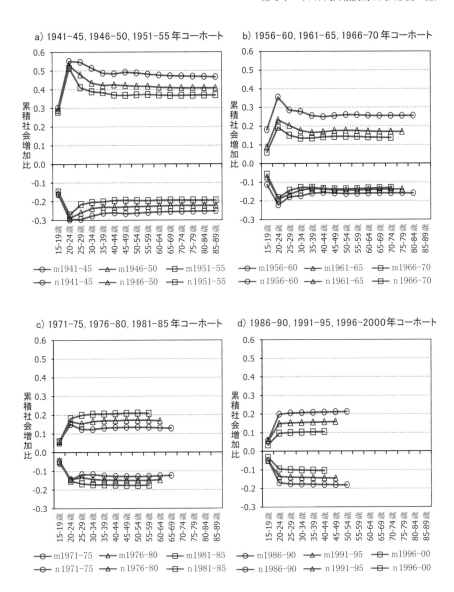

図4-6　大都市圏・非大都市圏別コーホート累積社会増加比の加齢に伴う変化

動の多くが帰還移動であるので、郊外化の終焉をもたらした要因が帰還移動をも強く抑制したと考えることは自然である。したがって、郊外化の終焉と帰還移動の退潮が21世紀初頭においてほぼ同時に生じた可能性が高いのである。

最後に、第1節で提起された問題、すなわち、バブル期に移動数が増加しなかった原因をコーホート累積社会増加比を用いて説明したい。これについては、好景気が大都市圏からの流出を抑制する方向に作用したことが一因の可能性がある。この点については、1985～90年における1951-55年コーホート（30-34歳から35-39歳に相当）の値の変化（大都市圏では0.389から0.383）、および、同じく1956-60年コーホート（25-29歳から30-34歳に相当）の値の変化（同0.285から0.277）が、いずれも前後のコーホートに比べて小さく、大都市圏の流出超過がわずかであったことから推察される。

人口移動転換と人口転換の関連性
——むすびに代えて——

ここでは、これまで議論してきた人口移動転換がいわゆる人口転換とどのような関連性を有するかについて考察し、本章の結論としたい。日本の人口転換は、その最終段階である出生率の低下がきわめて短期間で生じたことが知られている。具体的には第1次ベビーブームの終了時である1949年から57年までの8年余りで合計特殊出生率（TFR）が4.32から2.04にまで急減しており、この期間が人口転換の最終局面あるいはその一部であることは異論のないところであろう。前述したように、この出生率の低下は1946-50年コーホートと1956-60年コーホートの10-14歳時点の人口規模の差に表れている（表4-1）。

一般に主流は20-24歳以降に激減するので、これらの2つのコーホートが20-24歳に達する1970年と1980年までには、それぞれのコーホートが主流からおおむね退出すると考えられる。したがって、理論上は、規模の大きな1946-50年コーホートが退出し終えてから規模の小さな1956-60年コーホートが退出し終えるまでの1970～80年の10年余りが、主流の衰退期になるはずである。

実際に主流は1970〜80年において減少したので理論上の数値と完全に一致する。

一方，逆流の減少についても同様の議論が可能である。一般に逆流は25-29歳以降に急減するので，当該の2つのコーホートが25-29歳に達する1975年と1985年までにそれぞれのコーホートが逆流からおおむね退出し，結果的に1975年と1985年の間の10年余りが逆流の衰退期になると考えられる。実際に逆流が減少した期間は1973年から1987年であり理論上の期間よりはやや長いもののほぼ一致することがわかる。

以上の議論により，人口転換の最終局面である出生率の急低下が必然的にその約20年後の主流の減少と約25年後の逆流の減少をもたらし，結果的に，第1節で述べたような2つの人口移動転換を生じさせたと考えることができよう。

これに対して，第2節および第3節で指摘した，一種の人口移動転換については，直接的には経済的要因によるところが大きいと考えられる。第2節で指摘した東京への一極集中については大都市圏間の地域経済的な格差がもたらした面が大きく，第3節で指摘した帰還移動の退潮は，大都市圏中心部における居住コストの低減が影響したと考えられるのである。しかし，より広い視点から捉えるならば，人口転換とその後のさらなる出生率の低下による人口ボーナスと人口オーナスが，そうした経済的要因を間接的に導いている面は否定できない。すなわち，「ポスト人口転換期」の人口移動は，その量的変化および質的変化のいずれにおいても多かれ少なかれ人口転換の影響を受けているといえよう。

注

(1) 反都市化とは都市から農村への移動が卓越することであり，おもに農村から都市に流入した人口の帰還移動（Uターン移動）によってもたらされる。都市に集中した人口が郊外に展開する，いわゆる郊外化（suburbanization）とは異なる概念であることに注意されたい。

(2) 石川（2001）以外では，たとえば，阿部（1994），井上（2002），清水（2011）などがある。

(3) Zelinsky（1971）は，人口移動転換の状態によって社会を次の5段階に区分した：①前近代社会，②初期転換社会（農村から都市への移動が卓越），③後期転換社会（農村から都市への移動が停滞），④成熟社会（農村から都市への移動が減少，都市間移動と都市内移動が卓越），⑤将来の成熟社会。

(4) 人口移動転換の時期については諸説あるが，本章では純粋に主流と逆流の大小関係の逆転時とした。これに関する議論は大江（1995）が明解に整理している。

(5) たとえば，日本労働研究機構（1994）はこうした認識がある点に言及している。

(6) 年齢別移動率のパターンから大都市圏の流出のピークは通常20歳代半ばであることが明らかになっている（井上 1991）。

(7) 本章では，高度経済成長期を含め長期的な視点から議論を行う必要があったため，大都市圏・非大都市圏間人口移動に焦点を当てた。高度経済成長期以降は，これに加えて東京圏・非東京圏間人口移動にも言及すべきであるが紙幅の関係で割愛した。こうした人口移動の特徴については，中川（2005），清水（2011），平井（2014）などを参照されたい。

(8) 同様の指標に河邉（1985）による「純移動率の累積値」があげられるが，この値は分母の大きさが加齢にしたがって変わるため，分母の小さな移動率の値が過大評価されてしまう。こうした問題点については，コーホート累積社会増加比との比較を含め廣嶋（2014）が詳細な議論を行っているので参照されたい。なお，コーホート累積社会増加比は，当初コーホート累積純移動比と呼称していたが，この指標は移動現象を直接観察して得られたものではないので社会増加という表現に変更した。しかし，純移動数と社会増加数は完全に一致するのでこの名称変更は指標の定義や意義を変えるものではない。

(9) たとえば，江崎ほか（1999）や江崎ほか（2000）などがある。

(10) 非大都市圏出身者のうち最終的に大都市圏に定着した人の割合をいう。正確には，非大都市圏の値からマイナスの符合をとった数値がこの率に相当する。伊藤（1984）は，潜在的他出者すなわち「平均きょうだい数−2」がこの率を規定するとした。この仮説についての議論は丸山・大江（2008）や中川（2010）に詳しい。

(11) 本章では，なるべく多くのコーホートについてこの指標を算出する必要から，「はじめに」に記したように国勢調査に加えて国立・社会保障人口問題研究所による都道府県・年齢階級別の将来推計人口を用いた。なお，センサス間生残率法には前進法，逆進法，平均法の3種があるが（山口 1989），本章で採用したのは前進法である。

(12) 1941-45年コーホートは，1940年10月から1945年9月において出生した人口集団を意味する。他のコーホートについても同様である。

(13) 分母が異なるので完全な対称形にはならない。

(14) ここでいう帰還移動は，大都市圏での滞留期間がせいぜい10年以内のものである。これに対して，高齢者による滞留期間の長い帰還移動はむしろ増加が見込まれるとの指摘もある（平井 2011）。

(15) 江崎は，こうした現象が正確には1990年代後半より顕著になったとしている。

(16) たとえば，阿藤（2000）などが詳細に論じている。

参考文献

阿藤誠（2000）『現代人口学—少子高齢社会の基礎知識』日本評論社。

阿部隆（1994）「国内人口移動における主流と逆流のタイムラグ」『人口学研究』第17号，pp.33-40。

石川義孝（1994）『人口移動の計量地理学』古今書院。

石川義孝編著（2001）『人口移動転換の研究』京都大学学術出版会。

伊藤達也（1984）「年齢構造の変化と家族制度から見た戦後の人口移動の推移」『人口問題研究』第172号，pp.24-38。

井上孝（1991）「日本国内における年齢別人口移動率の地域的差異」『人文地理学研究（筑波大学地球科学系人文地理学研究室）』第15号，pp.223-250。

井上孝（2001）「わが国における生涯移動とその特性」『人口問題研究』第57巻，第1号，pp.41-62。

井上孝（2002）「人口学視点からみたわが国の人口移動転換」荒井良雄・川口太郎・井上孝編『日本の人口移動—ライフコースと地域性』古今書院，pp.53-70。

江崎雄治（2006）『首都圏人口の将来像—都心と郊外の人口地理学』専修大学出版局。

江崎雄治・荒井良雄・川口太郎（1999）「人口還流現象の実態とその要因—長野県出

身男性を例に」『地理学評論』第 72 巻，pp.645-667。

江崎雄治・荒井良雄・川口太郎（2000）「地方圏出身者の還流移動―長野県および宮崎県出身者の事例」『人文地理』第 52 巻，pp.190-203。

大江守之（1995）「国内人口分布変動のコーホート分析―東京圏への人口集中プロセスと将来展望」『人口問題研究』第 51 巻，第 3 号，pp.1-19。

河邉宏（1985）「コーホートによってみた戦後日本の人口移動の特色」『人口問題研究』第 175 号，pp.1-15。

国立社会保障・人口問題研究所（2013）『日本の地域別将来推計人口（平成 25(2013)年 3 月推計）：平成 22(2010)～52(2040) 年』。

清水昌人（2009）「市町村別のコーホート累積社会増加比―長野県の事例」『人口学研究』第 44 号，pp.33-42。

清水昌人（2011）「国内人口移動」石川義孝・井上孝・田原裕子編『地域と人口からみる日本の姿』古今書院，pp.29-35。

中川聡史（2005）「東京圏をめぐる近年の人口移動―高学歴者と女性の選択的集中」『国民経済雑誌』第 191 巻，第 5 号，pp.65-78。

中川聡史（2010）「1920～30 年代の人口移動と全体的他出者」高橋眞一・中川聡史編『地域人口からみた日本の人口転換』古今書院，pp.193-210。

日本労働研究機構（1994）『U ターン者にみる職業と家庭生活／調査研究報告書 No.57』。

丸山洋平・大江守之（2008）「潜在的他出者仮説の再検討―地域的差異とコーホート間差異に着目して」『人口学研究』第 42 号，pp.1-19。

平井誠（2011）「高齢人口の分布と移動」石川義孝・井上孝・田原裕子編『地域と人口からみる日本の姿』古今書院，pp.65-72。

平井誠（2014）「高齢人口移動」井上孝・渡辺真知子編著『首都圏の高齢化』原書房，pp.53-71。

廣嶋清志（2014）「合計純移動率による戦後都道府県別人口移動の分析」『経済科学論集：島根大学法文学部紀要，法経学科篇』第 40 号，pp.25-44。

山口喜一編著（1989）『人口分析入門』古今書院。

Inoue, T. (2014) "On the Mathematical Formulation of the Cohort Cumulative Social Increase Ratio," *Working Paper Series; Institute of Economic Research, Aoyama Gakuin University*, No.2014-4, pp.1-18.

Shimizu, M. (2006) "On the Quantum and Temp of Cumulative Net Migration," *Journal of Population Problems*, Vol.62, No.4, pp.41-60.

Zelinsky, W. (1971) "The Hypothesis of the Mobility Transition," *Geographical Review*, Vol.61, pp.219-249.

(井上　孝)

第5章　ジェンダー・家族関係の変容

はじめに

　本章は，20歳代から40歳代の男女の就業と家庭の関係を多面的に分析することにより，ポスト人口転換期の日本社会におけるジェンダー・家族関係の変容を探ることを目的とする。20～49歳の男女に焦点を当てるのは，この年齢層が働き盛りで出産・子育て期にあたるためである。特にここでは，男女の就業時間と家事時間を分析することにより，①夫婦はどのように仕事と家庭のバランスを取っているのか，②夫婦の仕事や家庭は親子関係や世帯の経済リソースによりどのような影響を受けるのか，③夫婦の仕事と家庭の関係はどのように変化しているのか，④結婚により男女の家庭生活はどのように変化するのか，を検証する。
　わが国を含むポスト工業化社会において，成人男女は睡眠以外の時間の大半を就業と家庭生活に費やしている。歴史をふり返ると，農業社会から工業社会への移行により仕事と家庭は分離され，それにともなって，働いて家族を養うことは男性の役割である一方，家庭を守り家族の世話をすることは女性の役割であるとする性別分業規範が生まれた（Oakley 1976）。しかし，工業化が進むにしたがって女性の家庭外賃金就業が増加し，第二次世界大戦後多くのポスト工業化社会で女性の雇用労働力化が急速に進んだ（Oppenheimer 1994; Rindfuss, Brewster and Kavee 1996）。このことは男女が仕事と家庭のバランスを取ることを非常に難しくしている。しかし，そうであるがゆえに，仕事と家庭のバランスは生活の満足度に大きな影響を与え，ひいては生活の質全般を規

定する重要な要因となる。さらに，若い女性にとって（実際のもしくは想像する）仕事と家庭の両立の難しさが，未婚化の要因のひとつとなっているのではないか（Raymo and Ono 2007, Tsuya 2015）。また，この両立の難しさは，近年の夫婦出生力の低下の一因ともなっているのではないか。もしそうであれば，ジェンダーからみた仕事と家庭のバランスのあり方は，ポスト人口転換期のわが国にとって重大な意味をもつことになる。

第1節　ジェンダー・家族関係の変容の背景

(1) ジェンダー・システムと家族・結婚をめぐる価値観

　ジェンダー（gender）とは，社会的・心理学的特徴を基礎とする男女差により規定される男女の役割，および男らしさ・女らしさの定義を指し，生物学的特徴に基づく性差（sex）と対比される概念である。男女の社会的地位としてのジェンダーには，それを規定する多くの側面があり，また歴史文化的背景によりその意味するところが異なるため，同時期に同一社会に住む男女の比較において相対的かつ多面的にとらえる必要がある（津谷 2007）。

　社会的地位としてのジェンダーは，ジェンダー・システムの影響を強く受ける。ジェンダー・システムとは，社会的および文化的に構築された女性および男性の行動をめぐる価値規範の総体を指し，これによってジェンダー役割が規定される。わが国の伝統的ジェンダー・システムは，家庭外での経済活動は男の役割・領域である一方，家庭を守ることは女の役割・領域であるとする仕事と家庭の性別分業を厳密に規定してきた。ジェンダー・システムはまた，性別による階層として多くの社会において制度化されており（Mason 1995, Safilio-Rothchild 1980），この意味で，ジェンダーは個々の男女の地位や役割というミクロ的側面だけでなく，社会制度の一部としてのマクロ的側面をもつ。

　したがって，男女の社会的地位や役割としてのジェンダーの規定要素を少数の変数に置き換え，それを単数のクロスセクション・データを用いて測定・分

析している限り，文化的背景や制度的側面を含め，ジェンダー関係を的確にとらえることは難しい。ジェンダー関係の変容を正しく検証するためには，この変容が最も顕著に表出すると考えられる社会生活の側面を複数選んでそれに焦点をあて，複数の異なった時点に収集された代表性のある大規模データ（つまり複数の全国データ）を用いて，異なった時期・時点における男女の行動を比較分析しなくてはならない。そしてその分析結果の意味するところを，文化的背景を含むマクロ社会的背景を考え合わせて解釈する必要がある。

　そこで本章では，就業時間と家事時間に焦点をあて，1990年代半ばから2000年代終りに実施された3つのクロスセクションの全国調査データおよび2000年代に実施されたパネル調査データを用いて，人口再生産年齢の有配偶男女を比較することにより，仕事と家庭のインターフェイスをジェンダーの視点から分析する。ジェンダー・システムに加えて，分析結果の意味を考えるための重要な背景となる家族・結婚をめぐる価値観の変化と1990年代以降の労働市場の変化について，次項で考察してみたい。

(2) 家族・結婚をめぐる価値観と労働市場

　価値観と行動との関係は複雑で双方向に影響を与え合う。この意味で，社会で支配的な価値観（社会通念）が就業と家庭に与える影響を特定することは難しいが，欧米社会の先行研究によると，経済発展にともなう価値規範の変化は家族関係や性別分業パターンの変化の重要な要因のひとつである（Lesthaeghe 1983；Rindfuss, Brewster and Kavee 1996）。わが国の家族・結婚をめぐる価値観は，価値規範のどの側面に関するものかによって異なるが，1970年代以降概ね非伝統的な方向に変化しており，特に女性の価値観の変化は男性に比べて急速である（Choe et al. 2014；Retherford, Ogawa and Sakamoto 1996）。とはいえ，厳格に性別分業を規定する伝統的ジェンダー・システムの影響は根強く，わが国のジェンダーをめぐる社会通念に影響を与え続けている（Lee, Tufiş and Alwin 2010）。

　このような家族・結婚をめぐる価値観の変化（および変化の停滞）はまた，

経済や労働市場の変化が就業と家庭に影響する際の一種のフィルターの役割を果たしている（Ingelhart and Baker 2000）。わが国の労働市場は，バブル崩壊以降の不況と経済のグローバル化によって1990年代以降急速に変化し（Johansson 2005），戦後長年維持されてきた終身雇用と年功序列賃金に特徴づけられる雇用制度が揺らぎ始め，特に若者を中心として非正規雇用が急増している（総務省統計局 2001；Imai 2004；Shimizutani and Yokoyama 2009）。そしてこのことは，結婚や家族形成に大きなマイナスの影響を与えている（津谷 2009）。

さらに，このような家族をめぐる社会通念と労働市場の変化は結婚市場の変化をもたらし，結婚と家族形成は社会経済的必然から個人の選択の対象へと変化している。その結果，結婚と家庭生活に対する男女の期待値の違い，なかでも女性にとって仕事と家庭の両立を期待しながらも実現が難しいことが未婚化につながっているのではないだろうか。仕事と家庭のバランスをめぐる期待と現実の落差はまた，夫婦の働き方と家庭生活にも影響を与えていると考えられる。

第2節　分析のためのデータと変数

(1) データソース

本章では，1994年，2000年，2009年に実施された3つの全国調査のクロスセクション・データ，および2000年調査の回答者男女を2009年に追跡した調査から得られるパネルデータを用いて，人口再生産年齢にある男女の仕事と家庭のインターフェイスを分析する。1994年に実施された『現代家族に関する全国調査』は，20～59歳の全配偶関係の男女を対象とした全国調査である。2段層化確率サンプルにより抽出された3,500名の男女から，留め置き法により得られた有効回答者数は2,447で，回答率は70％である[1]。2000年に実施された『アジアとの比較からみた人口・家族調査』は，同じく2段層化確率サンプルに

より抽出された7,000人の全配偶関係の男女を対象としている[(2)]。留め置き法により回収された有効回答者数は4,482で，回答率は64％である。2009年に実施された『人口・家族全国調査』もまた，2段層化確率サンプルにより抽出された5,750人の20～49歳の男女を対象としている。留め置き法による有効回答者数は3,112人であり，回答率は54％である。

2000年と2009年の調査では，20～39歳の男女が2倍の確率で抽出されており，回答率も比較的低いことから，2000年と2005年の国勢調査の性・年齢・配偶関係別構成を基にサンプルウェイトを推計した。次節以降の実証分析では，このウェイトを用いる。これら3つの調査には就業と家族・家庭生活について同一の質問項目が多数含まれている。また，これら3つの調査では，有配偶の回答者は自分の配偶者（夫または妻）について，年齢，学歴，年収，就業状態，家事時間といった客観的質問に対して代理回答を行っている。本章では，主に20～49歳の有配偶男女とその配偶者に焦点をあて，回答者自身についての回答と配偶者についての代理回答の両方のデータを用いて分析を行う。3つの調査から得られる分析対象となる夫婦数は，それぞれ1,242組，2,443組，1,665組である。さらに本章では，結婚と家事時間の関係をジェンダーの視点から分析するため，有配偶者と未婚者を比較する。この分析のために3つの調査から得られる未婚男女数は，それぞれ442名，1,835名，1,269名である。

本章ではまた，2000年に実施された上記全国調査に回答した4,482名の男女を2009年に追跡した調査から得られるパネルデータを用いて，時間の経過の下での個々の男女の就業時間と家事時間の実際の変化と結婚による家事時間の変化を分析する。フォローアップされた回答者数は2,356名であり，フォローアップ率は53％と低いため，パネルウェイトを推計した。この分析の対象となるのは，①2000年調査時に有配偶で2009年の追跡調査時にも有配偶であった1,299名，および②2000年調査時に未婚で2009年追跡調査時に未婚もしくは有配偶であった847名である。

(2) 変数

　本章の分析の中心となる変数は人口再生産年齢の男女の就業時間と家事時間である[3]。男女の就業時間は一週間の通常の就業時間により測定され，この変数は7つの階層（ゼロ，1～15時間，16～34時間，35～41時間，42～48時間，49～59時間，60時間以上）からなるカテゴリー変数である。なお，本章の一部の分析では，各カテゴリーの中位値を取ることにより就業時間を連続変数に変換して用いる。例外は35～41時間と60時間以上で，賃金構造基本調査の結果を基に，これら2つのカテゴリーの値はそれぞれ39時間と66時間とする[4]。一方，男女の家事時間は，伝統的に女性の仕事であるとされている家庭内労働であるところの①掃除，②洗濯，③料理，④食後の後片付け，⑤食料品の買い物のそれぞれについて男女が一週間に費やす時間を合計することにより計量される[5]。

　本章ではまた，仕事と家庭のインターフェイスに影響を与える要因として，親子関係により示される世帯の家族構成と世帯の経済リソースに注目する。親子関係は末子の年齢と親との同居により測定され，末子の年齢は0～2歳，3～6歳，7～17歳，18歳未満の子どもなし，の4つのカテゴリーからなる変数を用いて計量する[6]。親との同居は，有配偶者については，自分の親と配偶者の親との両方を考慮している。一方，世帯の経済リソースは夫の（前年の）年収により測定される。上記調査では，夫の年収はゼロ（所得なし）から1200万円以上までの9つの階層からなるカテゴリー変数を用いて夫の年収を尋ねているが，ここでは，回答の分布を考慮して，これを200万円未満，200万円以上400万円未満，400万円以上600万円未満，600万円以上800万円未満，800万円以上の5つに統合して用いる。

　本章の分析では，重要なライフコース変数である年齢と学歴の就業時間と家事時間への影響についても考慮している。分析に用いられる変数間（特に夫婦の就業時間と家事時間との間）に強い内生性があるため，ここでは主に2変量分析の結果を示すが，これら全ての2変量分析について年齢（有配偶者の場合は妻の年齢）と学歴をコントロールした多変量解析を行い，2変量分析結果に

有意な変化がないことを確認している．さらに，本章に示されている2変量分析における変数間の結びつきの統計的有意性は，OLS単回帰分析もしくはロジスティック単回帰分析を用いて検証している．

第3節　ジェンダーからみた就業

(1) 夫と妻の就業時間

本節では就業におけるジェンダー関係に注目し，まず20～49歳の有配偶男女とその配偶者の就業時間の変化を分析する．**表 5-1** には，1994年と2000年と2009年における，これら夫婦の一週間の通常の就業時間のパーセント分布が示されている．この表から，夫のほぼ全員（98～99％）が働いており，就業している夫の平均就業時間も週50～51時間で，1994年から2009年の15年間ほとんど変化していないことがわかる．したがって，週休2日制で働いていると仮定すると，わが国の夫は一日平均10時間を就業に費やしており，週49時間以上働く夫の割合はおよそ5割で変化していない．ルクセンブルク所得研究

表5-1　1994年，2000年および2009年に20～49歳の有配偶男女とその配偶者の通常の週間就業時間のパーセント分布

就業時間	妻			夫		
	1994年	2000年	2009年	1994年	2000年	2009年
非就業	41.7	37.9	38.5	0.5	1.4	1.5
就業						
15時間以下	7.5	8.8	9.4	2.6	2.6	2.6
16～34時間	16.5	20.6	21.8	1.1	1.9	2.0
35～41時間	12.6	16.2	14.6	14.4	16.2	13.1
42～48時間	12.4	10.1	10.0	29.7	30.4	29.3
49～59時間	5.4	4.4	4.5	28.6	28.4	29.6
60時間以上	3.9	2.0	1.3	23.2	19.2	21.9
平均就業時間	35.8	33.1	32.0	51.0	49.9	50.2
(N)	(1,236)	(2,376)	(1,641)	(1,236)	(2,417)	(1,652)

（注）1994年の値とサンプル数(N)はすべて非加重値，2000年と2009年の値はサンプル数を除きすべて加重値である．

(Luxembourg Income Study) から得られる1990年代の欧米10カ国のデータによると，男性の就業時間は週平均40〜44時間で，50時間以上働く割合はスウェーデンの3%から一番高い米国でも27%であり (Jacobs and Gerson 2004, p.128)，欧米の男性と比較するとわが国の男性の長時間就業は異例であるといえる。

一方，妻の就業率はおよそ6割で，1994年から2009年まで大きく変化していないが，働く妻の平均就業時間は1994年の週35.8時間から，2000年の33.1時間，そして2009年の32.0時間へと減少している。この減少は主に就業時間が週35時間未満の妻の割合の増加によって起こっており，これらの妻のほとんどはパート等の非正規雇用者であると考えられることから，20歳代から40歳代の有配偶女性の労働力の縁辺化（より不安定な低賃金労働へのシフト）が進んでいるとも考えることもできる。

以上の分析結果から，「男は働いて家族を養う」という伝統的ジェンダー役割規範がわが国の働き盛りの年齢層の夫の就業行動を依然として強く規定していることが示唆される。一方，同じ年齢層の働く妻の就業時間の変化は，1990年以降の長引く不況の下での非正規雇用の急増というわが国の労働市場と雇用慣行の変化を反映したものと考えることもできるが，働いて家計を助けながら家庭を守るという女性の伝統的ジェンダー役割規範が根強いことを示唆していると解釈することもできる。ここから，わが国のジェンダー・システムの強固さと夫婦の働き方への影響力の強さが窺われる。

次に，妻と夫の就業時間の関係を見ると（**表5-2**），夫の就業時間が週35時間未満である少数の例外を除くと，妻の就業割合と夫の就業時間との間には負の関係があり，2000年代に入りその傾向は強くなっていることがわかる。夫が長時間就業すると，妻は家庭にとどまる確率が高くなる。一方，共働きの夫婦の就業時間には強い正の関係があり，夫の就業時間が長いほど，妻の就業時間も長くなる傾向がみとめられる。この理由としてまず考えられるのは，夫婦は住宅ローンや子どもの教育費など家族・世帯の経済的ニーズを共有しており，それが夫と妻両方の就業時間を増加させている可能性である。もうひとつの可

表 5-2　家族および経済的属性別にみた妻の就業割合(%)と働く妻の週平均就業時間：1994 年，2000 年および 2009 年に 20～49 歳の有配偶男女とその配偶者

属性	妻の就業割合(%)			働く妻の週平均就業時間		
	1994年 割合 (N)	2000年 割合 (N)	2009年 割合 (N)	1994年 平均 (N)	2000年 平均 (N)	2009年 平均 (N)
夫の就業時間						
35時間未満	45.1* (51)	57.1* (135)	54.1* (103)	--a (23)	22.6* (74)	27.7 (51)
35～41時間†	60.8 (176)	67.2 (374)	66.6 (212)	32.6 (107)	30.7 (250)	29.2 (142)
42～48時間	59.6 (364)	67.1 (707)	62.5 (469)	34.2 (217)	31.9 (456)	31.0 (285)
49～59時間	59.3 (351)	58.7* (679)	62.3 (478)	35.7 (208)	34.2* (382)	33.6* (283)
60時間以上	56.7 (282)	56.1* (469)	57.9* (371)	43.4* (160)	38.6* (253)	34.1* (211)
末子の年齢						
0～2歳	27.8* (227)	29.6* (570)	35.9* (454)	37.4 (63)	32.9 (169)	34.4* (166)
3～6歳	52.4* (233)	51.9* (503)	55.5* (374)	35.5 (122)	29.1* (268)	29.4 (209)
7～17歳†	70.6 (540)	77.9 (759)	74.9 (471)	35.4 (381)	32.5 (587)	29.8 (353)
18歳未満の子なし	66.2 (228)	74.1 (532)	73.3 (330)	36.7 (151)	36.0* (392)	36.2* (242)
親との同居の有無						
同居していない†	54.4 (792)	57.1 (1,604)	58.1 (1,264)	33.6 (431)	31.7 (875)	31.3 (713)
同居している	65.4* (434)	72.2* (741)	72.6* (375)	39.3* (284)	35.7* (522)	33.7* (264)
夫の前年の年収						
200万円未満	--a (45)	69.3 (118)	71.9 (100)	--a (28)	33.8 (81)	35.9 (68)
200万以上400万未満†	64.5 (265)	64.1 (640)	65.8 (529)	38.1 (171)	34.7 (399)	33.0 (341)
400万以上600万未満	58.1 (453)	61.6 (821)	60.6 (541)	35.7 (263)	33.7 (481)	32.3 (315)
600万以上800万未満	58.8 (245)	63.2 (426)	59.2 (277)	33.4* (144)	31.2* (254)	30.0* (155)
800万円以上	48.6* (175)	53.1* (260)	52.5* (147)	34.2 (85)	28.8* (134)	28.2* (73)

(注)　1994 年の値とサンプル数(N)はすべて非加重値，2000 年と 2009 年の値はサンプル数を除きすべて加重値である。
　　　a-- サンプル数が 50 未満と少なく統計的に不安定なため，値は示されていない。
　　　妻の就業割合および就業する妻の就業時間と各々の属性との結びつきの統計的有意性は，それぞれロジスティック単回帰分析および OLS 単回帰分析により推計されている。
　　　*は 5%水準で有意であることを示す．†はレファレンス・カテゴリーを示す．

能性は，居住地域の労働市場が夫婦の就業行動に同じような影響を与えており，労働需要の高い地域に住む夫婦は長時間就業する傾向が高いことである。いずれにしても，夫の就業時間が長いほど妻の就業時間も長くなる傾向が強いことは，共働き夫婦の家庭生活が大きな時間的制約を受けていることを示唆している。

(2) 親子関係および世帯の経済リソースからみた妻の就業

次に，妻の就業が家族構成や世帯の経済リソースによりどのような影響を受けるのかについてみてみたい[7]。表5-2に示されているように，末子が就学前年齢（6歳以下）の母親の就業率は末子の年齢がそれ以上の母親に比べて有意に低く，特に3歳未満の子どもの母親の就業率は目立って低い。このパターンは1994〜2009年の15年間大きく変化していないが，3歳未満の乳幼児の母親の就業率が1994年の28％から2009年の36％へと増加しており，特に2000年代の増加が大きいことは注目される。この増加は都市部を中心とした保育サービスの不足（厚生労働省 2013）にもかかわらず起こっており，小さな子どもをかかえて働く母親のための良質な保育サービスの供給は，今日のわが国の重要な政策的課題となっている（厚生労働省 2010）。

一方，末子の年齢と働く妻の就業時間との関係をみると，1994年には有意な差異は見られないが，2000年と2009年には，18歳未満の子どものいない妻の就業時間は末子が学齢（7〜17歳）の母親と比べて有意に長くなっている。さらに，2000年と2009年ともに，働く妻の中で最も平均就業時間が短いのは，末子が3歳未満の乳幼児の母親ではなく，3〜6歳の就学前児童の母親である。このことを就業率と合わせて考えると，3歳未満児の母親の就業率はその他の女性の就業率に比べて著しく低いが，このように小さな子どもをかかえて働く少数派の女性の相当部分はフルタイム就業をしていることが示唆される。そして，子どもが3歳になると，それまで子育てのため家庭に入っていた母親が働きはじめるが，その多くはパートタイム就業であることが窺われる。

次に，妻自身の親もしくは夫の親との同居が妻の就業にどのように関わって

いるのかをみてみたい。表 5-2 に示されているように，親と同居する妻は，そうでない妻に比べて就業率が有意に高く，また働いていればその就業時間も有意に長い。ここから，親と同居すれば家事や育児の助けを得ることができ(Morgan and Hirosima 1983)，それが妻の就業（特にフルタイム就業）を可能にしていることが示唆される。

最後に，夫の年収と妻の就業との関係をみると，夫の年収が 800 万円以上という最も高いカテゴリーに属している妻の就業率は有意に低く，また働く妻の就業時間は夫の年収が 600 万円以上の高水準であれば有意に短い（表 5-2）。このような夫の高所得と妻の就業との負の関係は 1994 年から 2009 年まで変化しておらず，ここから，夫の所得水準が高いと家計に余裕ができ，そのため妻が就業（特に長時間就業）する経済的必要性が低くなることが示唆される。妻の就業の理由のひとつが家計を助けることであるとすると，夫の高収入はその必要性を低下させる。

以上の結果から，わが国の妻の就業は子どもの有無や成長段階によって大きく左右され，就学前の子どもをもつ母親の就業率，そして働く場合には就業時間を低下させる傾向があることがわかる。ここから，前述した妻の就業の縁辺化は就学前児童の母親で特に顕著であることが示唆される。子どもが小さいうちは母親の世話が日々必要であり，就学前の子どもの母親の就業率や就業時間が低いことはある意味当然ともいえるが，次節で示すようにわが国の夫の家事時間と家事分担割合は先進諸国の中で目立って低く（Tsuya 2010），夫の家庭内での貢献度の低さが小さな子どもをもつ母親の就業にマイナスの影響を与えている可能性は否定できない。事実，親（特に女親）との同居は妻の就業率と就業時間の両方を押し上げると同時に夫の家事時間を低下させており，ここからも夫の家事・育児への関わりの低さが妻の就業，ひいてはワークライフバランスの足かせとなっていることが窺われる。

第4節　ジェンダーからみた家事と就業

(1) 就業時間からみた夫婦の家事時間と夫の家事分担

　本項ではまず，1994年と2000年と2009年の全国調査のミクロデータを用いて，20～49歳の有配偶男女とその配偶者の家事時間およびこれら夫婦の就業時間と家事時間との関係を検証する。さらに本項では，2000年調査の2009年追跡調査から得られるミクロデータを用いて，妻の就業時間の変化が夫と妻の家事時間をどのように変化させるのかについても分析する。これによって，クロスセクションとパネルの両方から，わが国の夫婦の家庭内ジェンダー関係の変容を考察し，さらに家庭内ジェンダー関係が就業によりどのように変化するのかをみることで仕事と家庭のインターフェイスの変化を検討する。

　表5-3には，1994年と2000年と2009年における，妻と夫の一週間の平均家事時間および夫の分担割合が示されている。ここから，妻の平均家事時間は1994年の週約33.4時間から2000年の約28.8時間へと大きく減少したが，2009年には約27.4時間とあまり変化していないことがわかる。一方，夫の平均家事時間は1994年の週2.3時間から，2000年の週2.7時間，そして2009年には3.4時間と漸増している。その結果，夫の家事分担割合は，1994年の7％から2009年の12％へと増加している。したがって，この15年間の夫の家事分担割合の増加は主に妻の家事時間の減少により起こっているが，2000年代に入ってからの分担割合の増加には夫の家事時間の増加もある程度影響している。とはいえ，この15年間の夫の家事時間の増加の絶対値は平均1時間ほどと非常に小さく，妻が家事の大部分を担っていることに変わりはない。男性の家事時間と家事分担が大きく増加している多くの欧米諸国と比べて（Fuwa 2004；Geist 2005；Gershuny 2000, pp. 161–202），夫婦の家事時間からみたわが国の家庭内ジェンダー関係の不平等性は顕著である。

　次に，夫婦の就業時間と妻と夫の家事時間および夫の家事分担との関係をみてみたい（表5-3）。まず妻の就業時間と妻自身の家事時間の関係をみると，3

表 5-3 妻と夫の一週間の就業時間別にみた夫婦の週平均家事時間および夫の家事分担割合 (%)：1994 年，2000 年および 2009 年に 20〜49 歳の有配偶男女とその配偶者

	妻の家事時間			夫の家事時間			夫の家事分担割合 (%)		
	1994年	2000年	2009年	1994年	2000年	2009年	1994年	2000年	2009年
総数	33.4	28.8	27.4	2.3	2.7	3.4	7.0	9.4	11.8
妻の就業時間									
ゼロ (非就業)	37.8*	33.7*	31.8*	2.0*	2.8	2.9*	5.0*	7.8*	9.6*
1〜15時間	33.8*	29.8*	26.8*	1.5*	2.4*	2.9*	4.3*	7.9*	9.8*
16〜34時間	34.9*	29.0*	27.3*	1.9*	2.4*	3.2*	5.5*	7.9*	10.8*
35〜41時間†	27.9	24.3	22.5	3.1	3.0	4.0	10.1	11.1	15.2
42〜48時間	27.2	22.1	22.8	2.9	3.4	5.3*	11.4	13.9*	18.3*
49 時間以上	26.7	22.7	23.2	3.1	4.2*	4.1	10.9	16.1*	16.1
夫の就業時間									
35時間未満	32.2	26.9	21.9*	2.5	3.1	3.4	8.7	10.9	16.0
35〜41時間†	32.9	28.5	26.4	2.5	3.2	4.0	7.2	10.7	13.5
42〜48時間	32.3	28.2	27.5	2.6	2.8	3.5	8.2	9.7	12.3
49〜59時間	34.3	29.4	28.1	2.2	2.8*	3.5	6.3	9.4	11.5
60 時間以上	34.1	30.6*	29.2*	2.0	2.5*	3.0*	6.0	8.0*	10.0*

(注) 1994 年の値は非加重値，2000 年と 2009 年の値は加重値である．妻と夫の家事時間および夫の分担割合と夫婦それぞれの就業時間との結びつきの統計的有意性は OLS 単回帰分析により推計されている．*は 5％水準で有意であることを示す．†はレファレンス・カテゴリーを示す．

つの年次全てで非常に強い負の関係がみられ，妻の週間就業時間がゼロ，1〜34 時間，そして 35 時間以上と増加するにともなって，妻の家事時間は階段状に大きく低下している。専業主婦に比べて，パートタイム就業する妻の家事時間の平均値はずっと短く，フルタイム就業する妻の家事時間はさらに大きく短縮される。その結果，専業主婦と週 35 時間以上のフルタイム就業する妻の家事時間の差は週平均 9〜11 時間と非常に大きい。とはいえ，妻が自分の就業時間の増加を，家事時間を短縮することで埋め合わせることは多くの場合できず，その結果，妻の総労働時間（就業時間と家事時間の合計）は自身の就業時間が長くなるにしたがって大きく上昇する。そして，この働く妻の仕事と家事の「二重の負担」の状況は変化していない。

一方，妻の就業時間と夫の家事時間との間には正の関係があり，妻の就業時間が週 35 時間を超えると夫の家事時間は有意に増加する傾向があるが，この正の関係は妻の就業時間と自身の家事時間の負の関係ほど強くなく，週平均 1

～2時間の増加にとどまっている。その結果，夫の家事分担割合は妻の就業が週35時間を「敷居」(threshold)として跳ね上がるが，これは夫自身の家事時間の増加よりも妻の家事時間の減少による部分が大きい。ここから，妻が就業することへの家庭内対応は，主に妻自身が家事時間を減らすことにより行われており，夫の家事貢献は妻がフルタイム就業すると増加する傾向があるとはいえ限られていることがわかる。そしてこの状況は，1990年代半ば以降の15年間あまり変化していない。対照的に，夫の就業時間と妻と夫の家事時間との関係については，2000年代に入って，夫が週60時間以上の長時間就業をする場合に妻の家事時間がいくらか長くなる一方，夫自身の家事時間は若干短くなる（そしてその結果夫の家事分担割合が低下する）ことを除き，一貫したパターンはみられない。

以上でみた夫婦の就業時間と家事時間との関係はクロスセクション・データに基づくものであり，個々の夫婦が自分もしくは配偶者の就業時間が変わることによる家事時間への実際の影響を示すものではない。そこで次に本項では，2000年クロスセクション調査の2009年の追跡調査から得られるパネルデータを用いて，2000年から2009年の妻の就業時間の変化により，妻自身と配偶者である夫の家事時間が実際にどのように変化したのかをみてみたい。表5-4の一番上のパネルから，妻の就業時間が増加すると自身の家事時間は減少していることがわかる。例えば，2000年に専業主婦であった妻が2009年には週35時間以上のフルタイム就業をしていた場合，自身の一週間の家事時間は平均7.8時間減少している。反対に，妻の就業時間が減少もしくは就業をやめた場合には，妻自身の家事時間は増加している。さらに，このパネルの対角線上にある数値が全てマイナスの値であることから，就業時間にかかわらず妻の家事時間は減少傾向にあることがわかる。

一方，妻の就業時間の変化にかかわらず，夫の家事時間は（2000年には妻が35時間以上働いていたが2009年には就業していなかった場合を除き）2000年から2009年に全て増加していることは注目に値する（表5-3の2番目のパネル）。妻の就業時間の増加による夫の家事時間の増加の絶対値は週約1～2時間

表 5-4 2000 年と 2009 年の妻の就業時間からみた夫婦の家事時間と夫の家事分担割合の変化の平均値：2000 年に 20〜49 歳の有配偶者で 2009 年まで有配偶であった男女とその配偶者

	2009年の妻の週間就業時間		
	非就業	1〜34時間	35時間以上
妻の週間家事時間の2000年から2009年の変化			
2000年の妻の週間就業時間			
非就業	-1.3	-4.6	-7.8
1〜34時間	3.6	-0.9	-2.7
35時間以上	4.0	4.4	-0.1
夫の週間家事時間の2000年から2009年の変化			
2000年の妻の週間就業時間			
非就業	0.2	0.7	1.3
1〜34時間	0.2	1.0	2.3
35時間以上	-0.4	0.7	1.3
夫の家事分担割合(%)の2000年から2009年の変化			
2000年の妻の週間就業時間			
非就業	0.0	2.5	4.7
1〜34時間	-0.6	3.2	8.3
35時間以上	-4.2	-0.3	3.9
サンプル数 (N)			
2000年の妻の週間就業時間			
非就業	(168)	(192)	(79)
1〜34時間	(60)	(214)	(114)
35時間以上	(56)	(93)	(306)

（注）サンプル数(N)を除き，平均およびパーセント分布はすべて加重値である．

と低いが，2000 年代に入り，働き盛りの夫が家事（そして家庭生活全般）により多く参加するようになってきていることが窺われる．

　以上の分析結果から，わが国の家庭内ジェンダー関係の不平等性は緩やかではあるが，少しずつ改善されてきていることがわかる．とはいえ，女性の雇用労働力化の進行にともなって男性の家庭内労働時間と分担割合が大きく上昇した欧米諸国と比べると（Bianchi et al. 2000；Geist and Cohen 2011；Hook 2010），わが国の家庭内ジェンダー関係は依然伝統的色彩を色濃く残しており，ジェンダー・システムの強固さが示唆される．妻が就業時間を増やすことによる家庭内労働へのしわよせは，主に妻自身が家事に費やす時間を削ることで帳尻が合わされているが，自身の就業時間の増加に家事時間を削ることで対応することには限界がある．わが国の働く妻にとって，ワークライフバランスの達

成と維持は依然困難なままであることが窺われる。

(2) 親子関係および世帯の経済リソースからみた夫婦の家事時間

　夫婦の家事時間は世帯の家族構成や経済リソースにどのように影響されているのであろうか。**表** 5-5 に示されているように，妻の家事時間と末子の年齢の間には負の関係があり，子どもが成長するにしたがって妻（母親）の家事時間は減少する傾向があり，特に 18 歳未満の子どものいない妻の家事時間は有意に減少するが，2000 年代に入りこの結びつきは弱まっている。一方，夫の家事時間と末子の年齢との関係をみると，1994 年と 2000 年には，3 歳未満の乳幼児をもつ夫と 18 歳未満の子どもがいない夫の家事時間がその他に比べて若干長いという U 型のパターンがみられるが，2009 年にはなくなっている。その結果，18 歳未満の子どものいない夫の家事分担割合が有意に高くなっているが，これは主に妻の家事時間の減少による。全体的にみて，子どもの成長段階による夫婦の家事時間への影響は限られているといえよう。

　対照的に，夫婦の家事時間への親との同居の影響は大きく，また一貫している。1994 年，2000 年，そして 2009 年の全てで，親（自身もしくは配偶者の親）と同居している夫妻の家事時間は，そうでない夫婦に比べて有意に短い。そして親との同居による家事時間の減少の度合いは妻より夫で大きく，その結果，親との同居により夫の家事分担割合は有意に低下する。ここから，同居する親（特に女親）が家事の一部を担うことにより夫婦の家事時間は減少するが，その恩恵をより多く受けるのは妻ではなく夫であることが示唆される。

　最後に，夫の所得と夫婦の家事時間との関係をみると，夫の年収と妻の家事時間との間には，3 つの年次全てでそれほど強くはないが正の関係があり，夫の年収が高いと妻の家事時間は増加する傾向がある。特に年収 800 万円以上の高所得の夫をもつ妻の家事時間は有意に長い。一方，夫の所得と夫自身の家事時間との間には弱い負の関係があり，特に 800 万円以上の年収のある夫の家事時間はより所得の低い夫と比べて有意に短いが，この結びつきは 2009 年にはみられない。したがって，夫婦の家事分担において，夫の高所得は夫自身に有

第5章 ジェンダー・家族関係の変容　151

表 5-5　家族および経済的属性別にみた夫婦の家事時間と夫の家事分担割合 (%)：1994 年，2000 および 2009 年に 20〜49 歳の有配偶男女とその配偶者

	妻の家事時間			夫の家事時間			夫の家事分担割合 (%)		
	1994年	2000年	2009年	1994年	2000年	2009年	1994年	2000年	2009年
末子の年齢									
0〜2歳	35.8*	30.6*	28.7	2.8*	3.5*	3.5	7.4	10.5*	12.1
3〜6歳	34.2	31.3*	28.3	2.5	2.4	3.1	6.7	7.6	10.4
7〜17歳†	33.5	28.9	28.4	2.2	2.5	3.4	6.4	8.8	10.8
18歳未満の子なし	29.6*	25.9*	24.3*	3.0*	2.9*	3.8	9.5*	11.1*	15.3*
親との同居の有無									
同居していない†	34.0	29.3	28.4	2.9	3.0	3.7	8.0	10.0	12.6
同居している	32.0*	28.5	25.0*	1.9*	2.3*	2.4*	5.8*	8.1*	9.7*
夫の前年の年収									
200万円未満	−ᵃ	26.1	21.1*	−ᵃ	3.6	3.6	−ᵃ	12.5*	14.2
200万以上400万未満†	31.3	28.2	26.8	3.1	3.2	3.6	8.9	9.8	13.0
400万以上600万未満	33.7*	27.4	27.6	2.4	2.8	3.6	6.8	9.8	12.0
600万以上800万未満	33.4	30.0*	28.6	2.4	2.6	3.1	7.0	9.1	10.5*
800万円以上	35.2*	31.5*	31.2*	2.1*	2.4*	3.3	5.9*	7.7*	10.0*

(注) 1994 年の値はすべて非加重値，2000 年と 2009 年の値はすべて加重値である．妻の就業割合および就業する妻の就業時間と各々の属性との結びつきの統計的有意性は OLS 単回帰分析により推計されている．
　　a-- サンプル数が 50 未満と少なく統計的に不安定なため値は示されていない．
　　*は 5%水準で有意であることを示す． †はレファレンス・カテゴリーを示す．

利な状況を与えるが，その一因は家計に余裕があることにより妻が就業（特に長時間就業）しなくてすみ，その分妻は家事により多くの時間を費やすことであろう．さらに，所得の低い夫に比べて，経済力のある夫には家事をしないことへの風当たりが弱いことも高所得の夫の家事時間と家事分担の低さの一因となっているのではないかと推察される．

第5節　ジェンダーからみた結婚と家事

　最後に本章では，結婚によって家事時間（そしてそれに代表される家庭生活）がいかに変化するのかをジェンダーの視点から分析してみたい．ここでも，まず 1994 年，2000 年，2009 年のクロスセクション・データを用いて，有配偶男

女と未婚男女の家事時間を比較する。次に，2000年調査の2009年追跡調査から得られるパネルデータを使って，結婚による個々の男女の家事時間の実際の変化をジェンダーの視点から検証してみたい。

表5-6には，1994年，2000年，そして2009年の20～49歳の男女の一週間の家事時間のパーセント分布が，未婚者と有配偶者を対比して示されている。ここで最も目を引くのは，女性の家事時間には配偶関係によって劇的な差異がある一方，男性の家事時間には配偶関係による差がほとんどみられないことである。未婚女性のおよそ3分の2が家事に費やす時間が週10時間未満であるのとは対照的に，有配偶女性の4割から6割が週30時間以上の家事労働を行っている。その結果，3つの年次全てで，有配偶女性の家事時間は未婚女性の3

表5-6 配偶関係別にみた一週間の家事時間のパーセント分布と平均値：
1994年，2000年および2009年に20～49歳の男女

	1994年		2000年		2009年	
	未婚	有配偶	未婚	有配偶	未婚	有配偶
女性の週間家事時間						
ゼロ	9.5	0.2	10.7	0.0	9.4	0.0
1～4時間	22.9	0.5	38.5	3.6	37.9	2.5
5～9時間	31.9	1.9	25.4	7.1	20.9	6.2
10～14時間	10.0	3.3	9.4	5.5	15.1	8.2
15～19時間	10.0	9.4	6.2	9.6	8.5	11.4
20～29時間	9.5	26.0	5.4	26.0	5.3	33.0
30～39時間	3.3	28.2	2.8	24.5	1.9	19.8
40～49時間	1.4	18.6	1.2	14.8	0.3	12.0
50時間	1.4	12.0	0.5	9.0	0.6	6.9
合計	100.0	100.0	100.0	100.0	100.0	100.0
平均時間	10.4	33.4	7.8	28.8	8.0	27.4
サンプル数(N)	(210)	(631)	(875)	(1,046)	(602)	(931)
男性の週間家事時間						
ゼロ	43.5	36.5	34.3	23.1	24.6	18.5
1～4時間	32.3	46.8	44.3	54.3	46.3	56.5
5～9時間	15.1	11.6	12.1	17.4	16.0	15.5
10時間以上	9.1	5.2	9.2	5.1	13.1	9.5
合計	100.0	100.0	100.0	100.0	100.0	100.0
平均時間	3.0	2.3	3.1	2.7	4.0	3.4
サンプル数 (N)	(232)	(595)	(960)	(1,051)	(667)	(723)

(注) 数値はすべて本人からの回答を用いて算出されている．1994年のパーセント分布と平均値は非加重値，2000年と2009年のパーセント分布と平均値は加重値，サンプル数はすべて非加重値である

倍以上となっている。未婚女性の家事時間の短さは，これらの女性の8割以上が親と同居しており，おそらく母親が家事を含め身の回りの世話をしてくれていることによると考えられることから，ある程度予想された結果であるといえる。

一方，3つの年次全てで男性の家事時間は週平均2〜4時間と短く，むしろ有配偶男性の家事時間は未婚男性に比べて若干少なくなっている。家事を全くしない男性の割合は時間の経過とともに減少しているが，大部分（7割から8割）の男性は週5時間未満しか家事に時間を費やしていない。以上の分析結果から，結婚することにより女性の家事時間（そして家庭生活全般）には劇的な変化がもたらされる一方，男性の場合は家事および身の回りの世話をする人が母親から妻に代わるだけで，男性の家事時間にはほとんど変化がないことがわかる。

以上のクロスセクション・データに基づく分析によって示された結婚による女性の家事時間の大幅な増加と男性の家事時間の変化のなさは，パネルデータによる分析によっても確認される。

表5-7 には，男女の2000年と2009年の配偶関係からみた家事時間変化の平均値が示されている。ここから，2000年に未婚であった女性がその後2009年までに結婚した場合，女性の家事時間は週平均約18時間増加する一方，結婚による男性の家事時間の増加は週平均約4時間と，女性の増加の5分の1ほどであることがわかる。結婚による家事時間の変化のジェンダー間の対比はクロスセクション・データにより示唆されるほど劇的なものではないが，結婚にと

表5-7 2000年と2009年の配偶関係からみた男女の家事時間の変化の平均値：2000年に20〜49歳の男女

2000年の配偶関係	2009年の配偶関係	
	未婚	有配偶
一週間の家事時間の変化		
女性		
未婚	3.1	17.9
有配偶	--	-1.1
男性		
未婚	0.8	3.9
有配偶	--	1
サンプル数 (N)		
女性		
未婚	(252)	(182)
有配偶	--	(773)
男性		
未婚	(299)	(114)
有配偶	--	(526)

（注）平均値は加重値，サンプル数は非加重値である。

もなう家庭生活の負担の増加は，パネルデータの分析によっても男性に比べ女性で圧倒的に大きいことが確認される。

おわりに

本章では，1990年代半ばから2000年代終りにかけて実施された3つのクロスセクションの全国調査と2000年調査を2009年に追跡したパネル調査から得られるミクロデータを用いて，就業と家事におけるジェンダー・家族関係の変容を検証した。わが国の働き盛りの年齢層の夫の大部分は長時間就業しており，伝統的ジェンダー役割が根強いことが示唆された。一方，同年齢層の妻の就業率は増加しているが，バブル崩壊以降の長引く経済不況の影響からか，働く妻の就業時間は1990年代後半に減少した。妻の就業はまた，世帯内の家族関係（子どもの年齢や親との同居）や夫の経済力により大きな影響を受ける。とはいえ，3歳未満の乳幼児をもつ母親の就業率の近年の増加は無視できないものであり，2009年には36％に達している。

一方，1990年代半ば以降，夫の家事時間は増加しているが，その増加の絶対量は非常に少なく，欧米先進諸国と比較すると，わが国の夫の家事貢献度は突出して低い。一方，妻の家事時間は大きく減少しており，特に妻自身がフルタイム就業する場合に顕著である。妻の就業時間の増加にともない夫の家事時間は増えるが，その増加量は，妻が自分の就業時間の増加にともなって削る家事時間の低下量には遠く及ばない。その結果，多くのフルタイム就業する妻は職場で長時間就業した後，家庭でも長時間労働するという「仕事と家事のダブルシフト」を余儀なくされている。さらに，結婚は女性の家事時間（そして家庭生活全般）に劇的な変化をもたらすが，男性の家事時間にはほとんど変化はみられない。

したがって，わが国の夫婦の就業からみたジェンダー関係は夫が主たる稼ぎ手として長時間働く一方，妻は家族・家庭の状況に応じて働く傾向が強いとい

う意味でほとんど変化しておらず，伝統的パターンが根強く残っている。その一方で，夫婦の家事からみた家庭内ジェンダー関係はゆっくりではあるが非伝統的な方向に変化してきている。しかし，おそらくその最大の要因は妻の就業への自身の対応（妻が就業することにより自身の家事時間を削っていること）であり，妻の働き方の変化に夫が家庭内貢献を増やすことにより応える度合いは未だ低い。その結果，仕事と家庭のバランスをとることの大部分を女性が担う結果となっており，この負担感や不平等感が女性に結婚や出産をためらわせ，それがわが国の未婚化と超少子化の要因となっているのではないか。ここから，わが国の超少子化に歯止めをかけるためには，小さな子どもをかかえて働く親への保育サービスの拡充を中心とした仕事と家庭の両立支援のみならず，雇用環境・雇用制度をより柔軟かつファミリー・フレンドリーにすることが不可欠であることが示唆される。とはいえ，強固なジェンダー・システムを背景として，結婚と伝統的ジェンダー関係は強く結びついている。この状況を変えるためには，政策のみならず職場や家庭など社会全体でより平等かつ公正な方向にジェンダー・家族関係が変容することを促す必要がある。ポスト人口転換期のわが国の今後は，ジェンダー関係の変容の成否にかかっているといっても過言ではない。

注

(1) 調査の詳細は，Tsuya and Bumpass (2004) を参照されたい。
(2) 調査の詳細は，Rindfuss et al. (2004) を参照されたい。
(3) 本章の家事時間の分析には育児時間は含まれていない。その理由は，親は育児をしながら同時に家事をはじめとする他の家庭内労働をすることが多いため，育児時間を厳密に測定することが難しいこと，さらに育児における労働の側面と娯楽の側面を分けることが困難であることである。既存研究（Ishii-Kunz and Coltrane 1992）によると，家事時間と育児時間は互いに関連するものの，それぞれ別個の家庭内労働の側面であり，その要因は異なる。
(4) この情報は法政大学の奥西好夫教授より頂いた。同氏に謝意を表する。

(5) ここでは，不可能もしくは極端に大きな値の影響を調整するため，合計家事時間をその分布の累積値の98%でトップ・コーディングしている。
(6) 調査では子どもの年齢を各歳で尋ねており，そこからこのカテゴリー変数を構築している。
(7) 夫の就業割合および就業時間には，家族・世帯の属性による差異や変化がほとんど見られないため，ここでは分析結果を示していない。

参考文献

厚生労働省（2010）『保育所入所待機児童数（平成21年10月）について』。
厚生労働省（2013）『保育所関連状況とりまとめ（平成25年4月1日）』。
総務省統計局（2001）『平成13年8月労働力調査特別調査結果速報』。
津谷典子（2007）「ジェンダー関係のゆくえ」阿藤誠・津谷典子編著『人口減少時代の日本社会』原書房，pp.83-122。
津谷典子（2009）「学歴と雇用安定性のパートナーシップ形成への影響」『人口問題研究』65(2), pp.45-63。
Bianchi, Suzanne M., Melissa A. Milkie, Liana C. Sayer, and John P. Robinson (2000) "Is Anyone Doing the Housework? The Trends in the Gender Division of Household Labor," *Social Forces*, Vol.79(1), pp.191-228.
Choe, Minja Kim, Larry L. Bumpass, Noriko O. Tsuya, and Ronald R. Rindfuss (2014) "Nontraditional Family-related Attitudes in Japan: Macro and Micro Determinants," *Population and Development Review*, Vol.40(2), pp.241-271.
Fuwa, Makiko (2004) "Macro-level Gender Inequality and the Division of Household Labor in 22 Countries," *American Sociological Review*, Vol.69(6), pp.751-767.
Geist, Claudia (2005) "The Welfare State and the Home: Regime Differences in the Domestic Division of Labour," *European Sociological Review*, Vol.21, pp.23-41.
Geist, Claudia and Philip M. Cohen (2011) "Headed Toward Equality? Housework Change in Comparative Perspective," *Journal of Marriage and the Family*, Vol.73(4), pp.832-844.
Gershuny, Jonathan (2000) *Changing Times: Work and Leisure in Postindustrial Society*, Oxford: Oxford University Press.
Hook, Jennifer L. (2010) "Gender Inequality in the Welfare State: Sex Segregation in

Housework, 1965-2003," *American Journal of Sociology*, Vol.115(5), pp.1480-1523.

Imai, Jun (2004) "The Rise of Temporary Employment in Japan: Legalisation and Expansion of a Non-regular Employment Form," *Duisburg Working Papers on East Asian Studies No.62*. Duisburg: Institute of East Asian Studies, University of Duisburg-Essen.

Ingelhart, Ronald and Wayne E. Baker (2000) "Modernization, Cultural Change, and the Persistence of Traditional Values," *American Sociological Review*, Vol.65, pp.19-51.

Ishii-Kunz, Masako and Scott Coltrane (1992) "Predicting the Sharing of Household Labor: Are Parenting and Housework Distinct?," *Sociological Perspectives*, Vol.35, pp.629-647.

Jacobs, Jerry A. and Kathleen Gerson (2004) *The Time Divide: Work, Family, and Gender Inequality*, Cambridge: Harvard University Press.

Johansson, Richard C. B. (2005) "Deflation and Japan Revisited," *Quarterly Journal of Australian Economics*, Vol.8(1), pp.15-29.

Lee, Kristen Schultz, Paula A. Tufiş, and Duane F. Alwin (2010) "Separate Spheres or Increasing Equality? Changing Gender Beliefs in Postwar Japan," *Journal of Marriage and the Family*, Vol.72(1), pp.184-201.

Lesthaeghe, Ron (1983) "A Century of Demographic and Cultural Change in Western Europe: An Exploration of Uunderlying Dimensions," *Population and Development Review*, Vol.9, pp.411-435.

Mason, Karen Oppenheim (1995) *Gender and Demographic Change: What Do We Know?*, Liege: International Union for the Scientific Study of Population.

Morgan, S. Philip and Kiyoshi Hirosima (1983) "The Persistence of Extended Family Residence in Japan: Anachronism or Alternative Strategy?" *American Sociological Review*, Vol.48(2), pp.269-281.

Oakley, Ann (1976) *Women's Work: The Housewife, Past and Present*, New York: Vintage Books.

Oppenheimer, Valerie Kincade (1994) "Women's Rising Employment and the Future of the Family in Inndustrial Societies," *Population and Development Review*,

Vol.20(2), pp.283-342.

Raymo, James M. and Hiromi Ono (2007) "Coresidence with Parents, Women's Economic Resources, and the Transition to Marriage in Japan," *Journal of Family Issues*, Vol.28(5), pp.653-681.

Retherford, Robert D., Naohiro Ogawa, and Satomi Sakamoto (1996) "Values and Fertility Change in Japan," *Population and Development Review*, Vol.27(1), pp.5-25.

Rindfuss, Ronald R., Karin L. Brewster, and Andrew L. Kavee (1996) "Women, Work, and Children: Behavioral and Attitudinal Change in the United States," *Population and Development Review*, Vol.22(3), pp.457-482.

Rindfuss, Ronald R., Minja Kim Choe, Larry L. Bumpass, and Noriko O. Tsuya (2004) "Social Networks and Family Change in Japan," *American Sociological Review*, Vol.69(6), pp.838-861.

Safilio-Rothschild, Constantina (1980) "A Class and Sex Stratification: Theoretical Model and Its Relevance for Fertility Trends in the Developing World," Höhm, C. and R. Machensen eds., *Determinants of Fertility Trends: Theories Re-examined*, Liege: Ordina Press, pp.189-202.

Shimizutani, Satoshi and Izumi Yokoyama (2009) "Has Japan's Long-term Employment Practice Survived? Developments Since the 1990s," *Industrial and Labor Relations Review*, Vol.62(3), pp.313-326.

Tsuya, Noriko O. (2010) "Gender Relations and Family Forms: Japan as an Illustrative Case," Asian Research Institute ed., *Gender Relations in the 21st Century Asian Family*, Singapore: National University of Singapore, pp.49-108.

Tsuya, Noriko O. (2015) "Below-Replacement Fertility in Japan: Patterns, Factors, and Policy Implications," Rindfuss, Ronald R. and Minja Kim Choe eds., *Low and Lower Fertility*, Switzerland: Springer International, pp.87-106.

Tsuya, Noriko O. and Larry L. Bumpass (2004) "Introduction," Tsuya, Noriko O. and Larry L. Bumpass eds., *Marriage, Work, and Family Life in Comparative Perspective: Japan, South Korea, and the United States*, Honolulu: University of Hawaii Press, pp.1-18.

(津谷典子)

第6章　経済システムの変容

はじめに

　人口転換は経済や社会の近代化に連動してきた。経済発展に伴う生活水準の上昇は，公衆衛生環境の改善と医療技術の進歩を促し，死亡率を大きく低下させた。またそれに続く出生率の低下も，経済学的には，女性の高学歴化に伴う就業行動の拡大と賃金上昇による出産・子育ての機会費用の上昇が主因とされている。

　わが国では1974年に合計特殊出生率が人口置換水準を下回って人口再生産力を失ってから40年が経過した。この間，平均寿命も世界で最高水準を維持してきた。と同時に，オイルショック後の安定成長期とバブル期を経たのち，わが国は現在すでに人口減少時代に突入している。合計特殊出生率は近年ようやくわずかに反転上昇しつつあるものの，当分の間は人口置換水準にまで回復する見込みはなく，その範囲で変動する限りでは，長期的な動向として人口が緩やかに減少することは確実である。

　したがって，ポスト人口転換期では，人口を源泉とする労働力供給には人口減少や高齢化が大きな制約となる。また後述するが，民間の企業資本や公的な社会資本の増資についても，人口の観点からも難しくなる。つまり，わが国は経済成長を前提とした経済構造から，経済の成長速度は鈍化しつつも穏当な生活水準が維持されるような経済の成熟期へと移行しつつある。

　本章では，まずポスト人口転換期における経済構造の変化について特徴を捉える（第1節）。その上で，この経済構造の変化を供給面（第2節）と需要面

(第3節)から検討し、それにどのように対応すべきかを考察する(第4節)。

第1節　ポスト人口転換期と経済構造の変化

　経済学において「定常状態(stationary state)」とは、人的資本と物的資本のストックが一定のまま推移することである。なお、両資本ストックが一定であれば、労働者1人当たり資本、すなわち資本労働比率も一定となる。留意したいのは、ここでの人的資本には人口や労働に教育や技能の向上が加味されていることである。また人的資本と物的資本に加えて、土地から供される自然資源という環境的な制約条件も合わせて考えなければならない。

　スミス(Adam Smith)やリカード(David Ricardo)らの古典派経済学者によっても議論された概念であり、彼らは、収穫逓減法則に基づけば経済成長とともに利潤率が最低限にまで低下するため、技術進歩や貿易がなければ、究極的には自らこの定常状態に収束すると説いた。経済的進歩が止まるかのような印象から、これを「停止状態」あるいは「静止状態」と訳され、やや悲観的に捉えがちであるが、古典派最後のジョン・スチュアート・ミル(John Stuart Mill)は自著『経済学原理』において「資本および人口の停止状態・定常状態が、必ずしも人間的進歩の停止状態を意味するものでない」(Mill 1848)ことを強調しており、精神的文化や道徳的社会的進歩が止まるわけでもなく、むしろ人間として生きるための術(art of life)が改善し、また産業的にも労働が節約される技術が改良されることを説いた。その結果、少ない資源と労働で十分な生活と精神的発展が可能となるとした。

　その後、いわゆる限界革命後に新古典派経済学においては経済成長を重視した経済学が台頭して現実の経済も高度経済成長や産業化が進み、定常状態について顧みられることがなくなったが、近年では例えば、少子高齢化社会と環境問題への対応という観点から広井良典が、経済成長を目標としなくても十分な豊かさを実現する社会として、富の拡大ではなくむしろ分配を強調した「定常

型社会」，さらにはそれを地球規模で捉えた「グローバル定常社会」を（広井 2001, 2009），またハーマン・デイリー（Harman E. Daly）も，経済を生態系全体におけるサブシステムとし，主に自然資源の適正な配分のために，定常状態の経済サブシステム，すなわち「定常経済」を提唱している（Daly and Farley 2011，ハーマン・枝廣 2014）ように，ポスト産業化の経済構造の変容として，必ずしも経済成長を前提としない成熟した経済への移行を模索する試みもみられる。

環境収容力を上限に人口が停滞することはロジスティック曲線の例をまたずに自明であるが，現在のポスト人口転換期における出生率と死亡率の慢性的な低水準による急速な高齢化と緩やかな人口減少の人口学的要因の説明は他の章に譲ることにして，このような経済構造の変容はまさしくこのポスト人口転換期に起きている。これまで潤沢な人口規模とその急速な増加を基に成長してきた経済も，必然的にこの緩やかな人口減少と高齢化に適合するように再編成しなければならない。これは，人口（人的資本）と物的資本，さらには環境資源の長期的制約条件に基づいて，政策的に抗うことのできない，いわば自律的な調整過程にある経済構造の変容である（図6-1 参照）。

本章でも次節以降，ポスト人口転換期における人口減少と高齢化への関心から人口動態事象の中でも主に出生と死亡を軸にそれぞれの経済的特徴を供給面と需要面について考察を進める。

図6-1　ポスト人口転換期への移行と経済構造の変化

なお，出生・結婚と死亡の政策的指向性を確認しておくと，まず死亡に関しては，死亡率の低下は絶対的な道徳的善であるから，平均寿命や健康寿命を伸長する政策が採られるべきことに議論の余地はない。一方，出生率や婚姻率を上昇させ人口再生産力を回復させることを政策目標になすべきかどうかについては議論が分かれる。つまり，さまざまな理由に基づいて子どもを持たないことを意識的に選択している夫婦や，身体的理由により産みたくても産めない夫婦への心理的抑圧が発生する恐れがある。このような本来完全な自由意思に基づく出生や結婚行動の多様化が進んでいるし，また社会はそれを受容しなければならない。

第2節　ポスト人口転換期における日本経済の供給面：長期的視点

　経済は需給のバランスで変動するが，通常，長期的には供給要因が比較的大きく影響し，短期的・中期的には需要の影響力が大きい。まずは，ポスト人口転換期における供給要因について①労働供給，②資本蓄積と貯蓄，③技術進歩の観点から考察する。

(1)　労働供給
　労働市場における労働力需給にも景気動向による短期的な要因と，人口動向による長期的な要因がある。近年低下傾向にあるものの，わが国の完全失業率が依然として4～5％程度の高水準を推移していることは，労働力人口の超過供給よりもむしろ，近年は欧州債務危機やリーマンショックなど長引く不況下の短期的な労働力需要不足によるものである。長期的には人口減少によって確実に生産年齢人口は減るので，労働力の絶対量が減少し，労働力の供給不足の時代が到来する。ただし，大幅な労働力の供給不足は問題であるが，ある程度の労働力供給不足（逆にいえば労働力需要の超過）は経済的にはむしろ望ましいと言える。なぜならば，労働力供給に余剰があるということは，人口減少によ

り消費支出などの需要も弱められている可能性があり，すなわち実際の経済成長が潜在的な成長力以下で推移しているという意味で問題だからである。

　ポスト人口転換期では，総人口の減少により労働力人口の総量も減少して供給能力は減退する。また人口の高齢化により労働力人口の構造も高齢化して，高齢労働力が多く供給される。この変動は必然であり，基本的な動向である。ただし，いくつかの前提条件が異なれば基本的な動向にも若干の変化が見られる。すなわち，労働者個々人の生産能力の変化というミクロ的な条件と，年齢別労働力率の変化に応じて変動する労働力の供給の総量の変化というマクロ的な条件，さらには，移民すなわち国際労働力人口の変化という国際的な条件である。ここでは，以下，若年者と高齢者の労働力供給について述べる。両者は労働市場の入り口と出口の部分に対応しており，今日的にも関心の高い課題である（小崎・牧野 2012，小崎・永瀬 2014）。

1）若年労働力

　ポスト人口転換期の超低出生力状態が続くとまずは若年人口が減少し，その後も人口置換水準を下回るほどの低い出生率の水準が持続すると人口全体が縮小する。そして人口の高齢化は，年齢別就業率に変化がなければ，労働力人口の年齢構造にも高齢化とともに，若年労働力の相対的，絶対的減少をもたらす。そこで，このように小規模人口集団で育ったという側面から，労働力としてどのような影響がもたらされたか考察したい。まず，今日の若者の特徴の一つとして，社会性の希薄化が懸念される。「子どもの体験活動の実態に関する調査研究」[1]における成人を対象にした調査結果によると，子どものころの体験（友だちとの遊び，地域活動，自然体験など）が豊富な大人ほど，「やる気や生きがい」といった意欲・関心や，規範意識，人間関係能力が高い（国立青少年教育振興機構 2010，瀧 2013）。つまりコミュニティとして人間同士がつながる力がコミュニケーション能力であり，この能力の養成に子どものころの体験が重要である。このような体験は子ども単独でも不可能ではないが，やはり子ども同士の関係性において養成されるものであろう。したがって，成人するまでの精神的な形成期において，子ども同士の交流が少ないことは，コミュニケーショ

ン能力の低下につながる。都市部と地方部，さらには極端には過疎地域では，地域住民の減少をもたらし，住民間の接触が必然的に少なくなる。もちろん，住民数が少ないからこそ，地域社会の結束力が高まることもありえるが，子どもが接触する大人の数は少なくなり，子どもたちは社会的規範に則った大人の生き方を見出すことが難しくなりつつある。現に同調査において，年代が若くなるほど，子どもの頃の自然体験や友だちとの遊びが減ってきており，規範意識，人間関係能力，職業意識等の「体験の力」は世代が下がるほど弱まるという結果が得られている（国立青少年教育振興機構 2010）。

　このように社会性が醸成されにくいと，労働力としての社会への参加意識が低下することになるし，また，そのために労働力としての質を高めようという意識も弱まる。これもポスト人口転換期における青少年の心理的社会的発達の多様性がもたらす雇用面における問題への対応として，ダイバーシティマネジメントが重要になる。

　さらに，ポスト人口転換期のもうひとつの特徴である長寿化，すなわち個人のライフコースの延長という観点からも考えてみたい。人生で利用可能な時間の総量が増えると社会参加への切迫感が弱まり，これまでよりも遅いタイミングでの就職を選択する者も増えるであろう。また，若年人口が少ないことはつまり労働力の供給不足が生じて売り手市場になりやすいため，労働力の自発的な努力として教育や職業訓練などの能力向上のモチベーションが下がることも懸念される。さらには，例えば，知識を得るとか，技術を身につけるといったこれまで労働生産性を上げるために労働者に直接的に体化される人的資本蓄積は，比較的ゆるやかに労働生産性に影響したが，現在あるいは将来は，急速に発達する情報技術が資本装備として労働者に付加されることで，労働生産性が飛躍的に向上することになるため，そのような情報技術の取り込みに差があると，国内の特に若い労働者の間でも一種のデジタルデバイドが生じることになるであろう。もちろん，慢性的に供給不足となるわが国の労働市場には，これから海外からの労働力の流入が加速することは必至であり，そのようなグローバルな競争に日本の若い労働者がさらされることも想定しなければならない。

若年労働力人口についての考察をまとめると，超低出生力や平均余命の延長が生じるポスト人口転換期においては，若年労働力人口は縮小し，労働生産性に格差が生じる。すなわち多様化が拡大するであろう。これまでにも非典型労働者の増加など多様な働き方が広がりつつある。しかしこれは労働力人口の規模が十分に大きければ，新たな発想につながるものであろうが，労働力が絶対的に不足している状態では，むしろ上述の労働力の質に対する懸念のような不安定さをもたらす。これを回避するためには，集団を意識させるための社会性の醸成や，社会人としてあるいは労働者としての自己実現を高めるための環境づくりや教育が必要となる。

　さらにこの多様性を利用して，若年者の可能性をさらに伸ばすという取り組み方にも効果があろう。これまで人口が増加し続けた時代では，その潤沢な労働の供給量が日本の高度成長を支えてきた。そこには量的供給の前提のもとに，一定水準の教育や技能が担保された基本的には均質な労働力の生成が重視されてきた。その結果，勤勉で安定した労働力を提供する労働者が十分に確保できたが，これからは，少ない労働力の供給源のもと，わが国の大規模な生産力を維持しなければならない。そのためには，高度な技術力で圧倒的に高い生産性を有したり，さらには技術進歩を創造するような若年人口が望まれる。エリート偏重による差別感や阻害感は別次元の問題を惹起するが，わが国の経済成長のためには，若者の努力と経済への貢献を社会として大いに評価する環境と，最大限の可能性を引き出す教育体制の整備が急務といえよう。

2）高齢労働力人口

　ポスト人口転換期においては，超低出生力と高齢期の死亡率改善が，特に高齢労働力人口にどのような影響を及ぼすか論じたい。人口高齢化の代表的な指標は総人口に占める65歳以上人口（老年人口）の割合である。人口置換水準を下回る低い出生力が持続し，若年人口が相対的に減少すると，この割合は直ちに上昇する。同時に高齢期死亡率の低下により，老年人口が滞留し，人口高齢化をさらに助長する。年金や医療などの社会保障面での問題はもちろん深刻であるが，ここでは特に労働力の観点から考察する。それまで少数派（マイ

ナー）であった高齢労働者が多数派（メジャー）になるにつれ，職場における高齢者の存在感が高まる。高齢労働者が多いとそれまでの経験を踏まえた安定感があるという反面，意思決定が保守的になりがちで，例えば情報技術の活用など革新的な仕事の進め方が困難になる恐れがあり，若い労働者との年齢間摩擦や衝突を生じやすくなる。

　高齢期生存率の改善は平均余命すなわち生涯残余期間を伸長させ，「第2の人生」をより現実的に設計させることになる。さらに言えば，現役と退職後という2段階ではなく労働者としていつでも再スタートできるという本人の意思と周囲の環境が，新たな職種への挑戦や，そのための新しい職業訓練や教育という積極的な人的資本蓄積を促すことになる。実際，寿命が長くなると退職後の残余期間も長くなるため，その追加期間に老後破産を回避して生活を維持するためにも，就業継続や労働市場への再参入の必要性が生じる高齢者も多いだろう。したがって，労働政策研究・研修機構の労働力需給推計によれば，推計初年度の実績値として2012年における60歳以上の就業者が男女計で1,193万人であるのに対して，経済成長と労働参加が適切に進めば，2020年では1,203万人，2030年では1,327万人まで上昇すると推計されている（労働政策研究・研修機構 2014）。このわが国でも代表的な労働力推計では，女性に関しては，30歳代から40歳代の前半の労働力率が高まるとされている。一方，男性については，とくに60歳代前半の労働力率が高まるとされて，他のほとんどの年齢階級の労働力率は不変とされているため，人口高齢化による高年齢人口の増加が，高齢の就業人口を直接的に増加させている。

　実際，わが国の高齢者の就業意欲は少子高齢化が進む先進諸国のなかでも比較的高い。国際労働機関（ILO）の統計（2014年）Key Indicator of the Labour Marketによれば，失業者を含む労働力人口を分子にとる労働力率でみても，日本は65歳以上の男性で29.4％，女性で13.8％であるのに対して，フランス（同指標がそれぞれ，3.3％，1.8％）やイタリア（同，6.6％，1.8％）などよりもはるかに高い（International Labour Organization 2014）。もっともアメリカやニュージーランドも日本と同水準であるので，わが国固有の特徴というわけで

はないが，働く能力と意思があり，実際に働いている高齢者が持続的に多い。やや古い調査にはなるが，厚生労働省の高年齢者就業実態調査において，高齢者の就業理由を確認してみると，65～69歳の男女高齢者も，生活を維持するためなどの経済上の理由を最も多く挙げており，健康上の理由や自己実現のため社会参加という以上に，経済上必要であるために働かざるを得ないという現実がある。したがって，わが国の雇用環境が許す限り，日本の高齢者の就業率は今後も高く，高齢労働力人口は増加するであろう（厚生労働省 2004）。

　これからはむしろ高齢者が労働者としても社会構成員としても中心的存在にならざるを得ず，そのような環境でいかに活力ある就業環境を維持して，次世代へ連携していくかが今後の課題となる。高齢労働者は，生涯における働ける期間の延長から，就業上必要な教育・職業訓練に積極的になるが，若年者と比べると高齢労働者には新しい技術が体化しづらい。むしろ高齢労働者には，これまでに蓄積された技術を次世代の労働者へ伝承する役割があろう。就業期間の延長は技術を継承する期間も比較的長く確保できるとはいえ，そもそも技術を伝承する対象の若年人口自体絶対的に減少することが問題としては深刻である。

(2) 資本蓄積と貯蓄

　供給面からみた経済成長の2つ目の要素としては，資本ストック形成すなわち資本蓄積がある。資本は，フローである投資の累積に減耗分が控除されたストックである。その投資の源泉は貯蓄にあるため，貯蓄率の低下は資本蓄積を減退させ，貯蓄率の上昇は資本を拡大させる。そこで，供給要因として資本蓄積が経済に及ぼす影響を考察するために，ポスト人口転換期におけるマクロ経済面での貯蓄残高や貯蓄率の動向について理論的に検討したい。

　図6-2は各国の家計貯蓄率の推移である。先進国の中でも少子高齢化の影響をあまり受けていないアメリカは低水準ながらもおよそ一定の水準を維持している。他方，高齢化の影響を多大に受けているイタリアや日本では貯蓄率はおおむね低下傾向にある。もちろん貯蓄率の変化の原因は人口要因のみに求めら

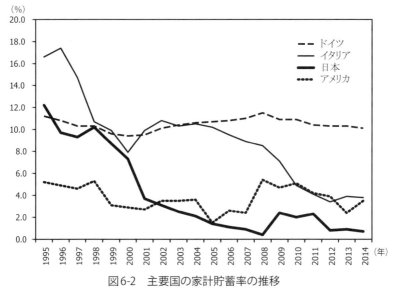

図6-2　主要国の家計貯蓄率の推移

（資料）OECD, *Economic Outlook*.
（注）可処分所得に対する家計貯蓄の割合を家計貯蓄率とした．

れるものではないが，人口要因が大きく影響している．両者の関係性について考察をしたい．

1）ライフサイクルと貯蓄行動

人口高齢化のような人口構造変化が個人の貯蓄行動を通じてマクロの貯蓄残高や貯蓄率に及ぼす影響を理論的に説明するものとして，古典的にはライフサイクル仮説とダイナスティ・モデルという2つの考え方が存在する．ライフサイクル仮説とは，自分の死亡時期の正確な情報を持っていれば，経済的に利己的な個人は，自分の生涯所得を自分の生涯においてすべて自分のための消費に使い切るとする仮説であり，後の世代への遺産はない．つまり主に生産年齢期の現役時代に消費を上回る所得額を余剰として貯蓄し，その現役時代の貯蓄を，主に高齢期の退職後の消費として取り崩し，これを死亡時に合わせて完全に使い切るものである．したがって高齢化により人口の年齢構造が現役世代の生産年齢人口から退職後世代の老年人口へとシフトすれば，マクロ経済的にも貯蓄

の取り崩しが増加する，あるいは新規の貯蓄が増えないことを意味する．すなわち高齢化はマクロ民間貯蓄残高を減少させ資本蓄積を鈍化させると考えられる．

他方，ダイナスティ・モデルとは王朝仮説，世代間重複モデル（overlapping generations model）とも呼ばれ，時系列的に世代ごとの異なる家計の連関も考慮した消費の意思決定を理論的に説明するモデルである．世代間の異なる家計として，例えば後の世代にあたる子や孫の効用が，親や祖父母としての自分の効用へ正の効果をもたらすことを理論モデルに組み込んだものである．これは家計が合理的に自分の効用だけを考慮して意思決定されるという従来のミクロ経済学の前提とする利己主義とは異なり，血縁関係があるとはいえ，いわば利他主義（altruism）に立脚するものである．このダイナスティ・モデルに従えば，自分の子孫へ遺産を与えること，すなわち遺贈は，子孫の効用増加を通じて，自らの効用も増加させるので，ライフサイクル仮説のように貯蓄を使い切るのではなく，むしろ貯蓄を次の世代へ残す意図へも働く．したがって，高齢化が進むとしても，単に子や孫の世代への世代間所得移転が生じるだけで，必ずしも貯蓄残高の減少や貯蓄率の低下とはならないと考えられた．

これら2つの考え方は一見対立的とみなされ，わが国にはいずれが妥当かとしばしば論じられるが，その二者択一的評価そのものにはあまり意味はない．個人の心理として生前に可能な限り多くの消費により効用を享受したいと思うのは当然であるのと同時に，子孫への遺産という動機も自然であるから，むしろ両仮説がもつ貯蓄行動の方向性，すなわち貯蓄を取り崩そうとする傾向と，残そうとする傾向の強さを，ポスト人口転換期という状況において吟味したい．

まず，自分の正確な死期の予想には不確実性が伴うものの，一定程度の予想はしており，その予想と実態との乖離が生じた場合にどのような影響があるかに着目しよう．予想よりも早く死亡すれば，意図せざる遺産が発生し，それが子孫へ結果的に遺贈される（次世代への所得移転）．予想よりも長く生存している，すなわち死亡していない場合には，理論的には自己の貯蓄分をすべて消費しつくしてしまい，その後の生活水準維持のために，子孫あるいは子孫の世代

からの借り入れ（次世代からの所得移転）ができなければ，いわば老後破産の状態となる（**図6-3**参照）。

2) ポスト人口転換期における貯蓄・所得移転

　人口高齢化による労働力不足から，高齢労働者の就業期間も長くなり，それだけ生涯所得も増加するだろうが，ポスト人口転換期には，高齢期の生存率の上昇による平均寿命の延伸のため，死期が予想よりも遅れる可能性が多く発生する。そのため仮にダイナスティ・モデルにしたがって，生涯計画として保蔵していた貯蓄はもとより，遺産用の貯蓄があったとしても，予想外にそれらも取り崩し，最終的にはすべて費消しても，その後の生活水準を維持するためには，同世代からの借り入れ，あるいは年金や医療などの社会保障の仕組みを通じて子孫からの借り入れが必要となる。しかし，ポスト人口転換期のもうひとつの特徴である超低出生力が子孫世代の規模を縮小させるために，次世代からの所得移転も難しくなるので，破産状態に到達する前の対応として消費を切り詰めて生活水準の低下を余儀なくされることもある。したがって，ポスト人口転換期には貯蓄残高は減少して，貯蓄率も低下し，資本も蓄積されにくいといえる。

　このような世代間所得移転の研究として近年，国民移転勘定（National Transfer Accounts, NTA）がある。これは国民所得勘定を基に，公的・私的両部門ならびにミクロ・マクロレベルのデータを統合して，世代間移転の動向を捉えるものであり，高齢化のような年齢構造変化に伴って生じる人口ボーナス（demographic dividend）のような世代間移転の時期と規模が計測でき，小川の研究によれば，わが国の場合，1950年から1995年において第1次人口ボーナスが発生して，高度成長期の経済成長の35％程度が人口的要因の貢献によったと分析している（小川　2009）。

　資本蓄積の内訳を考えてみれば，本来，人口転換過程において高度経済成長期に整備された社会的インフラが現在およびこれからも一斉に老朽化し，いわば社会インフラの高齢化に早急に対応する必要がある。まだ人口が集中している都市部においては比較的資本が優先的に更新されるであろうが，人口減少や

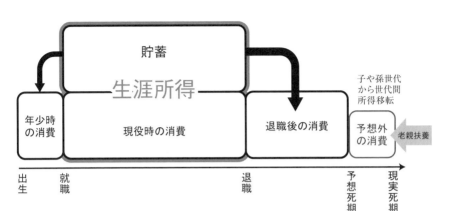

図6-3 ライフサイクルにおける貯蓄・所得移転の関係

過疎化が進む地方部では，社会資本ストックの蓄積はその必要性の低下から縮小せざるをえないであろう。今後は，このような国内での資本蓄積の縮小を補うために，海外からの資本流入を促進するよう法人税（法定実効税率）の引き下げなど規制緩和をしたり，海外企業の誘致をする政策が重要性を増すと考えられる。

先述のように，資本は投資の累積であるため，フロー面での投資についても考察する必要があるがこれはまとめて後述する。

(3) 技術進歩

残された生産要素として技術進歩について考察する。技術進歩は労働や資本蓄積と比べても直接的には捉えにくく，一般には，生産性の上昇率から，労働力増加率と資本蓄積率を控除した残りを，すべての要素が全体的に生産能力向上に寄与した部分という意味で，全要素生産性（TFP：total factor productivity）と呼び，これが技術進歩の指標とされる。ここまでの議論では，ポスト人口転換期において労働力人口も減少し，資本も蓄積されにくい状況では，残された技術進歩に期待したいが，どうであろう。

人口と技術進歩との関係についての議論としては，クズネッツ（Simon

Kuznets）やサイモン（Julian Simon）が述べたように，総人口の規模そのものやその増加率，あるいは人口密度と技術進歩との間には正の関係があるとされる。つまり，総人口に対して技術の革新者の割合が一定とすれば，人口規模が大きいほど，技術革新者の数も多い。また人口規模が大きく，人口密度も高ければ，知的交流がしやすく，専門性に応じた分業により効率よく技術進歩を高められるというものである（Kuznetz 1960, Simon 1977）。さらには，人口規模が増加すれば消費市場規模も拡大し，研究開発のインセンティブが高まって技術進歩も促進される（Aghion and Howitt 1992, Grossman and Helpman 1991）。したがって，裏を返せば，少なくとも人口との関係だけからいえば，人口減少下では技術進歩が鈍化するという影響は確かにある。

　さらに，これをポスト人口転換期の特徴に照らしてみれば，超低出生力による人口減少が労働力人口の減少をもたらし，全要素生産性の面から大規模集団によって得られるはずの規模の経済が失われるという，いわば「規模の不経済の効果」が起こる。さらに，超低出生力はその初期段階においては労働力の中でも若年労働力人口を減少させ，若い柔軟な発想から得られるはずの創造性や，身体的ならびに精神的な積極性を弱めることになる，いわば「創造性喪失の効果」も生じるであろう。他方で，前述のように労働力や資本蓄積の不足が生じると，これらの生産要素を補おうとさらに技術進歩を促進して生産力を向上させようとする効果は当然あり，また，大規模人口ではあまり配慮されなかった研究開発活動内容の重複も，小規模人口では，情報ネットワークなどの活用により効率よく分業して技術開発を進める必要がある。縮小し，高齢化する労働力人口に対して，作業のオートメーション化・ロボット化などにより，資本に技術を体化させて，減少する労働力に代替する，あるいは労働生産性を向上させることが対策として考えられる。

第3節　ポスト人口転換期における日本経済の需要面：
　　　　短期的・中期的視点

（1）消費
1）人口減少と国内総生産

　マクロ経済の短期的・中期的視点から需要面をみるにあたり，まずは消費について考察する。今後，わが国の多くの産業が，人口減少に伴い縮小傾向の国内市場から海外へと移行する傾向にある。このような外需増加により1人あたり国内総生産が増大し，1人あたりの所得の増加を通じて内需の増加につながることも考えられる。

　確かに，1人当たり消費額が一定であれば，人口減少は国内の消費市場規模を縮小させる。また耐久消費財のように世帯単位で購入するものの額が一定であれば，やはり世帯数の減少は全体の消費を減らすので，総人口や総世帯数の減少はわが国消費市場規模を縮小させるとも考えられる。しかしここで1人あたり国内総生産（1人あたりGDP）という指標に注目しておきたい。国内総生産が国民所得に近いものであれば，これは国民1人あたりの所得であるからその国の平均的な生活水準に相当する。ここで，支出面からGDPの内訳について考えてみると，GDP＝（消費＋投資＋政府支出）＋（輸出－輸入）というように，最初の括弧の国内需要部分（内需）と海外需要部分（外需）に分けられる。これは，GDP＋輸入＝（消費＋投資＋政府支出）＋（輸出）とも書き換えられる。つまり左辺で生産されたり，海外から輸入されたものは，国内（の家計，企業，政府）あるいは海外のいずれかに吸収される。そこで，仮にわが国の人口が減って内需が減少するとしても，その減少分と同じだけ海外市場へシフトして輸出額を増やすことができれば，生産物の吸収先を国内から海外に変更しただけで，最初の式の左辺（生産面）のGDPは変わらない。つまり，人口が減ってもGDPが変わらなければ（減らなければ），1人あたりGDPは増える。すなわち国民の平均的な生活水準は上昇する。1人当たりの所得の上昇は内需を増大させるので国内市場はむしろ拡大する。

ただこの論理は，人口が減っていても逆に増えていても成り立つものであり，実際わが国は1960年代後半に教育水準や技術力の向上や，まだ安価であった国内人件費により，繊維や造船などの国際的優位性を高めて輸出を増加させ，貿易収支を黒字に転換させた。その結果，1人あたりGDPの増大が内需も増加させ，とくに国内投資も進んで資本が増強され，旺盛な消費も重なって電気や自動車といった産業が急拡大してきた経緯がある。

2）人口高齢化と消費パターンの変化

また需要面だけではなく，需要構造と供給構造の関係，具体的には産業構造の変化でみれば，確かに少子高齢化社会では，いままでと同じ条件であれば若年を対象にする商品やサービスを提供する産業は衰退するであろうし，高齢者を対象にする産業は成長するかもしれない。ただそれは，あくまで産業構造が変化しているに過ぎない。むしろ年齢構造も変化するので，年齢ごとの消費の違い，特に消費単位（量）の違いではなく，消費する財やサービスの付加価値（質）の違いが，全体の消費規模にもたらす影響が重要である。

その点では，これまでの先行研究が示しているように，図6-4のように，世帯主の年齢ではあるが，年齢階級別消費額とくに食料費をみると，おおむね高年齢ほど1人当たりの食料費支出が高い（和田 2005, 2006）。1人あたりの食料の消費量に大きな差がなく，むしろ高齢者の身体的特性からすれば若年者よりも一般には少ないはずであって，一般に言われる高齢者の少量高価格消費の状況が示されているといえる。これには栄養や健康志向による高齢者の高付加価値消費が窺える。しかもエンゲル係数（全消費支出に占める食料費の割合）も高いため食料市場における高齢者層の影響力は大きい。したがって，食料に関する高齢者の高付加価値消費，また相対的に若年者の低付加価値消費という特徴に基づけば，ポスト人口転換期においても若年人口の減少による消費の縮小効果は限定的である一方で，高齢期死亡率が改善し，健康寿命や平均寿命の伸長により，高齢期の消費期間も長くなると，高齢者の高付加価値消費による消費市場規模拡大の効果は大いに期待できる。

このような高齢消費者向けに従来の商品やサービスに一層の高付加価値化が

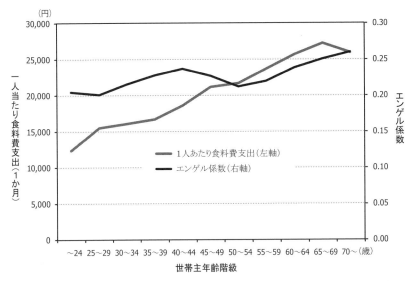

図6-4 1人あたり食料費支出ならびに全消費支出に占める食料費支出の割合
(資料) 総務省統計局 (2013年)『家計調査 (2人以上世帯)』.
(注) エンゲル係数は全消費支出に占める食料費の割合である．また一人当たり食料費支出は，年齢階級別世帯全体の食料費をそれぞれの世帯構成員数で除した．

進むことにもなるが，一方で絶対的に減少する若年者を対象にする産業ももちろん高付加価値化で乗り切ろうとするであろう。さらに大局的には，バイオテクノロジーや再生医療，環境対応といった新しい産業の創出や，成長産業の育成が重要な政策となるであろう。

(2) 投資

総投資は設備投資，公共投資，住宅投資，海外投資からなる。民間，特に企業の設備投資（フロー）による民間資本（ストック）蓄積は，需給ギャップを調整する機能をもつ。つまり，将来，超過需要があると見込めば，それに備えて投資して資本蓄積しておくし，逆に超過供給が予想されるなら，新たな投資を抑制する，あるいは設備投資を更新しない。また，公共投資（フロー）による社会資本（ストック）蓄積は，公共事業の対象となる国全体あるいは地域の

人口が，その社会資本をどれほど必要としているかに依存する。

いずれにしても投資と貯蓄はマクロ的には恒等関係にあり，投資の面からみれば貯蓄はその源泉になるので，貯蓄の取り崩しは投資の抑制になる。また公共投資を増やそうと国債を発行しても，その発行が実質利子率の上昇を招き，民間投資をまた抑制させることになるいわゆるクラウディングアウトも懸念される。

民間企業の設備投資マインドは，将来の需要動向に大きく依存する。ポスト人口転換期において，人口減少が確実であると予想される現状では，全体的な投資マインドの縮小は避けられないものの，需要の内訳をみれば，衰退する産業はソフトランディングを探り，成長産業の積極的な投資がさらなる需要を創出することになるであろう。また労働力との関係については，労働集約的な場合，労働力の増加と設備投資に連動するが，資本装備率が高く，資本集約的な場合，労働力の少なさを，技術の体化された資本が補うということもあり，この場合は追加投資が期待される。一方，公共投資も人口減により全体的には縮小傾向になるが，都市化と高齢化により，高齢者が集中しつつある特に都市部では，高齢者に対応した公共投資や人口密度の高い人口の生活を維持するための社会インフラ整備が進むであろう。

したがって今後は，比較的投資が向きやすい公共投資のほかに，民間の成長産業に選択的に投資が向いやすいような仕組みつくりが必要になろう。高齢者対応の公共投資に必要性は認められるものの，むしろ長期的な視点からは，低出生力に対応したり，出生率を上昇させるための公共投資が必要である。高齢化する地域の社会インフラ整備のための公共投資と，民間活力を生かす投資への振り分けのバランスをどのようにとるかが政策の方向性としては難しい点になろう。

第4節　ポスト人口転換期の経済政策

　最後に，ポスト人口転換期における政策として，人口と密接な関連のある雇用の側面から労働政策について，また，労働生産性の向上の可能性として技術進歩の側面について考察しておきたい。

(1)　労働力の供給に関する政策
1)　労働政策のあり方

　まず労働力が減少する中では，これまで活用が不十分であった高齢者や女性，さらには障碍者などの潜在的労働力のさらなる労働市場参加を促進するための政策が必要である。またわが国では国民的なコンセンサスを得られにくいが，外国人労働力の受け入れについても本格的に検討し，実効ある制度の再構築も迫られることになろう。逆に，わが国の企業や生産活動の場を海外へ移すということも一案である。かつては国内の雇用機会の減少をもたらすとして産業の空洞化が問題視されたが，これからはむしろ企業側が雇用確保のために海外に出て，さらにはグローバル経済のなかで国際競争力を高め産業の高度化を図らなければならない。

　ただ，ここで留意すべき点としては，人口減少による労働力不足という単純な理由で女性を活用し，それでも足りなければ高齢者，さらには障碍者や外国人までも利用してという発想であってはならないということである。あくまで働きたいひとが潜在的に存在していれば働いて，それが結果的にマクロ経済の供給要素として追加され，またさらにそれが結果的に労働力不足の解消に貢献すれば良い。それぞれの多様性を認め，それぞれの満足感を高め，それが社会全体の生活水準の向上につながることがポスト人口転換期における理想的な形である。

　しばしば，人口政策に関しても議論されるように，出生率が低いからといって，社会的な風潮として圧力を与えたり，ましてや強制的に出産を迫るもので

はない。出産を希望する者がみな安心して産める社会の形成が本来の人口政策であるように，ひとへの政策として共通する労働政策でも同じことが言える。公定歩合を変えたり，財政出動をするような財政金融政策とは次元が異なり，あくまでひとの行動そのものが経済に及ぼす効果を期待して制度を整備する労働政策は，人間個人の自発的な意思決定を尊重し，そのための環境づくりの促進が政策手段にならなければならない。

2）高齢者の就業状況と雇用政策

さて，とくにポスト人口転換期の観点からは，これから高齢期における死亡率の改善が高齢者の平均余命や健康寿命をいっそう伸ばし，これが労働市場へ参加する要因となりうる点に注目したい。総務省の労働力調査をみると，65～69歳の完全失業率自体は，全年齢平均と大差はないのであるが，就業の意思はあるが「適当な仕事がありそうにない」という理由で求職活動をしない潜在失業者も含めた潜在的な失業率は，全年齢平均の1.5倍から2倍の水準で推移しており，相当の労働資源がわが国も潜在的に存在するということを示唆している。さらに求職活動をあきらめる要因としては，求人の条件として年齢が自分の年齢に合わないことが約半数を占めている。今後高齢労働者を活用するためにも，特に年齢に制約されることなく労働市場の流動性を高めることが必要である。ミンサー（Jacob Mincer）の人的資本理論（Mincer 1974）における企業特殊的人的資本の増加による賃金上昇や，ラジアー（Edward Paul Lazear）の暗黙的契約仮説（Lazear 1979）にもあるように，中高年時において労働生産性より高い賃金支給が，定年設定の理由であるならば，日本的雇用慣行である年功賃金は，中高年労働者をいわば割高な労働者として扱い，定年により就業状態から断ち切られた高齢労働者の労働市場への再参入をしにくくしていると言える。

高齢者を就業しやすくするためには，これまでの賃金水準のままでなくても，定年以前から企業への貢献度に応じて，年功賃金を一定程度抑制してそれを定年後の賃金支給へ転嫁するような仕組みで高齢者を継続雇用したり，あるいは高齢労働者の技能に応じて別の企業での再雇用を促進することで高齢者を活用

すべきであろう。

3）女性の就業促進

なお，女性労働力についても，女性に関して年齢を横軸に，就業率を縦軸にしてグラフ化すると，北欧をはじめ欧米諸国では山型の逆U字型を示すのに対して，わが国の場合出産や育児の時期に当たる30歳代の部分が低いいわゆるM字型カーブが従来から指摘されている。これを継続的に出産，育児と就業を両立できるよう職場環境づくりを進める政策がとられている。この論点についても経済学的ならびに社会学的にさまざまな議論がなされているが，これについては本書の第5章においてジェンダー的視点から言及されているため本章では詳細を割愛する。

(2) 若年労働力の活用

1）就業を回避するための進学

減少傾向にある若年労働力を確保し，活用することは重要であるが，労働力調査等の統計によると，1990年代から現在にかけて10歳代後半や20歳代後半の労働力率，就業率等の低下がみられ，これについては景気の低迷や進学率の上昇などさまざまな視点からその要因が指摘されている。ここではポスト人口転換期における価値観の多様化に注目し，働くことの意識を若者の発達過程における心理的側面から考察する。

2009年の内閣府政策統括官（共生社会政策担当）の『高校生活及び中学校生活に関するアンケート調査』[2]によると，高校を中途退学した者の，高校進学理由の上位は，両親など家族の者の勧め，あるいは，みんなが行くからというよう他者決定的な要因が高く，学校の特色や大学進学，教養を高めるという自主的な意欲に基づく要因は比較的低い。その結果，最終的には中退した者の状況を示しているが，必ずしも中退しなくても同様の理由で，中学校卒業後も就業せず，他者的な理由で通学している者も相当する存在していることが推察できる。

2）若者のひきこもり

また，労働力調査によれば，全国の若年無業者（15～34歳の非労働力人口のうち家事も通学もしていない者）の数は62～64万人程度で推移している。そこで，「若者の意識に関する調査（ひきこもりに関する実態調査）[3]」に基づくと，ほとんど家にいる「狭義のひきこもり」23.6万人に，ふだんは家にいて自分の趣味に関する用事の時だけ外出する「準ひきこもり」46.0万人を合わせた広義のひきこもりは69.6万人と推計された。同調査によると，複数回答だがその理由として，「職場になじめなかった」と「就職活動がうまくいかなかった」を合わせて4割以上にもなり，仕事や就職に関するきっかけでひきこもり状態となることが示されている。

また現在では，かならずしも物理的に自室にひきこもるだけではなく，外出してもインターネット通信等などに長時間割かれて，生産的な活動から逃避する若者も多く見られるようになった。わが国の小学生から25歳までの社会人を対象に調査した総務省情報通信政策研究所の「青少年のインターネット利用と依存傾向に関する調査[4]」によると，日常生活に干渉を及ぼすほどインターネットへ過剰に依存した状態にある，いわゆるネット依存に関して，国際的なヤング（Kimberly Young）の診断基準に基づくと，高校生の9.2％，社会人でも6.2％が高いネット依存傾向にあると計測された。もちろんインターネット利用自体を非生産的活動であるとは断定できないし，ネットの利用内容が，SNSなどで友達とのネット上での関係を維持したり，音楽や映像の動画の鑑賞に充てられているということも同調査で示されていて，これらは友人関係の構築や感性の豊穣という側面もある。しかし，これが行き過ぎて，現在あるいは将来の就業活動にまで干渉を及ぼす傾向は，やはり問題である。

3）三間（さんま）の欠如

さらに，ややコーホートを遡って，出生率が人口置換水準を下回り少子化が始まった1970年代半ばに生まれた人々についてはどうであろうか。このコーホートに該当する者の多くがインターネットに触れるのは成人してからであり，彼らが小学生になる頃の1983年に，家庭用ゲーム機，いわゆるファミコンが

発売された。もちろん，ファミコンやインターネットのように若者が依存や嗜癖しやすいものだけを社会悪にはできない。また時代背景として，1980年代後半からのバブル経済に向かって，都市部での開発はもとより郊外の住宅地でも区画整理などが進み，都市計画からみれば無駄な空地が減り，人工的なニュータウン化が進んだ。放課後の学校の校庭も，不審者侵入の予防のため，学校の管理下にある部活動利用に制限されるなど，子どもたちの遊ぶ場所つまり「空間」が少なくなった。また子どもの教育費用，補習費用の上昇にみられるように，塾や習い事などの頻度も増え，友達同士で遊ぶための「時間」を合わせにくくなった。

さらには，そもそも少子化なので子どもの絶対数も少なくなった。もちろん同時に何十人と関わるわけではないが，本当に信頼できる「仲間」から相性の合わないひとまで，さまざまな性格のそしてさまざまな年齢層の子どもたちと付き合うことで，いわば子ども社会という疑似社会で得られたさまざまな経験を通して，社会性を育み，大人社会へ入るはずが，そのような成長・発達が十分なされなくなった。このように「時間」，「空間」，そして「仲間」が足りないこと，これは教育の現場ではしばしば，「三間（さんま）の欠如」と呼ばれ，社会性や社会参加意欲の欠如，コミュニケーション能力不足の原因ともされている。

今後の政策の方向性としては，やはり根本的には若者を孤立させず，社会性を育ませるための活動を，いわば社会教育として地域の住民や自治体が支援することも必要になるであろう。年齢だけみれば成人でも，社会性の不足した大人は，やはり結婚しづらいであろうし，子育ても難しいはずで，社会性の育成という根本的な対策は，長期的には出生率回復に好影響をもたらすことになろう。

(3) 労働力の質の向上と技術革新

現在のような少子高齢化・人口減少時代において労働投入も資本蓄積も難しい状況下では，中長期的な経済政策としての技術進歩の役割については解釈が

分かれる。

1）経済成長を目標とする場合

これは概ね現代の経済政策の考え方に基づくものであるが，経済成長により富が拡大してそれを分配することで生活の向上を目指す場合，労働生産性を高めるために技術進歩に期待するところが大きい。わが国のように資源も少なく，これからの人口減少期において選択可能な経済成長の端緒のひとつとしては，供給面からの技術進歩であり，資本に体化された新技術を利用した労働をいかに生かすかが重要である。労働力人口も総数が減り高齢化するから高齢労働者でも生産性を上昇させられる技術進歩を生み出す必要がある。一般に労働力人口の伸びが鈍化すると，それを補完するように労働生産性が伸びる。これは労働力そのものの質の向上もあるが，技術進歩による効果が大きい。

また，高齢者のさらなる就業により，高齢者個人の就業期間も伸長し，それだけ生涯所得も増加する。その所得の増加分が，ライフサイクル仮説にしたがって退職後の消費を増加させれば，短期的に需要を拡大させる。あるいは貯蓄されても投資の増加となり，それが資本蓄積につながれば，長期的には供給面の生産力の増強になる。すなわち国内総生産（GDP）で示されるマクロ経済水準

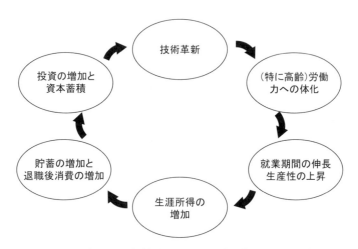

図6-5 ポスト人口転換期における経済政策と循環の過程

を上昇させ，他の種々のマクロ経済指標を改善させる好循環となる。さらに新たな技術革新を加速させられれば，少子高齢化・人口減少下でも1人あたりGDPを維持できると考えられる（**図6-5**参照）。

2）経済成長を前提とせず，成熟した定常型経済を目指す場合

前述のように古くはJ. S. ミルが提唱し，近年ではデイリーや広井が説くように，人口もゆるやかに減少して資本蓄積も進まないような定常状態である場合，むしろそれに適合した成熟した経済構造を目指すべきという考え方も近年有力視されている。経済成長を永続しようとしても環境資源にも制約があり，その資源を先進国や現世代が集中的に利用することは空間的・時間的に不公平な資源配分になる（Daly and Farley 2011，広井 2001）。

ハーマンによれば，経済成長を続けると資源の供給不足という限界に達するが，技術進歩がその限界を押し戻し，さらに成長しようとするという「永遠の経済成長」は，資源が浪費され，環境や生態系が破壊されるため，危険なサイクルであると警告しており，技術進歩の役割はむしろ，自然資源をいっそう利用するものではなく，限られた資源から効率よく質の高い財・サービスを生み出すために利用されるべきであると説いている（デイリー・枝廣 2014）。

ケインズ政策に基づけば，人間の消費行動が絶対的な「必要」に基づくのではなく，相対的・主観的な「需要」が喚起されて国全体は富を拡大し，特に先進諸国は，ある意味必要以上の豊かさを享受してきたが，そのような富の拡大を前提とした経済は，少なくともわが国では人口の側面からみても，また地球規模では環境の側面からみても難しくなってきた。ゆるやかに減少して低水準となる人口と，それに対応する資本の水準で得られた富を，経済政策によって適切に配分して，ひとりひとりの新たな豊かさの基準を求めながら，持続可能な社会を維持してゆくということも検討すべきであろう。

おわりに

　ポスト人口転換期とは，超低出生力が持続し，人口は再生産されず縮小しつつ，高齢期の死亡水準が改善して平均寿命が延びる時代である。この前提に立ち，長い人生に対応できるだけの生涯所得と老後に備えた貯蓄の増加のためにも高齢期の就業期間の延長と労働力としての質の向上が図られるべきである。これにより次世代からの所得移転を少しでも抑制したい。また生産年齢人口にあたる若年・現役世代においても技術革新に努め，少ない労働力の質と効率性を高めたい。

　いずれの年齢層，いずれの世代の国民もポスト人口転換期における経済社会の主体である。われわれは現在そして将来の人口動態の状況を正確に認知し，それを踏まえて，個人の労働，消費，貯蓄などの経済的な行動を望ましい方向に誘導し，ポスト人口転換期にあっても成熟した経済の発展を目指すべきである。

注

(1) 調査実施主体：国立青少年教育振興機構，成人調査。①調査対象：20〜60歳代の成人5,000人，内訳：各年代で男女各500人，抽出：回答者の居住する地域，性，年齢，既婚・未婚及び就労・未就労の割合が，実社会の構成比と大幅に異ならないように配慮して抽出した。②調査方法：ウェブアンケート調査，③調査期間：2009年11月。

(2) 調査実施主体：内閣府政策統括官（共生社会政策担当）。①調査対象：2004年度に高等学校を中途退学した者，発送数：1,595票（うち，宛先住所不明による戻り数148票），有効回収数：168票（回収率10.5％），抽出：北海道，三重県，島根県，岡山県，山口県，徳島県，高知県，大分県，鹿児島県，札幌市，京都市，福岡市ならびに170の学校等，②調査方法：郵送配布・郵送回収方式，③調査期間：2009年2〜3月。

（3）調査実施主体：内閣府政策統括官（共生社会政策担当）。①調査対象：全国の市区町村に居住する満15歳から満39歳の者5,000人，200市町村200地点を層化二段無作為抽出法により抽出，有効回収数（率）3,287人（65.7％），②調査方法：調査員による訪問留置・訪問回収，③調査期間：2010年2月。

（4）調査主体：総務省情報通信政策研究所。①調査対象：全国の小・中・高校生および大学生・社会人（25歳まで）5,000人，抽出：調査実施会社のパネル（約110万人）のうち，全国の104,299サンプルに事前アンケートを配信し，小・中・高校生および大学生・社会人（25歳まで）を抽出，有効回収数2,609人，②調査方法：調査員による訪問留置・訪問回収，③調査期間：事前アンケート，本アンケートとも2013年2月。

参考文献

大淵寛（1997）『少子化時代の日本経済』日本放送協会。

小川直宏（2009）「国民移転勘定（NTA）に基づく少子高齢化分析」池田新介・市村英彦・伊藤秀史編『現代経済学の潮流：2009』東洋経済新報社。

小黒一正・森下昌浩（2008）「人口減少の罠は脱出できるか？」貝塚啓明・財務省財務総合政策研究所編『人口減少社会の社会保障制度改革の研究』中央経済社。

厚生労働省（2004）『高年齢者就業実態調査』。

国立青少年教育振興機構（2010）『子どもの体験活動の実態に関する調査研究』。

小崎敏男・永瀬伸子編著（2014）『人口高齢化と労働政策』原書房。

小崎敏男・牧野文夫編著（2012）『少子化と若者の就業行動』原書房。

小峰隆夫（2010）『人口負荷社会』日本経済新聞社。

総務省情報通信政策研究所（2013）『青少年のインターネット利用と依存傾向に関する調査』。

デイリー，ハーマン・枝廣淳子（2014）『〈定常経済〉は可能だ！／岩波ブックレット914』岩波書店。

瀧直也（2013）「人間形成とコミュニティ」淑徳大学コミュニティ政策学部編『コミュニティ政策のはなし』成文堂。

内閣府（2009）『高校生活及び中学校生活に関するアンケート調査』。

内閣府（2010）『若者の意識に関する調査（ひきこもりに関する実態調査）』。

広井良典（2001）『定常型社会―新しい〈豊かさ〉の構想』岩波書店。

広井良典(2009)『グローバル定常型社会―地球社会の理論のために』岩波書店。
松谷明彦(2004)『〈人口減少経済〉の新しい公式』日本経済新聞社。
労働政策研究・研修機構(2014)『労働力需給の推計―労働力需給モデル(2013年度版)による政策シミュレーション』資料シリーズ No.129。
和田光平(2005)「消費・投資に及ぼす少子化の影響」大淵寛・兼清弘之編著『少子化の社会経済学』原書房。
和田光平(2006)「人口減少・高齢化と消費市場」大淵寛・森岡仁編著『人口減少時代の日本経済』原書房。

Aghion, Philippe, and Peter Howitt (1992) "A Model of Growth Through Creative Destruction," *Econometrica*, Vol.LX.

Daly, E. Harman and Joshua Farley (2011) *"Ecological Economics: Principles and Applications,"* 〔佐藤正弘訳(2014)『エコロジー経済学―原理と応用』NTT出版〕.

Grossman, Gene, and Elhanan Helpman (1991), *Innovation and Growth in the Global Economy*, MIT Press.

International Labour Organization (2014) *Key Indicator of the Labour Market 8th Edition*.

Kuznets, Simon (1960) "Population Change and Aggregate Output," National Bureau of Economic Research ed., *Demographic and Economic Change in Developed Countries*, Princeton: Princeton University Press, pp.324-351.

Lazear, Edward Paul (1979) "Why Is There Mandatory Retirement," *Journal of Political Economy*, 87 (6), pp.1261-1284.

Mill, John Stuart (1848), *Principles of Political Economy*〔末永茂喜訳(1961)『経済学原理〈4〉』岩波書店〕.

Mincer, Jacob (1974) *Schooling, Experience and Earning*, Columbia University Press.

Simon, Julian (1977) *The Economics of Population Growth*, Princeton University Press.

(和田光平)

第7章　縮減する日本社会の課題

はじめに

　現在の日本は，超少子高齢・人口激減社会，あるいはより端的にいえば「縮減する社会」（カウフマン 2011）の入り口に立っている。それは，平均寿命の延びと出生力の低下という，多産多死から少産少死へと向かう人口転換の歴史的帰結といえる。だが，今後，急速に進む人口減少や，人口高齢化・少子化による従属人口指数の上昇を踏まえれば，そのような社会の持続性に限界があることは明らかである。従って，人口システムが新たな均衡状態へ移行するには「ポスト人口転換期」の低出生力を人口置換水準まで回復させることが不可欠の条件となる。それには家族や社会規範，価値観の変化，あるいは福祉制度など，その実現に向けた社会システムの適応・進化が必要とされる。

　そのような問題意識に立ち，この章では，まず日本の，過去から現在までの人口の推移（総務省統計局 2006）と国立社会保障・人口問題研究所による将来推計人口（2012年1月推計）（国立社会保障・人口問題研究所 2012a）をベースに安定人口モデルを利用し世代間の扶養負荷の歴史的変化を分析するとともに，急激に増大する負荷にどう対処するべきかについての基本的認識を明示する（第1節）。次に，そのようなビジョンに立ち，現状の国政レベルの混迷（第2節），地域社会のゆらぎと対応（第3節）などについて批判的に分析し，人口社会学的視点から政策課題や解決策を提案する。

第1節　縮減する社会をどう捉えるか?

(1) 人口成長から人口縮減へ

　日本の総人口は19世紀末期以来，戦争などによる一時的な増減はあったものの，長期にわたり増加を続けてきたが，2008年をピークに緩やかな減少に転じた。国立社会保障・人口問題研究所の将来人口推計（出生・死亡とも中位仮定）によれば，総人口は2010年の1億2,806万人から2060年の8,674万人まで約4,126万人，率にして32.2%減少する見通しである。また年平均人口増加率も推計期間当初の−0.23%（毎年約30万人減少）から期末には−1.16%（毎年約105万人減少）まで低下する（国立社会保障・人口問題研究所 2012a）。この人口成長から縮減への変化の背景には，人口転換として知られる「多産多死から少産少死」への流れ，すなわち平均寿命の延伸と出生力の低下がある。平均寿命は明治時代（1891/1898年）の男44.3年・女42.8年から第二次世界大戦後（1950年）の男57.7年・女61.0年を経て急速に延伸を続け（総務省統計局監修 2006），2010年現在の男79.5年・女86.3年から，2060年には男84.2年・女90.9年まで伸びると仮定（中位の仮定）されている。

　一方，出生力の動きを見ると，合計特殊出生率は1925年の5.10（人口置換水準を1とする純再生産率では1.65）から1950年の3.65（同1.50）まで低下，1975年の1.90（同0.907）以降は置換水準を下回る状況が続いている（国立社会保障・人口問題研究所 2012b）。将来推計では，合計特殊出生率は2010年の1.39（純再生産率0.669）から一時わずかに上昇するが2060年で1.35（同0.652）と仮定（中位）されている。

(2) 従属人口指数の推移

　このように成長から縮減に向かう流れは多産多死から少産少死へと向かう「人口転換」の歴史的帰結であるが，それは人口総数のみではなく年齢構造の変化を通じ，従属人口指数（世代間の扶養負荷）の変動をもたらす。

ここで年齢構造の変化と従属人口指数の変動について考えてみよう。扶養負荷（Versorgungslasten）とは，「就業可能年齢にある世代は，未就業の次世代を産み育てると同時に，すでに就業を終えた先行世代を養育する義務を負う」というカウフマン（2011, pp.196-202）の社会契約的な世代間扶養の考えに基づくものである。人口学的な視点からは，年少人口（0～14歳），老年人口（65歳以上）に対する生産年齢人口（15～64歳）の比である従属人口指数として捉えることができる（原 2012）。すなわち，次の式で表される。

年少従属人口指数（年少扶養負荷）＝（0-14歳人口）÷（15-64歳人口）（×100）
老年従属人口指数（老年扶養負荷）＝（65歳以上人口）÷（15-64歳人口）（×100）
従属人口指数（総扶養負荷）＝ 年少従属人口指数 ＋ 老年従属人口指数

この従属人口指数の歴史的変化（**図7-1**：実線）をみると，生産年齢人口が担う総扶養負荷は，データが得られる1891/1898年の64.5から1921/1925年71.7まで上昇したのち減少に転じ，1990年の43.5まで低下，その後，再び増加に転じ以降は一貫して上昇している。将来推計人口（中位）では2010年現在の56.7から2060年には96.3に達するとされている。

図にはないが，これを年少と老年に分けると，1995年ぐらいまでは前者が減少する一方，後者はほとんど増加せず，これが総扶養負荷を急速に低下させてきたのに対し，2000年に入る前あたりから老年扶養負荷が急速に増加，これが総扶養負荷の急増を招いていることがわかる。

(3) 長寿化と少子化の影響

この従属人口指数は，その年次の年齢構造を直接反映したものであるが，これに対し，各年の平均寿命に対応する生命表の定常人口で表現される年齢構造（安定人口の年齢構造係数）を用いることで，人口置換水準の出生力（純再生産率＝1）のもとで，長期的に実現される理論上の総扶養負荷（平均寿命の水準で決まる）を知ることができる。つまり，平均世代間隔を約30年とすれば，長

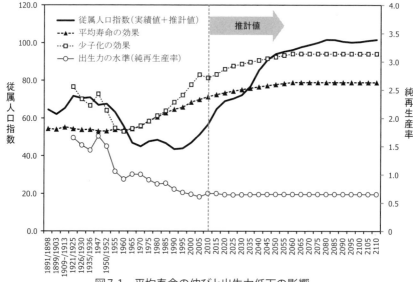

図7-1 平均寿命の伸びと出生力低下の影響

(資料) 1921/1925 年から 2005 年までは総務省統計局監修 (2006)，2010 年は国立社会保障・人口問題研究所 (2012b)，2015 年から 2060 年までは国立社会保障・人口問題研究所 (2012a) より算出．
(注) 2015 年以降は出生・死亡とも中位仮定による推計値．図中：従属人口指数は該当年次の年齢構造から算出した値．平均寿命の延伸効果は各年の生命表の安定人口を基に算出した値（定義に従い純再生産率＝1，当該年の平均寿命のみを反映），出生力の変動効果は各年次の純再生産率を用いて，出生力水準の変化の影響を加えた値（純再生産率＝当該年次の値，平均寿命＝当該年次の値）．

寿化の影響のみを考慮した場合に，次世代が担うことになる将来の総扶養負荷として捉えることができる。

さらに，この値に出生力（純再生産率）の水準が与える影響を加味することも可能である。すなわち，次の式で表される。

出生力（純再生産率）の影響を加味した従属人口指数＝
（基準年次の年少従属人口指数）× 純再生産率 ＋
（基準年次の老年従属人口指数）÷ 純再生産率

なお，基準年次の従属人口指数の計算には，上記と同様，各年の平均寿命に

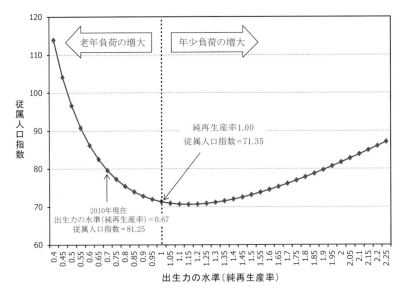

図7-2 出生力の水準が長期的に従属人口指数に与える影響

(資料) 国立社会保障・人口問題研究所 (2012b) より算出.
(注) 基準年の安定人口は厚生労働省統計情報部「平成22年簡易生命表」による (年少人口割合:0.18, 生産年齢人口割合:0.58, 老年人口割合:0.24, 基準年の年少従属人口指数=30.7, 同老年従属人口指数=40.6, 純再生率=1の場合の従属人口指数=0.71.35). 2010年の値は, 純再生産率0.67から, 0.67×基準年の年少従属人口指数+基準年の老年従属人口指数÷0.67=0.81.25と算定できる.

対応する安定人口の年齢構造係数を用いる。従って，人口置換水準の出生力（純再生産率＝1）のもとでは，長期的な値（平均寿命の水準で決まる）と同じになる。

まず，従属人口指数の歴史的推移（図7-1：実線）に対し，該当年次の生命表に基づく安定人口を想定した，長期的な値（図7-1：破線▲）の変動を見ると，こちらの方は1891/1898年から1965年まではほぼ54で安定的に推移していたが，平均寿命の延伸効果を反映し，1975年の58あたりから，ゆるやかに上昇し始め，2010年現在の71から2060年の79まで一貫して上昇すると推計される。つまり長寿化の効果だけでも扶養負荷は増加するが，それのみであれば従属人口指数は80に近い水準で安定する。

しかし，実際には，これに出生力低下（図7-1：破線○）の影響が加わることになるので，図7-1の破線□が示すように1985年の63を最後に長期的な最小値から乖離し始め，純再生率低下の影響を加味した従属人口指数は，2010年現在の81から2060年の94まで上昇すると予想される（図7-1：破線□）。

2010年の生命表（平均寿命：男79.6年，女86.4年，安定人口の年齢構造係数：年少人口17.9%，生産年齢人口58.4%，老年人口23.7%）をもとに，純再生産率の水準が長期的に従属人口指数に与える影響を作図すると（**図7-2**），ある平均寿命のもとで女性が自らを再生産する確率にあたる純再生産率が1.0に近い値を取る時は，従属人口指数は71.35と底に近い値となる。純再生産率が約0.9から1.2までの間はこの値はほとんど変化しない。しかし，それ以上に出生力が高くなれば（グラフの右方向），その分，若年人口に対する扶養が高まり負荷は上昇する。また出生力が低下し純再生産率が1より小さくなる（グラフの左方向）場合も負荷が上昇するが，そのカーブははるかに急激なものとなる。ちなみに2010年現在の純再生産率0.67では，長期的な従属人口指数は81.25であり，純再生産率が1.15となる時，最小値の70.6まで低下する。

(4) 日本の人口転換における長寿化と少子化の作用メカニズム

ここで従属人口指数（世代間の扶養負荷）という指標を鍵として，日本の人口転換における長寿化と少子化の作用メカニズムを考えてみよう。

まず女性の平均寿命の延伸（長寿化）の影響を，年少と老年に分けて観察すると（**図7-3**），全体の従属人口指数（図7-3：実線■）は長く安定していたが，平均寿命が70年を超えたあたり（年次では1975年以降）から急激に増大する。これに対し年少の指数（図7-3：破線□）は当初より平均寿命の延伸とともにゆるやかに減少，平均寿命が70年を超えたあたりからは底を打ち30ぐらいの水準で安定する。逆に当初より徐々に増加していた老年の指数（図7-3：破線△）は，平均寿命が70年を超えたあたりから急激に増大する。このような変化の背景には，女性の平均寿命の上昇とともに各年齢区分の生残率が若年から老年に向け累積的に増大すること，また若年や生産年齢の死亡率が比較的早い時期

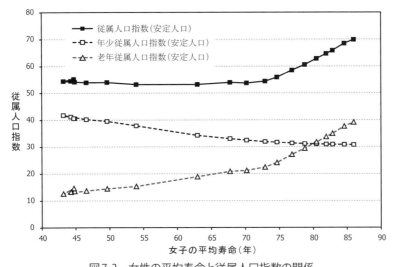

図7-3 女性の平均寿命と従属人口指数の関係

（資料）女性の平均寿命及び安定人口の年齢構造については完全生命表（明治24年〜平成12年）（総務省統計局監修 2006）及び国立社会保障・人口問題研究所（2012b）より算出。

に下限の0に近づく（生残率が1に漸近する）のに対し，70歳以上の死亡率の低下には時間が掛かること（下限の0まで十分な距離がある）が関係している。

さらに，図7-4に示すように，平均寿命が延伸する過程で女性の50歳時までの生残率（図7-4：実線□）は当初の51.1％から97.4％まで大幅に上昇した。この結果，女性が出産可能期間を生き延びる確率が高まり，再生産に必要な置換水準の出生力（図7-4：破線◆）も当初の約4人から2.10人まで低下した。そして，実際の出生力（図7-4：実線△）も，この置換水準を後追いする形で低下してきた。しかし，女性の平均寿命が70年に達したあたりから置換水準を割り込むようになり，現在までのところ合計特殊出生率が1.5を下回る，超低出生力状況が続いている。

このことを女性の出生行動の変化と関連づけて捉えると，平均寿命の延伸過程においては出産可能期間の女性の生残率が高まり，さらには生まれてくる子ども自身の生残率も高まったので，仮に出生抑制を行わなかったとすれば，年少扶養負荷が急激に増大したはずである。しかし，年少扶養負荷が増大すれば，

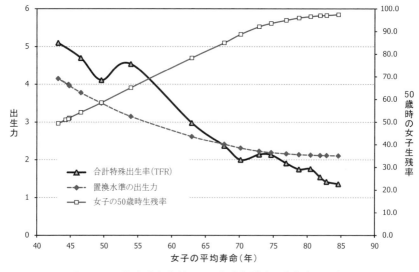

図7-4 平均寿命と女性の50歳時生残率・出生力の関係

(資料) 女性の平均寿命及び50歳時生残率は完全生命表(明治24年～平成12年)(総務省統計局監修：2006)より抽出,対応年次の合計出生率については「女性の人口再生産に関する主要指標：1925～2010年」(国立社会保障・人口問題研究所 2012b) より抽出．

(注) 純再生率(NRR = 1)に対応する出生力は, 1÷(50歳時生残率×女児割合)により算出．ただし,女児割合は出生時性比 = 105として 0.4878 とした．なお,資料上の制約から,第4回(1921/1925年),第5回(1926/1930年),第6回(1935-1936年)の女性の平均寿命及び50歳時生残率には,各々1925年,1930年,1940年の再生産指標を用いている．

　子ども1人あたりに投入しうる資源は減少し,母親自身の生活資源も圧迫される．また多産にともなう死亡リスクも累積的に増大する．従って,女性の再生産戦略としては,子ども数を可能な限り少なく抑え,出産・子育てにともなう母子のリスクを最小化することが最適であり,これに対応した事後的な出生抑制行動(有配偶関係における平均出生児数の低下,あるいは多子家族から2子家族への収束)が広がっていったと解釈できる．

　また平均寿命が70年を過ぎたあたりからは長寿化による年少扶養負荷は底打ちし,逆に老年扶養負荷が上昇し始める．つまり出産・子育てにともなうリスクよりも,自分自身の将来(長い人生)に関するリスクや親の介護リスクの方が高まって行く．また女性を取り巻く教育・就業環境の変化もあり,結婚・

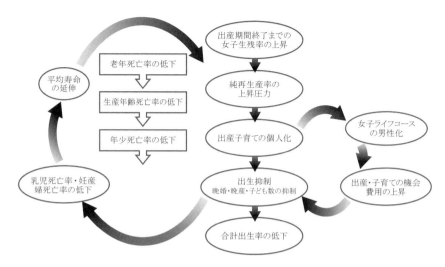

図7-5 人口転換における平均寿命の延伸と出生力低下のメカニズム

出産のタイミングを先送りすること（晩婚・晩産化）で，将来の家族形成にともなうリスクを低下させる新しい再生産戦略が生じたと思われる。その結果，人口再生産期間（生殖可能年齢）の利用は期間の後半にずれ込み，期間内に結婚・出産が間に合わない場合に，生涯未婚，有配偶無子，あるいは第2子出生に至らないケースが増加し，結果的に出生力が人口置換水準を割り込むようになったと考えられる。

　これらの知見をまとめると，日本の人口転換と従属人口指数（世代間の扶養負荷）との関係は，女性の平均寿命が40年から70年まで延伸する過程と，70年を超えて延伸する過程の2つの時期に分けて記述することが可能となる（図7-5）。まず，前者の過程では「各年齢における死亡率の低下＝平均寿命の延伸」自体は直ちに扶養負荷の増大を引き起こさない。理論的には出生力が人口再生産水準に留まる限り，年少扶養負荷の低下と老年扶養負荷の増加が相殺され総扶養負荷は53～54程度の水準に留まる。しかし，その一方，出産可能期間の「女性生残率の上昇→純再生産率の上昇→年少扶養の負荷が上昇」という連鎖から出生抑制への圧力は高まる。そこで出生抑制が機能せず，女性の生残率の上

昇をそのまま反映して合計特殊出生率が増大する場合は，年少扶養負荷が増大し，これが平均寿命の伸びを抑え，マルサス的な負のフィードバックが働き均衡状態へ向かうことになる。これに対し日本で起きたように出生抑制が徐々に機能し出生力低下に向かえば年少の扶養負荷は上昇せず，女性の平均寿命がさらに延伸するという正のフィードバックが働き，多産多死から少産少死へと向かう人口転換が進むことになる。

これに対し，女性の平均寿命が70年を超えて延伸する段階では，年少者の死亡率や再生産年齢の死亡率の低下は順次下限（0水準）に漸近するため，高齢の死亡率のみが持続的に低下する。このため平均寿命の延伸が総扶養負荷の増大を引き起こすことなる。つまり年少扶養負荷は下げ止まるが，「老年扶養負荷の増加＝総扶養負荷の増大」となり，その水準は70を超える。その一方，年少扶養負荷の圧力が減少しても，結婚・出産のタイミングを先送りすることで将来の家族形成にともなうリスクを低下させるという新しい再生産戦略が始まり，晩婚・晩産化に伴い合計特殊出生率は置換水準を割り込み引き続き低下する。このため平均寿命の延伸効果に低出生力の効果が加わり，総扶養負荷が80から90へと上昇するとともに，人口減少に突入する。この状況に対し，仮に個人レベルではなく社会レベルで対応することで出生力の人口置換水準への回復が図られるならば，扶養負荷の上昇は，平均寿命の延伸効果のみに限定され，人口は長期的に定常化する。

(5)「縮減する社会」の危機

近代日本は，女性の平均寿命の40年から70年までの対応（総数抑制：多子から2子へ）において優れて適応的であったといえる。つまり人口転換による扶養負荷の減少と人口ボーナスの発生が，経済成長に貢献する形で今日の繁栄をもたらした。

しかし，その適応過程において人口「再生産」の個人化（女性の自由意思・自己責任化）が進み，女性のライフコースの「男性化」（エスピン＝アンデルセン 2011）が起こった。その一方で，医療・年金・介護保険制度の創設などの

形で，高齢者がもたらす扶養負荷への対応が先行して社会化した。その結果，子どもを産み育てるコスト・ベネフィットは女性にとり極めて不均衡なものとなり，リスクを最小化しょうとする出生行動のもとで，出生力は人口置換水準以下に留まっている。このような出産・子育ての自己責任化の動きに何も手を打たないとすれば，出生促進に向かう社会的インセンティブはほとんど働かないであろう。

　従って，現代の日本における，女性の平均寿命70年からの対応（晩婚・晩産・少子化，無子の増加）は依然として非適応的であるといえる。つまり，人口転換の結果，日本は人口オーナス期に入り，現状のまま推移すれば，経済の低迷，ことに需要の減少，社会の再分配機能の低下から，社会・経済格差はますます拡大してゆくことになる。また老年扶養負荷の増大から高齢者医療・年金・介護システムも維持が困難となる。さらに財政危機から出産・子育ての社会化（児童手当，育児休業，保育サービスなどの充実）も進ない。その結果，個人にとって「再生産」に要する負担はさらに増加するので，「縮減する社会」の状況が一層加速化する。

(6) 社会システムの持続可能性

　日本では，戦後の第一の出生力低下（1950年から1961年まで）と第二の出生力低下（1975年以降）の二つの時期を通じ世代間の扶養負荷（従属人口指数）が低く抑えられてきた。このことは，先に述べたカウフマンの社会契約的な世代間扶養の考えに立てば，その分，高齢化に見合う形での世代間契約の履行が「節約」され次世代へと先送りされてきたといえる。

　すなわち図7-1の歴史的な扶養負荷と，平均寿命の延伸を加味した長期的な扶養負荷との乖離部分は，戦後の出生力低下を通じ「節約」部分として経済成長や国際競争において有利に作用し，世界経済上の高い地位をもたらしたといえるが，結果的には，人口「再生産」の基盤となる家族形成（あるいは，そのための投資や支援）を，その代償としてきたといえる。とりわけ1985年以降，出生力（純再生産率）低下の影響を加味した扶養負荷は，長期的な扶養負荷か

らも乖離し始め急速に上昇しており，この先送りされた世代間扶養の不履行部分を将来担うことになる次世代の人々の間で，社会的分配を巡る様々な衝突が深刻化してゆくことになる。というより，このように増大する扶養負荷の上昇に，次世代の人々が耐え切れないとすれば，なおのこと出生力の人口置換水準への回復は見込めず，さらに負荷が増大してゆくという悪循環に陥り，社会システムはその持続可能性を失うことになる。

第 2 節　国政レベルの混迷と課題

(1) 財政破綻の危機

　日本の将来について，国の財政破綻がしばしば話題にのぼる。EU 諸国やアメリカを始め財政赤字にあえぐ政府は日本だけではないが，日本の場合 2022 年度末には国債発行残高が 1000 兆円を超えるという（財務省 2013 年 3 月 6 日）。実際，財務省の『日本の財政関係資料（平成 26 年 2 月）』(2014, p.11) によれば，一般会計予算は，「税収＋税外収入」54.6 兆円，一般会計歳出 95.9 兆円（基礎的財政収支対象経費 72.6 兆円＋国債費 23.3 兆円），公債金収入すなわち借金 41.3 兆円，年度末公債残高 780 兆円とされている。これを月収 30 万円（年収 360 万円）の世帯に置き換えると，必要経費総額 53 万円（家計費 40 万円，ローン元利払い 13 万円），不足分すなわち借金 23 万円で，月末のローン残高は 5,143 万円に相当するという。つまり年収の 10 倍を軽く超える累積債務を抱え，しかも支出の 25％ 近くがローンの返済金で，それでも足りず必要経費の 43％ を新たな借入金に頼るという状況である。つまり，現状のまま推移すれば，公債残高は加速度的に増大し，元利返済に当たる国債費も増大し，基礎的財政収支対象経費として，実際に使える予算（家計費）は限りなく縮小してゆく（理論的には財政支出を切り詰め 0 にしても国債費だけは残る）。また国債費は公債残高のみではなく，利率の影響も受けるので，財政破綻などの懸念が生じ金利が上昇すれば，さらに状況は悪化する。従って，この財政破綻の危機は何らか

の方法により回避されなければならない。

　しかし，現在のまでのところ，この巨大な財政赤字は経済的停滞の原因ではなく，過去の経済政策の帰結に過ぎず，しばしば誤って言及されているような，少子高齢化や人口減少などの人口学的要因が引き起したものではない。

　すでに前節の図7-1に示したように，日本の従属人口指数（総扶養負荷）は戦後急速に低下して行き，1960年から1990年あたりにかけ，人口ボーナスともいうべき，もっとも低い水準が続いたが，これに対し，公債残高の上昇が始まるのは「昭和40年不況」があった1965年以降のことである。その後もオイルショック（1975年），バブル経済の崩壊，リーマンショックなどで景気対策のための財政出動が繰り返されたが，目論見どおりには税収が回復せず，とりわけ1990年以降，新自由主義的経済改革のもとで歳出と税収の乖離が進んだことが累積債務の背景となっている。

　つまり，金融機関の救済を目的とした財政出動の結果，銀行金利は限りなく0に近づき過剰流動性を抱えたマネーマーケットは本質的に不安定化する。その一方，相対的にもっとも安全で確実な運用先として国債が買われる。企業の内部留保や高齢者の預貯金なども銀行を通じ国債に回り，設備投資など実需に繋がる成長サイクルが起動しないことになる。巨大な累積債務にも関わらず財政が曲りなりにも破綻しないのは，日本の場合，国債の買い手が主に日本の金融機関，企業，高齢者であるからだ。

　しかし，1990年代以降，人口ボーナスの終焉とともに生産年齢人口の縮減が進んでいる。生産年齢人口の減少は，当初，労働力不足を招くと考えられていたが，新自由主義的なグローバル経済のもとで国内外の雇用環境が悪化し，非正規雇用などの増加を通じ「雇用なき成長」に向かった。このため生産年齢人口の縮減・格差拡大は，むしろ所得の再分配チャンネルの閉塞となり，有効需要の大幅な低下を招く結果となっている。また，そのような状況の中で，結婚・出産などの家族形成は一層困難となり，年少人口の縮小，消費支出の縮小，購買意欲の低下，消費需要の低迷が続くことになる。

　従って，この国の財政破綻を回避する上での，財政政策上の課題としては，

まず，スティグリッツ（2012, pp.127-131）やクルーグマン（2009, pp.219-224）が盛んに主張しているように税負担の公平性を回復するとともに資産課税を強化し，失われた税収を回復する必要がある。具体的には，所得税について，高額所得者に対する累進税率の上限を現行の40％程度から元の70％程度まで戻すとともに，累進ステップもよりきめ細かものに改めるべきである（財務省2014）。また法人税についても各種優遇税制や隠れ補助金などを廃止する。キャピタル・ゲインも分離課税などの優遇措置を止め，軽減を続けてきた相続税も引き上げ，所得・資本の再分配，世代間移動を円滑化することが重要である。

また財政支出は合理化・効率化を進めるべきであるが，支出の重点を高齢者からシフトさせ，縮減しつつある生産年齢人口の有効需要をいかに創出するかという視点に立ち，就業支援，家族形成支援，教育投資などに積極的に投入していく必要がある。

(2) 社会保障制度改革

社会保障関連支出（年金・医療・福祉その他）は，2013年度の予算ベースで総額110.6兆円に上り，国民所得358.9兆円の30.82％に相当する（厚生労働省2014）。このような社会保障関連支出の巨大化傾向は，高齢化率（65歳以上人口が総人口に占める割合）の上昇カーブと比較すればわかるように，年金・医療を中心に急速な人口高齢化がそのまま反映されたものであるが，その始まりは1970年代に遡る。

石油ショック直前，当時の田中角栄内閣は1973年を「福祉元年」と位置づけ，老人医療費無料制度の創設（70歳以上の高齢者の自己負担無料化），健康保険の被扶養者の給付率の引き上げ，高額療養費制度の導入，年金の給付水準の大幅な引き上げと物価スライド・賃金スライド制の導入など，社会保障制度の大幅な拡充を行った（厚生労働省 2012）。しかし，この制度が発足した段階では1970年代半ば以降の平均寿命の急速な延伸や人口置換水準を大きく下回る超少子化の進行などは予見されていなかった。このため，その後の状況変化を受け，様々な制度改革が行われてきた。

老人医療費は1982年の老人保健法制定を契機に一部自己負担が導入されるようになり，やがて定率10％となり，後期高齢者医療制度として75歳以上を分離するなどの施策が導入されている（厚生労働省 2007b）。さらに2000年からは介護保険制度が導入され，医療と介護の分離が目指されている。年金制度についても「100年安心」と呼ばれた2004年の改正で，それまでの5年毎の見直しは止め，現役世代の負担率の上限を2017年以降は18.3％に固定，標準的な受給金額を最低でも現役世代の平均収入の50％を上回る水準とするなどの原則が定められた。

　しかし，先にも述べたように「縮減する社会」が本格化するのは，まだこれからであり，年金，医療，介護に関わる扶養負荷の増大に現役世代が耐えうるか（耐えうるとしても，年少扶養の相対的縮小は避けられない），また受給についても現在の現役世代が給付を受ける頃には，その実質的価値が失われるのではないかと危惧されている。従って，現行の社会保障制度の政策上の課題としては，まず何をおいても制度の持続可能性・有効性が保障されねばならない。あるいは逆に「縮減する社会」においても，なお持続可能で有効な制度への改変が不可欠である。

　そこで問題となるのは「負担と給付」の関係である。現行制度の原則はあくまで「負担に応じた給付」であるが，これを最終的に「能力に合わせた負担と必要に応じた給付」へと変更する必要がある。というのも，わが国の社会保障制度は，本来，年金，医療，介護いずれを取っても保険制度であり，その趣旨は，高齢まで生きた時に自活に必要な生活費が不足する，医療費が払えず病院に行けない，介護なしに日常生活が送れないといった状況に陥った場合に，家族や個人に代わり，社会がそれらを保障するものである。つまり，万一のリスクに対する保険である限り，現行制度のように，ほとんどすべての負担者が受給者となることには，原理的な無理がある。

　従って，負担は現行以上に応能原則（報酬比例）に立つ一方，受給は受給者の経済状況に合わせた必要原則に絞ることで，「ナショナル・ミニマム」的なリスク保障へと制度変更すべきではないかと考える。この考えに立てば，年金は

自己の収入・預貯金・資産を充当しても，なお「ナショナル・ミニマム」的な水準に達しない人が，その不足分を受給する形になり，老年人口の増加に比例してというよりは，老年人口の中のリスクグループに受給は限定される。また，これにともない必要とされる負担も大幅に圧縮される。医療保険制度についても同様の仕組みを用いれば，遥かに効率的で安定した制度になると思われる。

　確かに，このような制度は比較的所得水準の高い層に不満をもたらすであろうが，現行の公的年金制度は，確定拠出（積立）方式ではなく賦課（世代間扶養）方式で運営されているのであり，給付の原資は自らが過去に蓄積したものではない。むしろ過去の負担額（報酬）に比例し，ほとんどすべての高齢者が受給する一方，自らの収入・預貯金・資産には可能な限り手を付けないという，現在のあり方の方が不当であるといえる。また「縮減する社会」では老年扶養負荷は限りなく100に近づくので，高い経済成長率を想定しない限り，現行制度のままでは標準的な受給金額は限りなく低くなる。そのような持続不能な（あるいはグランド0のセーフティネットとなる）システムに期待するよりは，万一のリスクを確実にカバーする方が遥かに賢明であると思われる。

　ただし，このような社会保障制度改革をスムーズに実現するためには，年金・医療・介護保険制度はもとより，雇用保険制度や生活保護制度など，他の社会福祉制度との一体的な運営が不可欠であり，さらには受給資格のチェックと不正利用の防止，間接コストの削減なども考慮すれば，ミーンズ・テスト（資産査定）の簡略化と納税段階での精算処理など，税制や税財源との一元化は避けられないと思われる。また「消えた年金」で問題となったように情報の一元化やネットワークを活用したビッグデータの利用などによるコスト・パフォーマンスの向上，現物支給・クーポン方式の活用による有効需要の創出など，様々な技術的改善も必要と思われる。

(3) 超少子化から再生産機能の回復へ

　「縮減する社会」に抜本的に対処するには，個人レベルではなく，社会レベルで出生力を人口置換水準に回復させることが必要とされる。そのためには，現

在，「世代間契約」の後半分（高齢扶養負荷）に集中している社会的支援を，前半部分（年少扶養負荷）にシフトさせ，社会全体の再生産機能を強化しなければならない。

　それには，まず財政・社会福祉改革でも触れたように社会の再分配機能を強化し，縮減しつつある生産年齢人口と年少人口に，より多くの資金・資産を投入し，就業機会を創出し有効需要を喚起することが求められる。バブル経済崩壊以降，「失われた10年」は「失われた20年」となり，すでに「失われた30年」へと向かっている。その間，20歳代後半から30歳代前半の雇用環境は正規雇用から非正規雇用へとシフトし，実質賃金も低下し続けており，就業機会の不足と不安定雇用のもとでは，家族形成以前に，まず自らの将来が見通せない状況となっている。この状況を打開するには「雇用なき成長」や「雇用削減による成長」ではなく，「雇用創出による成長」へと経済を誘導することが必要である。たとえば官庁や企業に，その規模に応じ一定の正規雇用枠を義務付ける，あるいは雇用創出効果とリンクした特別予算枠や法人税率を設けるなどの，意図的で積極的な介入が必要である。

　さらに女性が子どもを産み育てる上での費用対効果（コスト・ベネフィット）のバランスをプラスに転じる必要がある。男女のパートナーシップにおけるジェンダー平等の推進については，すでに1999年の男女共同参画社会基本法の施行以来，国をあげて取り組んでいるが，男女の賃金・昇進格差，非正規雇用率などの実態を見る限り，努力・注意義務の域に留まっており，女性が子どもを産み育てる上でのハンディが解消されているとはいえない。この点についても，まず官庁・教育機関・大企業などを中心にアファーマティブ・アクション（特別枠による是正措置）的な実効性のある介入を行う必要がある。また就業における男女の機会均等は，結婚・出産・子育てにおいても実現すべきであり，職業生活の中断に際しても十分な育児休業期間と休業手当，職場復帰の権利を社会的に保障しなければならない。また社会全体の再生産機能の強化という観点に立てば，結婚・出産・子育てを社会的に支援すべきであり，就業の有無に関わらず，児童手当や保育サービスなどを充実させるとともに，大学教育も含め，

すべての教育を無償化することが望ましい。

このような労働・家族政策を実現するには，出生力を人口置換水準まで回復させ，それを維持してゆくことこそが，社会システムの存続にとって不可欠であり，それこそが社会的連帯の基盤であるという点について，しっかりとした社会的合意が形成されねばならない。

政府の有識者会議「少子化危機突破タスクフォース」で「合計特殊出生率 2.07 回復」という数値目標設定の是非が議論され，「産む，産まないという個人の選択に，国が無言の圧力をかけることにつながりかねない」との記事が流れたが（朝日新聞 2014 年 4 月 22 日），賛否両論ともに基本的認識に誤りがあるといえる。合計特殊出生率 2.07 は現状の平均寿命のもとでの出生力の人口置換水準であり，現時点の出生可能年齢（統計上は 15〜49 歳）の女性人口が完全に置き換わるのに必要とされる女性 1 人当たり出生数である。人口減少をそのまま補填するものではなく，出生率目標の代わりに出生数を使うなども意味をなさない。一方，この値は社会全体の「再生産」を回復するための目標とはなるが，個人が「子どもを産む，産まない」，あるいは何人産むべきかを指示するものではない。人口学では，妊孕力などの関係で，どのような社会であれ，男女とも 10％程度は生涯無子に留まることが知られており，個人の出生児数は常に 0 から 6 子以上まで多様である。ただ多様であるにも関わらず，社会の再生産機能が維持されるには，その平均値が 2.07 に達しなければならない（再生産年齢までの生残率が低い社会では，その値はさらに高い）。

つまり，子どもを産む人はもとより，子どもを産みたいが産めない人，産みたくないので産まない人も含め，社会の再生産機能が維持されない限り，その社会は存続しえない。特に日本のような超高齢化ともいうべき長寿社会にあっては，社会的支援なしに最後まで生きることは困難であり，たとえ「お一人様の老後」を希望するとしても，それを支える社会の再生産を支援することには十分な価値がある。

従って，この目標設定は，結婚・出産・子育てを希望しながらも十分に実現できない人々を，社会が支援するための決意表明であり，社会がすべての人々

に「子どもを産むか，産まないか」の選択の自由を十分に保障しているかを確認するための指標と捉えるべきであろう。

(4) 超高齢社会への対応

すでに前節の (3) で示したように，仮に人口再生産レベルの出生力回復が実現したとしても，長寿化の効果だけで，総扶養負荷は 2010 年現在の 71 から 2060 年の 79 まで上昇する。また個人レベルでみても平均寿命が 2010 年現在の男 79.5 年・女 86.3 年から 2060 年には男 84.2 年・女 90.9 年まで伸びることに変わりはなく，多くの人々が現在よりさらに長い人生を送ることになる。また 1970 年代半ば以降の急速な平均寿命の延伸は主として 70 歳以上の高年齢層の生残率の上昇によるものであり，後期高齢期の生活が今以上に長くなると考えてよい。

しかし，逆にいえば，人口の大部分が少なくとも後期高齢期の直前までは十分に健康かつ活動的であり続ける（医療保険制度の崩壊など平均寿命の短縮が起きない限り）と想定しうる。つまり，超高齢社会への対応の基本は高齢者全般に対するケアではなく，高齢者の自立促進にある。すでに述べた年金・医療・介護保険制度の「能力に合わせた負担と必要に応じた給付」の原則は，すべての高齢者に適用すべきであるが，超高齢社会においては，従来から行われてきた物理的年齢による高齢者区分は就業も含め廃止する方向に向うと考えられる。

周知のように高齢化とともに，個人の健康・経済・資産格差は拡大する。これは老化にともなう身体・認知機能の低下に個人差があることによるが，社会的機能や富についても，長いライフコースの間に遭遇する偶然のチャンスやリスクの蓄積効果が顕在化すると考えられる。幸運に恵まれたごく一部の人のみが長寿を全うする時代とは異なり，大部分の人が長いライフコースを生き抜かねばならない時代には，物理的年齢による一律で機械的な対応は意味をなさなくなるだろう。

(5) グローバル化への対応

　先進国の中でも群を抜く少子高齢化の進行と，今後，急速に進む人口規模の縮小などを捉え，日本の国際的地位の低下が，海外メデアを中心にすでに確定的な未来であるかのように論じられている（英『エコノミスト』編集部　2012, p.279；ヨシハラほか　2013, pp.104-134）。総人口や生産年齢人口の規模のみで一国の国際的地位が決まるとは思えないが，国民国家の枠組みを超え，政治・経済・社会の競争条件が均等化する，いわゆるグローバル化の流れの中で，日本が現在の地位を維持し続けることは容易ではないだろう。

　しかし，グローバル化への対応策として，少子高齢化・人口減少を食い止めるために移民の大量受け入れを行うとすれば，それは誤った選択である。確かに日本の労働力人口は 1998 年の 6,793 万人をピークに減少に転じ，その後も減少の一途をたどっており，内閣府の推計では現状のまま推移すれば 2060 年には 3,795 万人まで減少するという（日本経済新聞　2014a）。

　しかし，グローバル化で問題となっているのは労働力の不足ではなく，就業機会の不足であり，より安い労働力を求め移動する資本の国際移転とその結果としての国内産業の空洞化である。従って，仮に「移民の大量受け入れ」により日本の労働力単価を低下させたとしても，その効果には自ずと限界があり，国際競争力を高めることにはならない。実際にそこまで賃金水準が低下すれば移民は来ない。また，今後，日本以上に少子高齢化が急速に進行してゆく東アジアの周辺の国々で，そのような安価な移民を持続的に供給しうる国は見当たらない。

　さらに移民の受け入れには社会的コストがともなう。とりわけ，入国した移民が文化的にも社会的にも完全に適応し，家族形成し人口再生産を果たすには，日本人の同世代と同等以上の手厚い社会的支援が必要とされる。従って，そのような条件が移民に保障されるとすれば，日本人の同世代にも同様に保障されるべきであるし，人口置換水準の回復には日本人に対する政策の方が遥かに効率的である。実際，外国人受け入れが将来人口を通じ社会保障に及ぼす影響に関する試算（石井・是川・武藤　2013）の結果が示すように，移民の受け入れ

は各種の扶養負荷の増加を遅延させるが，本格的な軽減には，日本人在住者と同様，次世代の再生産が前提となる。

　従って，グローバル化への対応としては，むしろ企業・資本の海外移転や海外流出を防止する方がはるかに効果は高い。企業経営者や投資家はもとより年金生活者の海外居住など，所得・資本・預貯金の移動や流出に対し，欧米やアジアの他の国々とも連携し，各々の国民国家の枠内で必要な規制を行うべきである。

第3節　地域社会のゆらぎと課題

(1) 加速する地域人口の減少

　ここまで日本全体を1つとした平均値的観察に基づく議論をおこなってきた。しかし，全国47都道府県，1,742市区町村（2014年4月現在，東京特別区を含む）（日本地図センター 2014）の，地方自治体レベルや集落レベルの人口状況は先に進んでおり，地域社会のゆらぎと課題ははるかに深刻である。

　国立社会保障・人口問題研究所の『日本の地域別将来推計人口（2013年3月推計）』によれば，すでに推計期間前の2005-2010年で推計対象市区町村全体の75.2％が人口減少に転じており，期末の2035-2040年には，その値は98.4％まで拡大する。また，その前（2015-2020年）に全都道府県が人口減少に突入する。

　人口減少は，当然のことながら自治体の人口規模の縮小をもたらす。2010年の人口を100とした場合に30年後の2040年の時点までに2割から4割減の自治体が46.6％と多数を占め，4割減以上の自治体も22.9％にのぼる。さらに2010年の国勢調査時点の人口規模と2040年までの人口減少率の関係を散布図に描くと（**図7-6**），人口規模の小さな自治体ほど減少が激しいことがわかる。このため，今後も小規模自治体（人口5千人未満）が増加し，その割合は2010年の13.4％から2040年には22.0％（北海道は50％以上）に達すると推計され

ている。人口規模の小さな自治体では，構造的な社会減（進学・就職にともなう転出超過）に加え，高齢化による自然減（高い老年人口割合）も急速に進行しており，「縮減する社会」の未来がすでに出現している。

(2) 地域社会の持続可能性

つまり，地域人口では，国際人口移動の影響があまりない総人口に比べ，全国共通の少子高齢化の動きに，地域間の人口移動という独自の要素が加わり，さらに「縮減する社会」が加速されると考えてよい。

このため前記の地域別将来推計によれば，今後30年間で年少人口が半減する自治体は全体の約4割を占め，15歳未満の子どもの姿は希少化する。一方，老年人口は大都市地域を中心に2倍以上増加し，住民の4人に1人が75歳以上の超高齢地域が半数を占める。

このような年齢構造の変化を2010年の人口規模と2040年の従属人口指数の関係として捉えると（図7-7），2040年に従属人口指数が100を超える自治体が全体の半数近くを占めるが，その傾向は人口規模の小さな自治体の方が強い。全国の従属人口指数が100を超えるのは，ようやく2074年頃のことであり（国立社会保障・人口問題研究所2012a：参考推計），単純に考えれば，これらの自治体では34年ほど早く日本全体の状況が先取りされることになる。

従属人口指数が100を超える状況でも地域社会は持続可能なのだろうか。確かに北海道などの過疎地域や大都市地域でも近年は地区や集落単位で，従属人口指数が100を超える（あるいは別の指標としては高齢化率が50％を超える「限界自治体」や「限界集落」）状況がみられる。これを消滅の危機とみるか，なお存続可能と捉えるかは議論の分かれるところであるが，今後，30年以内に全自治体の半数近くが同様の状況に至るとすれば，現在のように周辺自治体や都道府県あるいは国からの支援は期待しえない。また，それでも自立し存続すると仮定しても，若年人口が再生産され地元に定着することがない限り，人口密度は低下し続けるので，道路，上下水道，電気ガス，通信などの生活基盤の更新も困難となり，実質的に地域コミュニティとしての機能は消滅せざるをえ

第7章　縮減する日本社会の課題　209

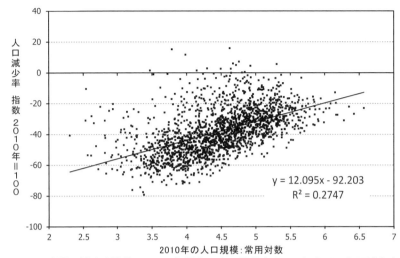

図7-6　全国の地方自治体の2010年現在の人口規模と2040年までの人口減少率

（資料）『日本の地域別将来推計人口（平成25年3月推計）』（国立社会保障・人口問題研究所 2013）より作図．
（注）　人口減少率は2010年を100とした場合の，2040年の人口規模との差．今後30年間の減少率：％表示に対応．横軸は2010年現在の自治体の人口規模，対数表示のため，2.0＝百人，3.0＝1千人，4.0＝1万人，5.0＝10万人，6.0＝百万人に対応．

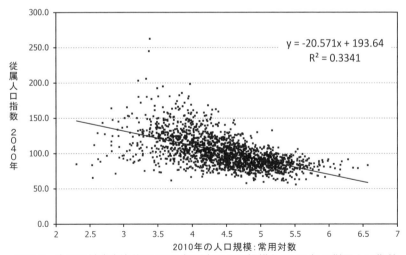

図7-7　全国の地方自治体の2010年現在の人口規模と2040年の従属人口指数

（資料）　『日本の地域別将来推計人口（平成25年3月推計）』（国立社会保障・人口問題研究所 2013）より作図．
（注）　従属人口指数は2040年の推計値．横軸は2010年現在の自治体の人口規模，対数表示のため，2.0＝百人，3.0＝1千人，4.0＝1万人，5.0＝10万人，6.0＝百万人に対応．

ない。国全体でも同じことがいえるが，ただ地域社会では，持続可能性の危機が遥かに早く訪れることを認識する必要がある。

(3) 地方自治制度の改革

すでに1995年の「地方分権一括法」のあたりから「地方分権の推進」が叫ばれ，2000年には「基礎的自治体の強化の視点で，市町村合併後の自治体数1000を目標とする」との方針が打ち出され，いわゆる「平成の大合併」が行われた結果，市町村数は3,232（1999年3月31日）から1,719（2013年1月1日）まで減少した。その効果としては，①専門職員の配置など住民サービス提供体制の充実強化，②少子高齢化への対応，②広域的なまちづくり，④適正な職員の配置や公共施設の統廃合など行財政の効率化などが挙げられている。その反面，①周辺部となった地域の活力低下，②住民の声が届きにくい，③広域化による住民サービスの低下，④旧市町村の伝統文化・歴史的地名などの喪失などのマイナス効果も指摘されている（総務省 2000）。

また「三位一体改革」として「国庫補助負担金改革」，「税源移譲」，「地方交付税改革」なども進められているが，合併による行財政基盤の強化は必ずしも進んでおらず，合併特例債の期限切れとともに，むしろ困難な状況に陥る自治体も増加している。

市町村合併には行政区域の再編による行財政基盤の強化や税源の拡大により，自治体の自主的な裁量範囲を拡大する効果が期待できるが，合併自体は住民の居住地を変更するものではなく，ケースにより，周辺自治体などとの共同処理による広域連携や，都道府県による直接的な補完など，適切な選択がなされるべきである。また現在は地方自治の理念に従い，市町村の再編は住民の選択に委ねられているが，財政破綻に対する対応など将来的には一定の条件のもとで，国または都道府県が再編を勧告，指導できるようにする必要がある。

さらに市区町村のみではなく都道府県や政令指定都市など，従来の自治体制度全体も，「縮減する」社会の状況に合わせ，大胆に見直し再編すべき時期に来ていると思われる。というのも，現行制度の歴史的基盤は，明治時代に行われ

た廃藩置県を受け誕生した府県制，市制・町村制にあるが，中央集権化をめざす近代化初期の状況に合わせてデザインされたものが部分的に改変されて来たに過ぎない。このため歴史文化的条件や産業経済的連関との整合性はもとより，近年の人口状況にも，十分，対応しえないものとなっている。

　従って，今後，地域社会が急速に「縮減してゆく」こと，また高度に発達した情報通信・交通手段がもたらす制約条件の変化などを踏まえれば，道州制的な広域自治や，政令指定都市をさらに進めた独立行政都市，文化・教育・エネルギー・交通網などの各種機能に特化した広域自治連合体など，より機能的で多様な自治システムが工夫されるべきではないかと思われる。

(4) 地域コミュニティのあり方

　今後，地方自治制度にどのような工夫がなされるにせよ，急速に「縮減してゆく」地域社会の中では，地域コミュニティのあり方が大きく変化してゆくと思われる。

　現状の地域コミュニティでは，住民の大部分が単に「行政サービスの受容者」に留まっているが，人口規模（＝税財源）の縮減にともない，「行政サービスの提供者」としての地方公共団体の機能は大幅に低下する。この結果，住民自らが「地域の主体的管理者」として，また地域共同体の主要メンバーとして活動せざる得なくなる。同様に，従来は周辺的な「利害関係者」に過ぎなかった企業・教育研究機関・各種団体なども，同じく地域共同体の主要なステークホルダーとして主体的な役割を担うことになる。さらに地域には居住していない人々や団体も，主体的な（遠隔から，またアドホックな）参加者として地域コミュニティの役割の一端を担うことになる。すでに，このような動きは，東日本大震災からの復興過程や，近年の住民主体のまちづくり活動，2008年から施行された「ふるさと納税制度」などに現れている。

　つまり，地域コミュニティの運営は，文字通り地域住民自身の責任となり，税収はもとより歳出・歳入責任は市民が負うところとなる。行政の役割は市民からの委託に基づく，少数の専従・専門職によるマネッジメントサービスとな

り，当然，外部委託もありうる。またルーティンな行政サービスの大部分は広域の自治体ネットワークか，機能別自治体の役割となるだろう。このような形に自治のあり方が変わって行くとすれば，それに合わせて現在の町内会組織や地方議会などの仕組み，また地方選挙制度も改変されねばならないだろう（地域代表的な面では国政選挙も変わらざるを得ないだろう）。

さらに「縮減する地域社会」において，住民は，その地域が現在持つ特性や機能（たとえば農業をはじめとする産業機能，住宅地などの居住機能，教育・文化機能など）を，世代を超えて維持し続けるべきか，あるいは新たに再定義し別の発展をめざすか，あるいは地域の存続は断念し解消の道を選ぶかという，重要な選択を迫られ，それを自ら実現することが求められる。逆にいえば，すべての自治体が，文字どおり「地域の将来」像を明確にすべき時期に来ている。

(5) 縮減から集約化・国土利用の再デザインへ

2008年に閣議決定された「国土形成計画」を受け，2014年に新たな「国土のグランドデザイン」（骨子）がまとめられた。この中で，2050年に向け「将来への危機感（地域存続の危機，巨大災害の切迫）を共有すること」，さらに，その時代の潮流の第1に「急激な人口減少・少子化，高齢化」が挙げられている。具体的には「2050年の日本の人口は約9700万人，約6割の地域で人口が半減以下に，うち3分の1の地域は人が住まなくなる，どの国も経験したことのない約4割の高齢化率」（国土交通省 2014）という計画の前提が明示されている。かねてより筆者は「わが国全体の，地域人口の長期的レイアウトを考えた」総合開発計画の立案の必要性に言及してきたが（原 2007, 2011），この「国土のグランドデザイン」はその主張に沿うものである。

とりわけ，このグランドデザインの発表に付随して公表された「$1\,km^2$毎の地点（メッシュ）別の将来人口の試算について」は，国土利用の再デザインにあたり，どのような地域が将来どうなってゆく可能性が高いか，場所と時間，内容を特定し推計し，相対的に人口や土地利用が集中する地域，相対的に希薄化する地域，消滅する地域の，地理的分布を特定する上で，その第一歩となると

思われる。

　事実，すでに「縮減する地域社会」は，空き家や廃屋，空き地の増加により，景観や治安の悪化，災害など様々な問題に直面しているが，現行の法制度のもとでは，財産権・相続権などの保護に縛られ機動的な対処ができない状況にある。また大都市地域の空中権や地下権をはじめ，空間利用・管理の，迅速な権利処理と方法を確立する必要もある。

　これらの法整備とともに，一斉に更新期を迎えつつある生活基盤や，地域の自然地理条件，産業・経済政策（家族形成期の若年者に就業機会を創出する）などを考慮し，わが国全体の，将来的なレイアウトプランを作成し，戦略的な再開発を進めることが必要である。それには前項で触れたように，地域住民自身の合意，選択，主体的参加が前提となる。逆にいえば，海外からの資本・移民も含め，新たな住民に対しては，そのような住民自治・行政への主体的参加が居住条件として義務づけられねばならないだろう。

おわりに
——持続可能な社会にむけて——

　マルサス（Thomas Robert Malthus）は『初版：人口の原理』（1798 年）の中で，「人口は妨げ（check）がなければ幾何級数的（geometrical ratio）に増大する」と述べている。しかし，現在の日本が直面する「縮減する社会」においては，その逆もまた真であることが認識されねばならない。すなわち「人口は妨げがなければ幾何級数的に減少する」。そして，増加，減少の両局面を加味して，マルサスの人口の原理を「持続可能な人口の原理」として再定義してはどうであろうか。すなわち，「人口再生産水準から乖離する人口は，扶養負荷の急速な増大に直面し，持続可能性を失う」という点を強調する必要がある。

　逆にいえば人口成長率（人口増加率）を r で表すと，人口再生産水準（ $r = 0$ ）を回復しうる社会システムのみが持続的に存在し続ける。あるいは進化における適者生存は人口成長率 r の大きさではなく，再生産水準（ $r = 0$ ）の持

続可能性で量るべきものであるともいえる。

　この原理に立てば，目的論的仮定（再生産の本能とか，再生産への情熱，環境が許す限り増加する傾向など）は必要ないし現実的でもない。総人口（人口学的扶養負荷）を一定の限界内に収める，つまり，3世代か4世代の間に「人口成長率 r = 0」に収束させない限り，増加であれ減少であれ，人口はオーバーシュートし消滅する。日本における人口転換の歴史的プロセスとその収束もまたその例外ではありえない。つまり，「縮減する社会」は持続可能ではない。

　定常人口（あるいは静止人口）に向けての，マイナスの人口増加率の収束には，人口置換水準への出生力回復が必要だが，それが，ただちに実現したとしても，当面，人口減少，少子高齢化は進行する。そういう意味では，国連の将来人口推計（United Nations 2013）や「50年後（2060年代）に日本人口1億人程度を維持する」とする政府の中長期の目標（日本経済新聞 2014b）などは，将来の実現可能性を考慮に入れており，想定可能なシナリオの一つである。

　ただし，そのような将来人口推計や人口目標が現実のものとなるには，その社会がジェンダー（男女）間，世代間，地域間，さらには国際社会との関係で，緊密かつバランスのとれた連携に立ち，人工環境と自然環境の調和を維持する社会となること，そして，何よりも人口成長が続いた過去の競争社会から，穏やかな共生社会へと変換することが不可欠な条件となるだろう。

参考文献

朝日新聞（2014）「何人産むか目標必要？―〈出生率2.07回復〉政府会議が検討開始」（2014年4月26日朝刊）。

石井太・是川夕・武藤憲真（2013）「外国人受入れが将来人口を通じて社会保障に及ぼす影響に関する人口学的研究」『人口問題研究』69(4)，pp.65-85。

大淵寛・森岡仁（1981）『経済人口学』新評論。

英『エコノミスト』編集部，東江一紀・峯村利哉訳（2012）『2050年の世界』文藝春秋。

エスピン＝アンデルセン，イエスタ，大沢真理監訳（2011）『平等と効率の福祉革命——新しい女性の役割』岩波書店．
カウフマン，F. X., 原俊彦・魚住明代訳（2011）『縮減する社会——人口減少とその帰結』原書房．
クルーグマン，ポール，三上義一訳（2008）『格差はつくられた——保守派がアメリカを支配し続けるための呆れた戦略』早川書房．
河野稠果（2007）『人口学への招待——少子・高齢化はどこまで解明されたか』中央公論新社．
国土交通省（2014）『国土計画：新たな〈国土のグランドデザイン〉概要』（同省HP）．
国立社会保障・人口問題研究所（2012a）『日本の将来推計人口（平成24年1月推計）：平成23(2011)～72(2060)年』，人口問題研究資料第326号．
国立社会保障・人口問題研究所（2012b）『人口統計資料集2012』．
国立社会保障・人口問題研究所（2013）『日本の地域別将来推計人口（平成25年3月推計）』，人口問題研究資料第326号．
厚生労働省（2007a）「平成16年：年金制度改正のポイント：〈持続可能〉で〈安心〉の年金制度とするために」『年金制度改正のあらまし』（同省HP）．
厚生労働省（2007b）「高齢者医療制度」『平成18年度医療制度改革関連資料』（同省HP）．
厚生労働省（2012）「第2章時代のニーズに対応した社会保障制度の発展を振り返る」『厚生労働白書平成23年版』（同省HP）．
厚生労働省（2014）「社会保障給付費の推移」『なぜ今，改革が必要なの？』（同省HP）．
財務省（2013）『日本の財政関係資料』（同省HP）．
財務省（2014）『所得税の税率の推移（イメージ図）』（同省HP）．
スティグリッツ，ジョセフE., 楡井浩一・峯村利哉訳（2012）『世界の99％を貧困にする経済』徳間書店．
盛山和夫（2007）『年金問題の正しい考え方』中央公論新社．
総務省統計局監修（2006）『新版：日本長期統計総覧〈第1巻〉』日本統計協会．
総務省（2010）「『平成の合併』について」（同省HP：報道資料「『平成の合併』について」の公表，2010年3月5日）．
原俊彦（2007）「地域人口と地方分権のゆくえ」阿藤誠・津谷典子編著『人口減少時

代の日本社会』原書房，pp.187-208。

原俊彦（2011）「人口減少と地方人口構造」吉田良生・廣嶋清志編著『人口減少時代の地域政策』原書房，pp.1-22。

原俊彦（2012）「縮減する社会―子どもが減るとなぜ悪いか」『札幌市立大学研究論文集』6(1)，pp.113-120。

ヨシハラ，スーザン，ダグラス・A・シルバ，ゴードン・D・チャン，米山伸郎訳（2013）『人口から読み解く国家の興亡』ビジネス社。

日本経済新聞社（2014a）「労働力人口，2060年に1170万人減」日本経済新聞（電子版 2014/3/12）。

日本経済新聞社（2014b）「人口，50年後に1億人維持：政府が少子化対応で初目標」日本経済新聞（電子版 2014/5/4）。

日本地図センター（2014）「全国の市区町村数（H24.4.1現在）」，http://info.jmc.or.jp/shikuchosonsu.html。

マルサス，T. R.，高野岩三郎・大内兵衛訳（1798）『初版：人口の原理』岩波書店。

United Nations（2013）*World Population Prospects: The 2012 Revision*.

（原　俊彦）

終章
——ポスト人口転換期のゆくえ——

　近年わが国では人口問題に対する関心がかつてない盛り上がりをみせている。「人口減少」,「超高齢化」,「地方消滅」などの危機が叫ばれ,「日本人口 1 億維持」,「希望出生率 1.8」など,具体的な数値が織り込まれた人口や出生率の「目標」が政府や関係機関の中長期プランに登場するに至っている。第二次世界大戦後のわが国では明示的な人口政策とりわけ数値目標を掲げることはタブー視されてきた感があるが,今日そのような反発が小さくなったかに見えるのも,人口減少が現実の問題として深刻に受け止められるようになったためであろう。2008 年 12 月に 1 億 2,809 万 9 千人でピークに達した日本の総人口は,その後減少に転じ,2015 年 12 月現在 1 億 2,710 万 3 千人にまで減少した。(1) 7 年間で約 100 万人減ったわけで,年平均約 14 万人のペースで減少している。地方の中規模都市に匹敵するほどの人口が毎年「消滅」しているわけである。国立社会保障・人口問題研究所の「将来推計人口」(2) によれば,この人口減少ペースは今後加速し,2040 年代には毎年の減少数はおよそ 100 万人に達すると見込まれている。これは毎年 1 つの県が「消滅」していくほどの減少ペースである。
　「人口」に対する関心が高まることは,筆者ら人口学研究者にとっては願ってもないことであるが,注意を要するのは,「人口」は総人口,出生率,平均寿命,老年人口割合（高齢化率）といった個々の指標の数値だけで事足りるものではないということである。人口学研究者の視点からすると,「人口」は人々の生殖,加齢・死亡,配偶,移動,定住・居住といった「人口学的行動」様式あ

るいは「人口過程」の総体であり，一つのシステム（人口システム）として理解すべきものである。それは約20万年前に地球上にホモ・サピエンス（現生人類）が出現して以来，拡大・変遷を続けており，現在でも日々刻々と変化している。各々の指標はこのトータルな人口システムの一つの表出に過ぎず，人口減少や少子化といった人口問題に対して政策介入を考えるとしても，総人口とか出生率それのみを動かすということはできないことを理解する必要がある。つまり人口システムおよび（人口システムと密接に関連している）社会経済システムの全体に目を向けて相互の関係（要因と影響）を考察する必要がある。煎じ詰めると，国民一人一人の暮らしや日々の行動が絡むことなのである。ここに「人口政策」の難しさがある。

また人口システムは現在を生きるわれわれのみによって成り立っているわけではない。現在の人口システムには人類20万年（日本だけとっても数千年，最も短く見ても1世代に相当する約30年間）の過去の歴史が刻印されており，その動きは容易に変えることのできるものではない。ここに「人口政策」の効果を上げることが難しいもう一つの理由がある。

本書の主題である「ポスト人口転換期」の概念・実際とこれにまつわる諸問題については，人口のみならず社会経済全般にわたり議論すべき多くの課題がある。この議論はまだ始まったばかりであり，この一書では尽くせない多くの論点が残っているが，以下，補足として4つの論点を取り上げ，本書の結びとしたい。

(1)「ポスト人口転換期」のゆくえ

本書では人口転換を間に挟んで，人口転換前の「プレ人口転換期」，人口転換の始まりから完了までの「人口転換期」，人口転換後の「ポスト人口転換期」という人口史の3区分を定め，今日の日本の人口問題を「ポスト人口転換期」の到来として理解することに努めた。そこで「ポスト人口転換期」の人口は長期的に見てどのような姿に帰着するのかという問題が残るが，大まかに言って，3つのシナリオが想定される。

一つは，人口置換水準を下回る低い出生力（少子化）が定着し，人口が持続的に減少するというシナリオである。本書でも頻繁に引用している国立社会保障・人口問題研究所の将来人口推計は50年後の2060年までの推計において基本的に出生率にそのような仮定値をおいている。欧州の人口学者ヴァンデカーとレスタギが唱えた「第二の人口転換」論も，少子化の定着を定説化したものである（本書の第1章，第2章参照）。ただし，北西ヨーロッパでは，合計特殊出生率は2.1（人口置換水準）より低いとはいえ，1.5を上回る「緩少子化」状態にあり，多くの移民が入っている（概ね人口の1割は移民によって占められている）こともあって，人口減少問題は日本ほど深刻には受け止められていないようである。

　これに対し，日本，韓国，台湾など東アジアの工業国の合計特殊出生率は1.5をも下回る「超少子化」状態にあり，移民が少ないこともあって，人口減少は深刻な問題である。この点については，（第3章で述べたように）日本人の寿命は驚異的なペースで延びており，平均寿命が格段に延びれば少子化による出生数減少を相殺して人口減少が止まるのではないかという疑問（あるいは期待）が持たれるかもしれない。しかし超少子化による出生数減少を補充するには平均寿命が際限なく伸び続けなければならず，それは現実にはあり得ないことである。

　もう一つは，近い将来，出生力が人口置換水準まで回復し，人口が静止する（定常状態になる）というシナリオである。これは国連の世界人口推計における長期の将来予測で用いられている基本的な仮定であり，この考え方をとれば，人口転換は一つしかないことになる。すなわち，多くの先進工業国に見られる少子化は一時的な行き過ぎ（短期的な現象）に過ぎず，いずれ人口置換水準（かつて想定された人口転換の帰着点）に戻るという見方である。このシナリオでは，少子化が不可逆的に定着すると見る「第二の人口転換」というものはないということになる。

　第三のシナリオは，中長期的に第一のシナリオ（「第二の人口転換」により少子化が定着）に従ったうえで，遠い将来（数世代のちに），出生力が人口置換水

準まで回復し，人口が静止する（定常状態になる）という想定である。これは出生力が高水準から人口置換水準まで低下する「第一の人口転換」（古典的な理論としての「人口転換」），出生力が人口置換水準を下回り少子化が定着する「第二の人口転換」に続き，いわば「第三の人口転換」が将来起こるという見方である。しかし，現在のところそのような兆しが見られる国はない。仮にこのようなことが起こるとしても，遠い先のことであり，その頃には人口減少が相当進んでいることから，たとえ人口が静止状態になったとしても，人口規模は現在よりはるかに小さいものとなっていることだろう。

　この3つのシナリオのどれが最も妥当性が高いかといえば，さらに詳細な議論を要することであり，今後の検討課題としたい。いずれにしても，ここで考えなければならないのは，本章の冒頭部分で述べたように，人口は（総数や個々の指標の動きではなく）システムとして理解すべきであり，その変化は社会経済システムとの相互作用として捉えるべきであるということである。それゆえ，社会経済のある一面のみ特定の指標で取り上げても，社会経済システム全体をつかんだことにはならない点に注意を要する。

　すなわち，本書の第1章で詳しく見たように，人口システムと密接な関係を持つ社会経済システムは，教育，就業，家族，ジェンダー，セクシュアリティ，思想・文化，政治といった下位のシステムによって規定されている。人口の将来を予測するには，これらサブ・システムの長期的な変動を見通す必要がある。もし多くのサブ・システムの動きが不可逆的であるならば，上位の人口・経済・社会システムの動きも不可逆的なものと予想されよう。出生力に関連した動きについてもそのような不可逆性が認められるとしたら，少なくとも近い将来において，日本のような超少子化国が少子化から脱することは極めて難しいと考えざるを得ない。

　人口と社会の長期的な歴史を振り返ると，それはシステムの解体と再編の繰り返しであった（といっても振出しに戻るのではなく，ある意味で進化を遂げていく）。概ね「人口転換期」に相当する近代社会にあっては，個人が以前の身分制度や氏族的結びつきや村落社会から解き放たれ，家族，企業，国家のいず

れのレベルでも（核家族あるいは「近代家族」として，都市労働者として，国民国家の成員として）再編された時代であったといえよう。これに対して「ポスト人口転換期」とりわけ「第二の人口転換」の開始後の人口・経済・社会システムにおいては，個人はどのように再編されていくのだろうか。「近代家族」が揺らぎ，雇用が流動化・不安定化し，グローバル化が進む現代（ポストモダンともいわれる時代状況）のゆくえを注視する必要がある。

(2) 超高齢社会をどのようにして乗り切るか

本書の各章で既に述べられているように，「人口転換期」が，生産年齢人口が増大し（人口ボーナスを享受し），経済が拡大・発展を遂げた時期であったのに対し，「ポスト人口転換期」は生産年齢人口が減少し，著しい人口高齢化が加わり（人口オーナスに直面し），経済の停滞あるいは縮小を余儀なくされる時期である。人口も経済も右肩上がりの成長を謳歌した「人口転換期」の常識はもはや成り立たなくなっており，将来に対する楽観は禁物である。とりわけ国，企業，家計のいずれのレベルでも財政の持続可能性に最大の注意が払われるべきことは言うまでもない。借金を次世代につけ回ししようにも，次世代は先細ってゆくばかりである。

そこで関心がもたれるのは，このような人口高齢化が将来どこまで進み，どのような社会が待ち受けているのかということである。わが国は世界に先駆けて未曾有の超高齢社会に直面し多くの困難な課題を抱えることになるが，一つ明るい材料は，高齢者の健康度や教育水準など人的資源の面では，従来よりもはるかに向上が見られることである。そこで人口高齢化の捉え方に関して，最近「平均余命等価年齢」という指標が注目されている。これはある年（基準年）のある年齢と平均余命が同じ別の年の年齢のことである。筆者（金子）の試算によれば，（**表 E-1**）に示すように，1960 年の 65 歳男性と平均余命が等しい（大まかにみれば健康度が等しいとみなされる）のは，2010 年には 74.8 歳男性であり，2060 年には 79.3 歳男性となる。男女合わせた 65 歳以上人口の割合（いわゆる高齢化率）は，通常年齢区分では 2010 年 23.0％，2060 年 39.9％で

あるが，この1960年基準の平均余命等価年齢によれば各々10.4％，19.8％にとどまる（**図 E-1**）。このように見れば，わが国の人口高齢化の将来像はかなり違ったものとなる。

　今後も増大する高齢者が「ポスト人口転換期」の日本でどのような役割を果たすのか，そこに超高齢社会に対応する一つの大きな鍵があるといえよう。「人口転換期」と「ポスト人口転換期」の区切りを仮に1975年とした場合，2015年現在40歳以上の人は「人口転換期」の生まれということになる。この「人口転換期」世代はこれから次第に人数を減らしてゆくことになるが，この旧世代は新しい「ポスト人口転換期」世代に対して，引き渡す「負の遺産」（環境破壊・汚染，無用あるいは過剰なインフラ，民間および政府の債務など）はできる限り少なくし，できるだけ多く「正の遺産」（貴重な経験・記憶，適正規模で質の高い社会インフラなど）を引き継ぐことを世代間の責務として意識してもよいのではないだろうか。

表 E-1　平均余命および1960年基準平均余命等価年齢

	男性				女性			
	50歳	65歳	75歳	90歳	50歳	65歳	75歳	90歳
平均余命								
1960年	22.4	11.6	6.5	2.6	26.0	14.1	7.9	2.9
1990年	28.4	16.2	9.5	3.5	33.4	20.0	12.0	4.1
2010年	31.4	18.7	11.4	4.2	37.5	23.8	15.3	5.5
2030年	33.5	20.6	13.1	5.1	39.7	25.8	17.1	6.7
2060年	35.5	22.3	14.6	5.9	41.7	27.7	18.9	7.9
平均余命等価年齢（1960年基準）								
1960年	50.0	65.0	75.0	90.0	50.0	65.0	75.0	90.0
1990年	57.0	71.6	80.8	94.5	58.1	72.2	81.2	94.4
2010年	60.4	74.8	83.7	96.7	62.5	76.5	85.4	97.9
2030年	62.8	77.2	86.4	99.5	64.8	78.8	87.8	100.6
2060年	64.9	79.3	88.5	101.7	66.9	81.0	89.9	102.7

（資料）　2010年以前は「完全生命表」，2030年，2060年は「将来推計人口（平成24年1月推計・死亡中位仮定）」を用いて算出。

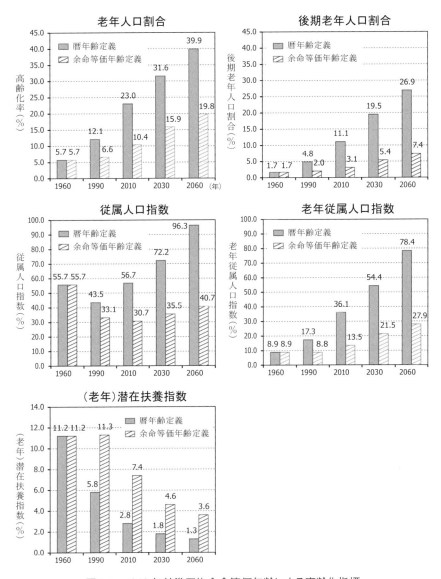

図 E-1 1960 年基準平均余命等価年齢による高齢化指標

(資料) 2010 年以前は「完全生命表」、2030 年、2060 年は「将来推計人口(平成 24 年 1 月推計・死亡中位仮定)」を用いて算出.

（3）人口学の役割

　ここで「人口学」という学問の重要性について一言したい。日本の大学では，学部・学科・講座はおろか人口学の科目すら置かれていないことが多い。この点では，欧米の多くの大学で大学院レベルの「人口学」コースが設けられていることと対照的である。人口学はその総合性，自然科学から社会科学に及ぶ学際性ゆえに，日本の縦割り的な教育・研究体制にはなじまないことによるのだろう。以下，人口学とはどのような学問なのか，簡単に述べる。

　われわれの科学的認識は個人（生物学的にいえば「個体」）を中心に，マクロの方向には，個体群（ヒトの場合「人口」），生物圏，地球，太陽系，銀河系，大宇宙へと向かい，ミクロの方向には，細胞，分子，原子，素粒子と向かっているが，人口学はこのうち「個体群」（population）のレベルを対象とする学問である。

　人口学の一つの特色は，この「人口」システムにおいて，人数に関する会計（accounting）をなすことである。このシステムでは，フロー（出生，死亡，移動など）とストック（人口総数，年齢構造，地域分布など）が相互に作用しながら両者ともたえず変化している（これを「人口ダイナミックス」と呼んでいる）。この人口ダイナミックスは社会経済システムと相互に作用し，社会経済システムもまた変化を遂げてゆく。この意味では「人口」は自然現象と社会現象を計測・記述・分析する上での基本的な計量系をなしているといえる。すなわち人口学は人間を中心とする諸科学の調査研究において座標軸の役割を果たすものである。現代の日本や世界の社会や経済の長期的な変化を読み解き将来を予測する上で，人口学は不可欠の学問といえよう。

　人口学のもう一つの特色はその学際性と総合性である。人口減少，少子化，長寿化，高齢化など人口現象の原因を探り政策対応を考える上で，人口学のみならず社会学，経済学，政治学，地理学，歴史学，人類学，医学・生物学・生態学など，関連学問分野の共同の取り組みが重要なことは言うまでもない。人口現象は自然現象と社会現象の重なり合った現象であり，人口学には自然科学と社会科学の橋渡しの役割が期待される。

(4) 21世紀を理解し諸課題に挑戦するためのヒント

　これまで述べたように，わが国では，仮に将来出生力が反転上昇し人口置換水準に回復することがあるとしても，それはかなり遠い先の話であり，当面21世紀は人口減少・少子高齢化の時代であることを受け入れざるを得ない。ただ人口減少・少子高齢化は，社会や経済の発展にともなう健康・長寿の増進，ライフコース選択の多様化という本来望ましい変化の帰結という一面もある。したがって，処方箋はそれらの果実を正しく享受することといえよう。

　すなわち健康・長寿を活かした多様な生き方・働き方が可能な社会，人々の生活の必要を満たしかつ持続可能な社会保障制度の備わった公平・公正な社会の実現をめざすべきである。政治や経済のあり方も，現世代から将来の世代にわたる多世代の観点から見直す必要があり，当座の利潤・利便から将来世代への投資に重点を移すべきである。

　より長期かつグローバルな視点に立てば，超少子高齢社会は人類史の一段階であり，いわば文明の再体系化が課題として浮かび上がってきたとも考えられる。新しい人口・経済・社会レジームの構築という難しい課題に挑戦することは現世代の責務ともいえよう。（韓国，台湾などの新興国を除く）現在の経済先進国の中で，日本は最も遅く人口転換が始まった国の一つであったが，今では「ポスト人口転換期」の諸課題，とりわけ人口高齢化の先頭を走る国となっている。日本の前にはもはや倣うべき国がない。日本は自ら英知を集め，刻苦奮闘して「ポスト人口転換期」を乗り切る新しい社会モデルを作るしかない。世界の人々はこの「日本モデル」の構築に大いに期待を寄せているに違いない。

注

(1) 総務省統計局各月1日現在人口推計による（総務省統計局ホームページ，2016年6月20日アクセス）。
(2) 2012年1月推計（出生中位・死亡中位推計値）による（国立社会保障・人口問題研究所『人口統計資料集2016』p.12）。

（金子隆一・佐藤龍三郎）

〈付記〉 本書の成果の一部は平成 26-28 年度科学研究費補助金事業「人口転換の現代的解析に基づく新たな人口潮流とライフコース変動に関する総合的研究（課題番号 26285128）」による。

索　引

あ 行

安定人口　103, 104, 187, 191, 192
1.57 ショック　14, 57, 80
移動効果指数　112, 120, 121
移動性比　112, 114, 115
移動選択指数　112, 122, 123
移民受け入れ　25, 26
移民送り出し　25, 26
ヴァンデカー　7, 21, 69, 74
ウィルモス　98, 100
疫学的転換　91, 94, 98, 99, 106
エンゼルプラン　85
オタク　38
落合恵美子　23, 32, 41

か 行

皆婚　31, 71
核家族　31, 32, 221
家事時間　135, 137, 139, 140, 146-154
カップル文化　72, 73
川の字　84
緩少子化　61, 62, 72, 73, 75, 81
帰還移動　25, 116, 119, 126, 128, 129, 131
企業内教育訓練　31
技術進歩　171, 172, 177, 181, 182
希望子ども数　67, 79
逆流移動　112, 116

教育　31, 35
極低出生力　61, 83
近代　40, 41
近代化　73, 74, 91, 159, 161
近代家族　31, 32, 221
矩形化　15, 20, 94, 95, 99-101, 106
黒田俊夫　23, 41, 42
経済政策　177, 182
経済成長　27, 28, 37, 48, 71, 79, 114-116, 123, 159-161, 165-167, 170, 182, 183
結婚　34, 66, 67, 71
結婚難　78
結婚率　64
限界集落　25, 26, 208
健康寿命　105, 162
健康日本21　107
郊外化　129
工業社会　27, 41, 46
合計結婚出生率　66, 67, 76
合計出生率　12, 82
合計特殊出生率　12, 13, 24, 55-57, 60, 63, 66, 81, 82, 128, 159, 193
高齢化率　45, 200, 212, 221, 223
コーホート累積社会増加比　112, 124, 125, 127, 128, 130
国際人口移動　25, 26, 111
国内人口移動　25, 112, 114, 125
国内総生産（GDP）　173, 174, 182, 183

国民移転勘定　170
雇用政策　178
婚外出生　72
婚前妊娠結婚　83

さ　行

財政破綻　198, 199
再都市化　111
サブカルチャー　37, 38, 47
死因　98, 106
J. S. ミル　48, 160, 183
ジェンダー関係　31, 33, 70, 137, 141, 146, 149, 154, 155
ジェンダーシステム　33, 136, 137, 142, 155
仕事と生活の調和　80
次世代育成支援対策推進法　80
思想　36, 37
失業率　27, 162, 178
死亡力転換　6, 43, 74, 91, 161
資本蓄積　167, 169, 170, 172
社会的ネットワーク　30, 31
社会保障　27, 29, 37, 200-202
就業　27, 29, 137, 154, 159
就業時間　135, 137, 139-149
終身雇用　27, 138
従属人口指数　18, 19, 187-193, 208, 209, 223
縮減する社会　187, 188, 196, 197, 201, 202, 208, 213, 214
出生力　12, 83, 187, 190, 191, 225
出生力転換　6, 43, 55, 74, 81, 91, 161
寿命　92
主流移動　112, 116

純再生産率　83, 188, 190
生涯他出率　125
生涯未婚　64, 76, 83
少産化　31
少子化　14, 20, 55, 56, 63, 76-78, 81, 82, 187, 212
少子化社会対策基本法　80
少子化スパイラル　78, 79
少子化是正政策　80
少子化適応政策　80
少子化の罠　78
少子高齢化　44, 206, 214, 225
消費　27, 173, 174, 199
情報化社会　47
初婚　64, 65
所得移転　169-171
人口移動　25
人口移動転換　111, 112, 116, 118, 119, 124, 126, 128-130
人口オーナス　18-20, 129, 197, 221
人口学　224
人口減少　20, 44, 55, 77, 159, 161, 172, 173, 177, 187, 206, 207, 212, 225
人口高齢化　18, 20, 45, 55, 78, 79, 103, 104, 163, 168, 170, 187, 221, 222, 225
人口システム　21, 22, 41, 187, 218, 220
人口政策　177, 178, 217, 218
人口増加率　9, 91, 213
人口ダイナミックス　1, 21, 224
人口置換水準　13, 20, 24, 55-57, 60, 61, 63, 81, 83, 104, 159, 187-189, 206, 225
人口転換　1, 3, 4, 6, 21, 55, 56, 81,

91, 111, 128, 129, 159, 161, 187, 214, 218-220, 225
人口転換期　1, 3, 4, 21, 25, 27, 31, 37, 41, 85, 218, 220, 221
人工妊娠中絶　68
人口配当　18
人口ピラミッド　15-17, 20
人口分布　25, 26, 120
人口ボーナス　18-20, 28, 129, 199, 221
人口モメンタム　11, 12, 20
性革命　31, 34, 35, 46
性行動　31, 34
性交頻度　68
生産年齢人口　10, 11, 18, 19, 27, 77, 162, 189, 206, 221
成人期への移行　70
生存曲線　14, 15, 20
生存数曲線　94, 95, 99-101, 106
性と生殖に関する健康／権利　80
性別役割分業　31, 33, 70, 71
セクシュアリティ　31, 34, 85
世帯　31, 32
世代間移動　25, 26
セックスレス　31, 35, 46, 68
ゼリンスキー　111, 112, 130
専業主婦　33, 147, 148
潜在的他出者　130

た　行

退行性疾患　94
対抗文化　37, 47
大衆文化　36, 37
ダイナスティモデル　168-170

第二次ベビーブーム　38, 56
第二の人口転換　7, 8, 20, 21, 43, 56, 69, 74, 81, 220, 221
団塊ジュニア　38, 55, 56, 119
団塊の世代　37, 56, 118, 119
男女共同参画　80, 203
地方自治制度　210, 211
中位数年齢　16, 17, 19, 20
長寿化　103, 104, 164, 191, 205
超少子化　61, 62, 72-76, 81, 155
貯蓄　167, 168, 170, 171
低出生力の罠　78
定常型社会（定常型経済）　48, 160, 183
定常状態　160, 220
デート文化　84
デメイン投票法　47
投資　167, 171, 175, 176, 199
同棲　46, 71, 72, 75
都市化　25, 111, 176
都心回帰　25, 126
都道府県間移動（県間移動）　112-117, 120-122
都道府県内移動（県内移動）　112-114
トリプルR理論　98, 99

な　行

ニューエコノミー　29
妊孕性　67
妊孕力　68, 71, 204
年金　27, 200-202, 205
年功序列　27, 138
年少人口　18, 189, 208
年齢別出生率　57-59, 82

は 行

売春防止法　31
晩婚化　31, 65, 83
反都市化　111, 129
ひきこもり　180
非婚化　31, 65, 83
非正規雇用　29, 138, 199
避妊　68
丙午　14, 56, 57
夫婦完結出生児数　76
夫婦出生率（夫婦出生力）　64, 66, 136
不妊　67
扶養負荷　187-189, 192-197, 201-203, 205, 213, 214
プレ人口転換期　1, 3, 4, 21, 41, 85, 91, 218
プレストン効果　40
平均出生年齢　59
平均寿命　15, 91-93, 96, 97, 106, 107, 162, 170, 187, 188, 190-196, 205
平均初婚年齢　59, 83
平均年齢　16, 17, 19, 20
平均余命等価年齢　221-223
ベビーブーム　37, 56, 128
変曲点　10, 11
保育サービス　80, 144, 155, 203
ポスト工業社会　27, 41, 46, 47
ポスト人口転換期　1, 3, 4, 21, 25, 27, 31, 37, 41, 85, 91, 161, 187, 217, 218, 221, 222
ポストモダン　36, 37, 41, 75, 82, 84, 221
堀内四郎　96, 98, 100

ま 行

見合い結婚　34, 70, 71
未婚化　32, 64, 65, 71, 76, 77, 79, 83, 136, 138, 155
無子　31, 76, 204
モダン　36, 37

や 行

有配偶出生率　66

ら 行

ライフコース　30, 31, 105, 164
ライフサイクル　168, 169, 171
理想子ども数　79
リプロダクティブ・ヘルス／ライツ　72, 80, 85
レスタギ　7, 21, 22, 69, 74, 75, 137
恋愛結婚　34, 70
恋愛文化　31, 34, 46
老化　99
労働政策　177, 178
労働力　159, 162-167, 172, 177, 179, 181, 182, 199, 206
老年人口　18, 165, 189, 208, 223

わ 行

ワーク・ライフ・バランス　80, 144
若者対策　27
若者文化　34

編著者略歴

佐藤　龍三郎（さとう・りゅうざぶろう）
一九五二年　長崎県生まれ。
国立社会保障・人口問題研究所国際関係部長などを経て、現在、中央大学経済研究所客員研究員、早稲田大学政治経済学部非常勤講師。
主著『世界の人口開発問題』（共編著、原書房）、『現代人口辞典』（共著、原書房）ほか。

金子　隆一（かねこ・りゅういち）
一九五六年　東京都生まれ。
国立社会保障・人口問題研究所副所長。
主著『人口減少と日本経済』（共著、日本経済新聞出版社）、『人口減少社会の社会保障制度改革の研究』（共著、中央経済社）、『社会・経済の統計科学』（共著、東京大学出版会）、『少子化の人口学』（共著、原書房）ほか。

人口学ライブラリー　17

ポスト人口転換期の日本

●

2016 年 7 月 25 日　発行
2017 年 7 月 15 日　第 2 刷

編著者………佐藤　龍三郎，金子　隆一
発行者………成瀬雅人
発行所………株式会社原書房

〒 160-0022 東京都新宿区新宿 1-25-13
電話・代表 03 (3354) 0685
http://www.harashobo.co.jp
振替・00150-6-151594

印刷・製本………株式会社ルナテック

©Ryuzaburo Sato 2016　　©Ryuichi Kaneko 2016
ISBN978-4-562-09207-9, Printed in Japan

人口減少時代の日本経済　人口学ライブラリー5
大淵寛・森岡仁編著

将来においても少子化が解消される可能性は低い。人口減少と消費、投資、労働、技術等の経済の諸要因との間に生ずる問題を多面的に分析し様々な影響を説明。人口減少経済の対応策を講じる。
2800円

国際人口移動の新時代　人口学ライブラリー4
吉田良生・河野稠果編著

世界の代表的な地域を取り上げ、国際人口移動の実態調査と移民の流れを生み出す要因・仕組みを説明。受入国送出国双方の地域社会、経済、政治などに及ぼす影響を明らかにし、今後の方向性を論じる。
2800円

少子化の政策学　人口学ライブラリー3
大淵寛・阿藤誠編著

本書は、今日の日本の少子化状態を是正し、出生率を置換水準まで回復するための方途を探る。具体的な諸政策を提言し、これらを総合的にとらえて分析し、少子化問題の解決に迫る。
2800円

少子化の社会経済学　人口学ライブラリー2
大淵寛・兼清弘之編著

少子化が21世紀の日本の人口、経済、社会にどのような影響を与えるかを徹底的に分析。少子化が引き起こす諸問題を明らかにし、なぜ少子化が問題なのかをわかりやすく論じる。
2800円

少子化の人口学　人口学ライブラリー1
大淵寛・高橋重郷編著

少子化は、今日あらゆる面においてわが国の将来に暗い影を投げかけ、大きな問題となっている。世界的にも進行しているその現状を踏まえ、少子化の意義、実態、そして要因を徹底的に分析し、解決策を探る。
2800円

（価格は税別）

（価格は税別）

少子化と若者の就業行動
小崎敏男・牧野文夫編著
人口学ライブラリー10

人口減少に対する若者の就業行動および婚姻や出生率に焦点を当てる。彼らが就業を決める要因の解明、就業形態の多様化、さらに日本的雇用システムとの関係を究明し、人口減少との関連性を明らかにする。

2800円

人口減少時代の地域政策
吉田良生・廣嶋清志編著
人口学ライブラリー9

現代社会のキーワードとなった人口減少を地域社会に焦点をあてて考察。地域人口の実態、人口変動が地域社会に及ぼす影響、都道府県別の政策について分析し、人口減少がもたらす社会的問題の解決策を探る。

2800円

世界主要国・地域の人口問題
早瀬保子・大淵寛編著
人口学ライブラリー8

世界各地域における、最近の人口の現状と今後の動向や社会経済状況を分析し、それにともなう人口政策や開発問題などを考察。世界の各地域毎に、研究者の専門的な知見を基礎として11章にまとめた。

3200円

人口減少時代の社会保障
兼清弘之・安藏伸治編著
人口学ライブラリー7

人口減少時代を乗りきるため、社会保障に焦点を絞り、今後おこりうる多様な問題を検討。これまでとは異なる社会的状況で、人口減少の根底にある問題に視点を向けて、政策的対応について考察する。

2800円

人口減少時代の日本社会
阿藤誠・津谷典子編著
人口学ライブラリー6

超高齢化を伴う人口減少が、主として経済と社会保障以外の社会的側面に、どのような影響を及ぼすかを現状分析に基づいて解明。将来起こりうる諸問題に対処する方策を提言する。

2800円

人口減少と少子化対策　人口学ライブラリー16
高橋重郷・大淵寬編著

編者らによる厚生労働科学研究事業成果をもとに人口政策の見直しと提案をまとめた。諸外国の出生率動向、少子化対策の変遷、未婚化と出生行動、結婚出産と女性就業、家族・労働政策など総合的に分析。
3200円

人口高齢化と労働政策　人口学ライブラリー15
小崎敏男・永瀬伸子編著

日本は今後、人類が経験したことのない超高齢化社会を迎えようとしている。対応する社会システムの構築なしには社会の持続可能性さえ危ぶまれる現状を分析、今後の労働政策の指針となる方向性を提示。
3200円

首都圏の高齢化　人口学ライブラリー14
井上孝・渡辺真知子編著

急速に進む首都圏の高齢化が今後どのように展開するのか、多分野の視点から最新データを用いて詳細に分析。研究教育・政策立案・実務・ビジネスにて高齢化問題に関わるすべての方の必読書。
3200円

世界の宗教と人口　人口学ライブラリー13
早瀬保子・小島宏編著

全地球的にみる宗教の重要性。宗教と人口変動（出生、死亡、国内移動、国際移動等）、宗教と各種政策（人的資源開発政策、ジェンダー政策、家族政策等）の関係について、途上国・地域にも積極的に言及。
3200円

世界の人口開発問題　人口学ライブラリー12
阿藤誠・佐藤龍三郎編著

人口開発問題を、世界が掲げるべき最上位の問題設定として総括した注目の書。先進諸国の財政難、一方で途上国や新興国の経済発展とともに進行する様々なひずみ、これら問題の根底に人口問題をみる。
3200円

ミクロデータの計量人口学　人口学ライブラリー11
小島宏・安藏伸治編著

1990年代以降、人口学教育において若手・中堅研究者を中心に利用されるようになったミクロデータについて、各種テーマに沿って利用可能な公開ミクロデータを用いる分析方法を丁寧に解説する。
3200円

（価格は税別）

現代人口辞典

人口学研究会編

人口減少、少子化、高齢化など社会の根幹にかかわり、自然科学、社会科学、政治経済が複雑にからみあう人口問題の用語や概念をわかりやすく解説。専門用語やマスコミに頻出する最新の言葉も平易かつ正確に説明した、ハンディな辞典。

3000円
（価格は税別）